体育与健康

主　编　李洪国　刘金凤　张业飞

东北大学出版社
·沈　阳·

图书在版编目（CIP）数据

体育与健康 / 李洪国，刘金凤，张业飞主编．— 沈阳：东北大学出版社，2023.6
ISBN 978-7-5517-3288-8

Ⅰ．①体… Ⅱ．①李… ②刘… ③张… Ⅲ．①体育课—职业教育—教材 ②健康教育—职业教育—教材 Ⅳ．①G807.4 ②G717.9

中国国家版本馆 CIP 数据核字（2023）第 116662 号

出 版 者：东北大学出版社
地址：沈阳市和平区文化路三号巷 11 号
邮编：110819
电话：024-83680176（编辑部）　83687331（营销部）
传真：024-83687332（总编室）　83680180（营销部）
网址：http://www.neupress.com
E-mail: neuph@neupress.com
印 刷 者：廊坊市祥丰印刷有限公司
发 行 者：东北大学出版社
幅面尺寸：185 mm×260 mm
印　　张：14.5
字　　数：357 千字
出版时间：2023 年 6 月第 1 版
印刷时间：2023 年 6 月第 1 次印刷
责任编辑：白松艳
责任校对：周凯丽
封面设计：潘正一

ISBN 978-7-5517-3288-8　　定　价：46.00 元

前　言

学校体育课程是学生以身体练习为主要手段，通过合理的体育教育和科学的体育锻炼过程，达到增强体质、增进健康和提高体育素养等目标的公共必修课程。它是学校课程体系的重要组成部分。为更好地贯彻“健康第一”的教育理念，使学生掌握科学的锻炼方法，养成良好的生活习惯，掌握体育运动的技能，为终身体育打下坚实的基础，我们精心编写了这本体育基础理论和运动技能实践相结合的体育教材。

本书注重引导学生通过观察和实践，自己去发现问题和解决问题，从而获得知识和结论。内容表述既科学严谨，又生动活泼，有利于学生阅读和思考。版式设计美观简洁，图文并茂。栏目设置丰富灵活，符合学生的认知规律，有利于激发学生阅读体育与健康教材的兴趣，有利于学生自主学习。

本书分为基础模块和拓展模块两部分。基础模块，重点介绍了体育与健康的关系以及体育文化的发展脉络，在此基础上教导学生掌握健康生活的基本知识和提升体能的科学方法。拓展模块，主要介绍各类专项体育运动项目，以基本知识、技术、战术教学为主进行递进式教学，与基础模块教学内容相辅相成，有助于学生参照选择自己感兴趣的体育项目，培养终身体育爱好。

本书由李洪国（中国消防救援学院）、刘金凤（黑龙江建筑职业技术学院）、张业飞（上海电力大学体育学院）担任主编，具体分工如下：李洪国编写第一章、第二章、第三章、第四章，刘金凤编写第五章、第六章，张业飞编写第七章、第八章、第九章，全书由李洪国统稿。

本书在编写过程中参考了大量相关文献资料，在此向文献资料的作者致以诚挚的感谢。由于编写水平所限，书中可能存在错误或疏漏之处，恳请广大读者批评指正。

编　者

2023年1月

目 录

第一部分 基础模块

第二部分　拓展模块

第一部分　基础模块

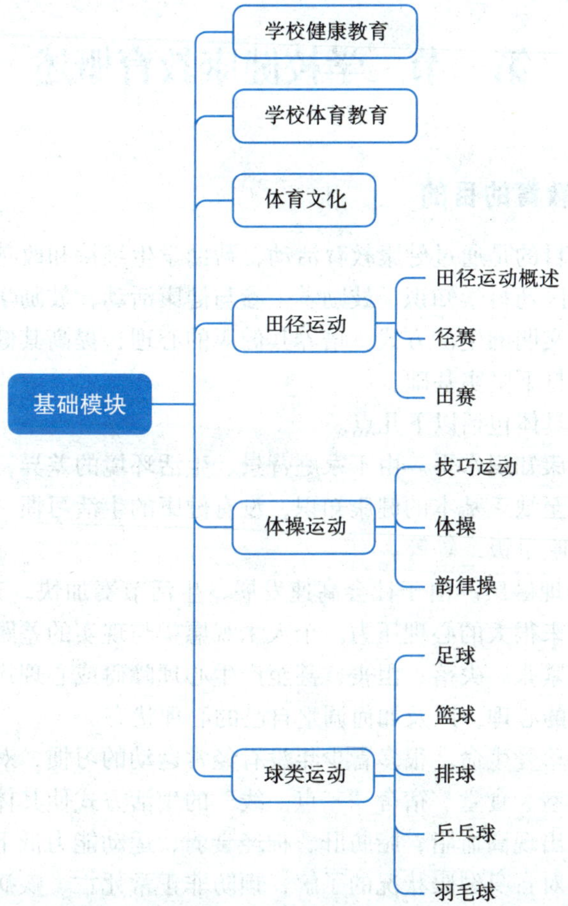
基础模块
学校健康教育
学校体育教育
体育文化
田径运动
田径运动概述
径赛
田赛
体操运动
技巧运动
体操
韵律操
球类运动
足球
篮球
排球
乒乓球
羽毛球

第一章　学校健康教育

学习目标

· 了解健康的概念及衡量健康的标准。了解《国家学生体质健康标准》测试项目和计分办法。能依此评价自身的健康水平。
· 了解影响健康的因素。
· 熟悉学校健康教育的目的、内容和意义。
· 了解青少年青春期身心发展的规律和特点，增进身心健康。
· 树立健康第一、自觉锻炼的意识。
· 培养积极向上的个性，形成健康的生活方式。

第一节　学校健康教育概述

一、学校健康教育的目的

学校健康教育的目的是通过健康教育活动，帮助学生维持和改善健康状况。学校以健康教育为手段，普及医药科学知识，鼓励学生参与健康活动，鼓励学生合理膳食，使其养成良好的卫生习惯和文明的生活方式，培养其健康的心理，提高其健康水平，为国家富强和提高国民整体素质打下坚实基础。

健康教育的目的具体包括以下几点。

（1）提高学生健康知识水平。由于家庭背景、生活环境的差异，学生的健康知识水平参差不齐，不少人甚至缺乏基本的健康知识，没有健康的生活习惯。例如，不了解自己的营养需求，不能按时吃早饭，等等。

（2）保持学生心理健康。由于社会高速发展、生活节奏加快，升学问题、就业问题、恋爱问题等给学生带来很大的心理压力。个人主观愿望与现实的差距，理想和实际生活的偏差都会使学生感到紧张、失落、沮丧，甚至产生心理障碍或心理疾病。健康教育可以使学生了解什么是健康的心理，以及如何调整自己的心理状态。

（3）远离疾病，珍爱生命。很多青少年没有经常运动的习惯，对运动增进身心健康的作用了解得不够。教室、食堂、宿舍“三点一线”的生活方式使其体质、心理健康状况都与年龄不相符，甚至出现高血脂、脂肪肝、神经衰弱、运动能力低下等不健康的状况。健康教育可以增进学生对自身健康状况的了解，预防非正常死亡、疾病和残疾发生，让学生真正做到珍爱生命。

(4) 养成良好的行为和生活习惯。学校是人口相对集中的地方，若不注意卫生，传染病很容易在校园内流行。学校健康教育可以改善学生对待个人和公共卫生的态度，提高其自我保健能力，增强对社会保健的责任感，养成有益于个人、集体和社会的健康行为和生活习惯。在提高健康认识的前提下，要教育学生将这种认识付诸行动，贯穿每一天的生活中，在减少自身不健康行为的同时，用自己的行动去影响周围的人，为全社会卫生环境改善发挥积极的作用。

二、学校健康教育的内容

青春期阶段是青少年向成年人过渡时期，也是生活方式和行为习惯定型期。在此时期，健康教育的内容重点包括以下10个方面。

(1) 日常自我保护。

(2) 环境保护知识。

(3) 性知识和安全性行为。

(4) 预防性病、艾滋病。

(5) 人际沟通、交往的知识和技能。

(6) 运动与健身的知识和技能。

(7) 心理健康的知识和技能。

(8) 预防意外伤害的知识和技能。

(9) 急救、互救的知识和技能。

(10) 拒绝吸烟，不酗酒，远离毒品等。

三、学校健康教育的意义

(一) 健康教育是贯彻教育方针、培养全面发展人才的重要环节

实施健康教育是我国教育方针的要求。教育方针强调要培养德智体美全面发展的社会主义事业建设者和接班人。《中华人民共和国教育法》(以下简称《教育法》) 明确指出，制定《教育法》的目的是提高全民族的素质，包括道德素质、身心健康素质和文化专业素质，其中身心健康素质是素质教育发展的基础。

微课
健康的含义

健康教育在促进学生身心发展、预防疾病、增进健康的同时，还帮助学生进行自我认识、自我教育和自我完善，使其形成良好的道德品质，促进其自身的全面发展。

(二) 健康教育是培养学生健康习惯、提高自我保护能力的基本手段

健康教育主要通过卫生知识传播来提高学生的健康知识水平，鼓励学生采取有益于健康的行为和生活方式，提高学生的自我保护能力。学生卫生态度的改善、健康行为的实践和健康习惯的培养是健康教育的主要目的。学生时期是养成各种良好习惯的最佳时期，好的卫生习惯和生活方式一旦形成就可终身受益。

健康教育是联系健康知识和健康行为的桥梁。健康教育可增强学生的卫生知识，使学生养成用脑卫生、用眼卫生、睡眠卫生、心理卫生、运动卫生、膳食卫生等良好习惯，从而提升其自我保护能力，保证其身心健康素质提高。

（三）健康教育是帮助学生提高学习效率、取得学业进步的重要保证

学生的学习活动主要是脑力活动。在学习活动中，其自身的健康状况与学习效率及学业成绩的关系非常密切。良好的性格特征和健康的身体能促进学生观察、注意、记忆、判断、想象和思维等方面的发展，进而保证学生学习能力、学业成绩提高。

（四）健康教育是为学生终身健康奠定良好基础的根本措施

健康教育可以使学生保持乐观豁达的心情，养成正确的生活方式，选择积极的生活态度，从而使机体获得良好的免疫功能，保持身体高效、健康地运转；使学生树立“健康第一”的观念，自觉养成健康文明的生活方式和行为习惯，从而提高生活质量和生命质量，为终身健康奠定良好的基础。

第二节　健康常识

健康是人类追求的永恒目标，拥有健康才可以享受生活。以往人们普遍认为“健康就是没有疾病”，然而随着科学发展和社会进步，人们对于健康的定义已不再仅仅局限于身体健康。

一、健康的概念

1948年，世界卫生组织在宪章中明确指出，“健康不是仅仅免于疾病和衰弱，而是保持身体上、精神上和社会适应能力等方面的良好状态”，从而将人类的健康与生理的、心理的以及社会的因素联系在一起。

这个定义包括三层含义：

（1）躯体健康，是指躯体结构完好，功能正常。

（2）心理健康，又称“精神健康”，是指人的心理处于良好状态，包括能正确地认识自我、认识环境，及时适应环境等。

（3）社会适应能力良好，是指个人的能力在社会系统内得到充分的发挥，个体能够有效地扮演与其身份相适应的角色，个人的行为与社会规范和谐一致。

1989年，世界卫生组织对健康的概念重新进行了定义，提出健康应包括躯体健康、心理健康、社会适应良好和道德健康，这就是所谓四维健康观念，如图1–2–1所示。

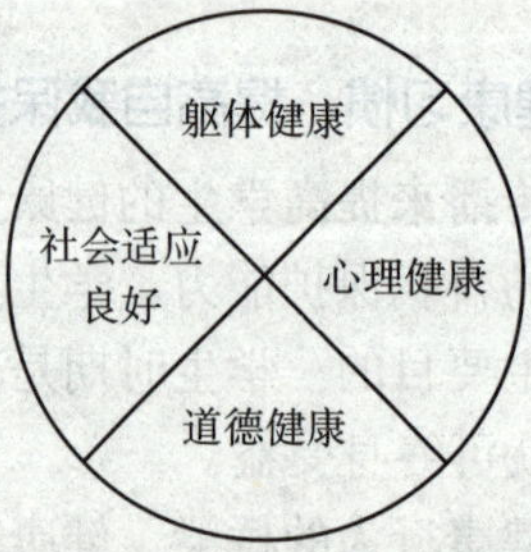

图1–2–1　四维健康观念

继四维健康观念之后，某健康中心提出了一个类似的健康定义，即健康是人对环境适

应后所达到的一种生命质量，个体只有在身体、情绪、智力、精神和社会各方面达到完美状态才称得上真正的健康，这种健康观又称“健康五要素”，如图1-2-2所示。这种观念将人们对健康的认识提高到了一个崭新的高度，并被世界各国学者广泛接受。

图1-2-2 健康五要素

（1）身体健康，不仅包括身体无疾病，还包括体能充沛。体能是一种能满足生活需要和有足够能量完成各种活动的能力。体能充沛可以预防疾病，提高生活质量。

（2）情绪健康，情绪涉及我们对自己和他人的感受。情绪健康的主要标志是情绪的稳定性，稳定是指个体较好地应对日常生活中人际关系和环境压力的能力。当然，生活中偶尔有些情绪波动均属正常，关键是生活中大部分时间要保持情绪稳定。

（3）智力健康，是指具有认识、理解客观事物，并运用知识、经验等解决问题的能力，包括记忆、观察、想象、思考、判断等能力。

（4）精神健康，是指能够认识自己的潜力，应对正常生活压力，以及关心和尊重所有生命。

（5）社会健康，是指个体与他人及社会环境相互作用形成和谐的人际关系，以及能够恰当地扮演社会角色。社会健康使人们在人际交往中充满自信和安全感，进而减少烦恼，保持心情愉快。

值得注意的是，健康的五个要素是相互联系、相互影响的，例如，身体不健康会导致情绪不健康，心理不健康会导致身体、情绪和智力不健康。因此，只有所有健康要素平衡发展，人们才能真正健康、幸福地生活。

二、衡量健康的标准

世界卫生组织在给健康下定义时并未给出量化的标准，由于发展时期、地域、种族、年龄段、性别、职业等因素的不同，衡量健康的具体标准也会有所不同。所以说，健康没有一个确切的概念和具体的指标，它只能是对个体在不同时间和空间的状态的描述。可见，衡量健康的标准是很广泛的。

近年来，为了便于普及健康知识，世界卫生组织提出了衡量人体健康的10条标准。

（1）精力充沛，能从容应对日常生活和工作。

（2）处事乐观，态度积极，乐于承担责任。

（3）善于休息，睡眠质量好。

（4）应变能力强，能适应各种环境的变化。

（5）对一般传染性疾病（如感冒）具有一定的抵抗力。

（6）体形匀称，体重正常，身体各部分比例协调。

（7）眼睛明亮，思维反应敏捷。

（8）牙齿清洁，无损伤，无病痛，齿龈无出血。

（9）头发有光泽，无头屑。

（10）走路轻松，肌肉、皮肤富有弹性。

人们在日常生活中也形成了一些有关健康的标准，这实际上是对世界卫生组织提出的标准的延伸，包括以下9个方面。

（1）胃口好，进餐适量，不挑剔食物。

（2）排泄顺畅，胃肠功能良好。

（3）能很快入睡，且睡眠程度深，醒后精神饱满、头脑清醒。

（4）语言表达正确，说话流利。

（5）行动自如、敏捷，精力充沛。

（6）性格温和，意志坚强，感情丰富，具有坦荡的胸怀与达观的心境。

（7）具有良好的处事能力，看问题客观、理性，具有自我控制能力。

（8）能适应复杂的社会环境，对事物的变化保持良好的情绪，保持社会外环境与机体内环境的平衡。

（9）具有良好的人际关系，待人接物大度、和善，不过分计较，助人为乐，与人为善。

现代健康观揭示了人体的整体性，以及人体与自然环境和社会环境的统一。人类对疾病的预测从对个体诊断延伸到对群体乃至整个社会的健康评价，而对健康的评价标准由单纯的生物标准扩展到心理、社会标准。

三、影响健康的因素

20世纪70年代，加拿大学者从预防医学的角度提出了影响健康的四大主要因素，即行为与生活方式、生活环境、生物学和医疗卫生服务。

（一）行为与生活方式因素

行为与生活方式因素是指人们自身的行为和生活方式给个人、群体乃至社会的健康带来的直接或间接的影响，这种影响具有潜伏性、累积性和广泛性。

国内外大量研究表明，在现代社会里，不良生活方式和有害健康的行为习惯已经成为危害人们健康、导致疾病的主要原因，包括酗酒、暴饮暴食等不健康的饮食方式，电子游戏成瘾等不健康的休闲方式，缺乏运动或不运动等不健康的生活方式，以自我为中心、孤独、抑郁、嫉妒和自私等不健康的心理状态，等等。这些不良生活方式和有害健康的行为习惯是高血压、冠心病、糖尿病等疾病患病率不断增高的主要原因。1992年，世界卫生组织在《维多利亚宣言》中指出：健康的四大基石是合理膳食、适量活动、戒烟限酒、心理平衡。

（二）生活环境因素

生活环境因素可分为物理性因素（如环境气候和空气质量等）和社会性因素（如科技发展、家庭环境、工作环境、人际关系和经济收入等），它们从不同的角度影响着健康。

现代建筑不断向高空发展，人们居住在这些建筑物中，与大自然的距离越来越远，加上城市工业化导致淡水污染，空气中的二氧化碳和二氧化硫等气体不断增多，植被减少，以及酸雨、黑风暴和沙尘暴频繁发生，致使生活环境日益恶化，严重危害了人类的健康。

城市交通、通信联络工具的现代化减少了人们走路锻炼的机会；生活方式的现代化减少了传统的家务劳动；由于膳食结构的改变、脂肪和肉类摄入的增加，人们从食物中摄入的热量越来越多；整个社会生活的节奏大大加快，人们经常处于紧张状态中，精神上承受着巨大的压力。生活环境和生活方式的急剧变化造成了现代人与生活环境之间的不平衡。

（三）生物学因素

生物学因素包括基因遗传因素和细菌、寄生虫等病原微生物因素。

遗传是指自然生物通过一定的生殖方式，将遗传因子从上一代传给下一代的生物现象。遗传因子在传给后代的同时，也把亲代的许多隐性或显性的致病基因传给了后代。生物遗传因素直接影响人类健康，它对人类诸多疾病的发生、发展及分布具有决定性影响。

近期的研究表明，遗传问题不仅在先天性缺陷或遗传性疾病中起着重要作用，而且在后天的常见病（如冠心病、高血压、糖尿病、某些癌症和常见的精神障碍）中也起着重要作用。遗传因素可能会使这些疾病提前发生。例如，最常见的阿尔茨海默病（又称“老年性痴呆症”），就是在家族中遗传的。

病原微生物是引发传染病的首要条件。由于微生物学、生物化学及相关学科的不断发展，人们普遍认为一些传染病基本被消灭，而余下的传染病也可通过免疫和抗生素得到控制。但在20世纪末，人们惊讶地发现，致病细菌具有明显的抗药能力和适应环境变化的能力，传染病再度成为人类健康的主要危害。

（四）医疗卫生服务因素

医疗卫生服务是卫生医疗机构和专业人员为了预防疾病、促进健康，运用卫生医疗手段向个人、群体和社会提供必要服务的过程。

医疗卫生服务因素指的是医疗卫生系统中影响健康的因素，涉及预防、医疗及康复等方面，不利于健康的因素包括医疗水平低，医务人员数量少、质量差，初级卫生保健系统不健全，重治疗、轻预防，医疗资源分布不均，缺少康复机构，等等。

四、健康的生活方式

生活方式对人体的健康起着至关重要的作用。健康的生活方式有利于身体健康，减少疾病；不健康的生活方式则会导致疾病，危害健康。慢性非传染性疾病（如呼吸系统疾病、心血管疾病、糖尿病、癌症等）虽然大多数发生在成年以后，但是罹患这些疾病的重要原因——不健康的生活方式，却是从儿童、青少年时期逐渐养成的。据调查统计，体力活动不足、吸烟、酗酒及肥胖等是罹患慢性非传染性疾病的主要原因，这与人们的不良生活方式有着密切的关系。

知识链接
适宜不同性格的“解忧”体育项目

世界卫生组织提出健康的四大基石为：合理膳食、适量活动、戒烟限酒、心理平衡。健康的四大基石对改善人类的健康具有重大意义。对于青少年学生来说，健康的四大基石可以具体划分为四个方面：合理膳食、经常进行体育锻炼、良好的生活习惯、健全的心理。

（1）合理膳食。合理膳食主要包括平衡膳食和良好的个人饮食习惯。平衡膳食是指要注意食物多样化、减少脂肪摄入、多吃富含纤维的食物等；良好的个人饮食习惯是指要做到按时吃一日三餐、食用新鲜食物、少吃煎炸食物、少喝含糖饮料等。

（2）经常进行体育锻炼。青少年学生要做到每天至少锻炼1小时，持之以恒，循序渐进。每天进行充足的户外体育活动，可以增强体质，保持健康的体重，预防肥胖。学生在户外活动时还能接受一定的阳光照射，这有利于体内维生素D的合成，促进骨骼健康发育。

养成健康、科学的健身习惯对于保证身心健康和预防疾病有积极的作用。任何人都可以根据自身特点选择不同的健身项目，发展速度、耐力、力量、柔韧素质，也可以从事各种运动、锻炼等，掌握一两种运动技能，养成终身锻炼的习惯。

（3）良好的生活习惯。在影响青少年健康成长的诸多因素中，个人行为习惯（或称生活方式）对健康的影响至关重要。个人行为习惯包括饮食起居、生活习俗和各种嗜好等，几乎涉及衣食住行的方方面面，均为满足某种生理、心理需要而逐渐形成的自我行动方式。良好的行为习惯需要从小培养，青少年时期的教育则尤为重要，特别是应该摒弃吸烟、酗酒等不良行为。

青少年学生应养成良好的习惯，要做到作息规律，保证足够的睡眠，避免长时间看电视、上网、玩电子游戏，不吸烟、不饮酒，坚决远离毒品，注意个人卫生，使自己拥有健康的身体。

（4）健全的心理。青少年学生应保持健康的心理状态，正确认识和评价自己，提高调控情绪的能力，建立良好的人际关系，面对现实，更好地适应环境。培养并保持健康的心理，需要善于进行自我调节。

学生时代的生活是丰富多彩的，但学业不佳、人际冲突、恋爱受挫、理念相悖、内向孤僻、敏感多疑、厌学自卑等，可能使心理不够成熟的青少年深感重压。由此产生的烦恼若不能被及时排除，或学生缺乏正确的价值观和自制能力，就极易导致情绪忧郁、精神颓丧，继而产生心理障碍而难以脱困。

如果一个人在心理上失去平衡，但只要善于自我调节，或许苦闷之心就会变得开朗，忧郁之情也能缓解。因为自我压抑一般是由人与人、人与社会的不正常关系所致。只要抓住这个根本，及时设法与他人沟通，建立相互可信赖的真诚友谊，就可以抚慰痛苦与创伤，防止危机进一步发展，使心理恢复平衡。

第三节　学生体质健康标准

学生体质健康评价是高等学校体育工作的重要环节，也是学校教育评价体系的重要组成部分。建立全面、科学的学生体质健康评价体系，可使学生自身、家长、学校、社会等各方面及时了解学生的身体健康状况，促使学生调整自己的学习和锻炼目标，并为学校和教育管理部门制定和调整体育教育政策提供科学依据。

为贯彻落实“健康第一”的指导思想，切实加强学校体育工作，促进学生积极参加体育锻炼，养成良好的锻炼习惯，提高体质健康水平，教育部于2014年7月颁布了《国家学生体质健康标准（2014年修订）》（以下简称《标准》）。

本节我们就结合修订后的《标准》，简要介绍一下学生体质健康评价的要点与方法。

一、《标准》说明

（1）《标准》是国家学校教育工作的基础性指导文件和教育质量基本标准，是评价学生综合素质、评估学校工作和衡量各地教育发展的重要依据，是《国家体育锻炼标准》在学校的具体实施，适用于全日制普通小学、初中、普通高中、中等职业学校、普通高等学校的学生。

（2）《标准》的修订坚持“健康第一”的指导思想，落实相关要求，着重提高《标准》应用的信度、效度和区分度，着重强化其教育激励、反馈调整和引导锻炼的功能，着重提高其教育监测和绩效评价的支撑能力。

（3）《标准》从身体形态、身体机能和身体素质等方面综合评定学生的体质健康水平，是促进学生体质健康发展、激励学生积极进行身体锻炼的教育手段，是学生发展核心素养体系和学业质量标准的重要组成部分，是学生体质健康的个体评价标准。

（4）《标准》中提及的学年总分由标准分与附加分之和构成，满分为120分。标准分由各单项指标得分与权重乘积之和组成，满分为100分。附加分根据实测成绩确定，即对成绩超过100分的加分指标进行加分，满分为20分；大学的加分指标为男生引体向上和1000米跑，女生1分钟仰卧起坐和800米跑，各指标加分幅度均为10分。

（5）根据学生学年总分评定等级：90.0分及以上为优秀，80.0～89.9分为良好，60.0～79.9分为及格，59.9分及以下为不及格。

（6）《标准》规定，学生测试成绩评定达到良好及以上者，方可参加评优与评奖；成绩达到优秀者，方可获体育奖学分。测试成绩评定不及格者，在本学年度准予补测一次，补测仍不及格，则学年成绩评定为不及格。普通高中、中等职业学校和普通高等学校学生毕业时，《标准》测试的成绩达不到50分者按结业或肄业处理。

（7）《标准》对学生因病或残疾的情况也做出明确规定，可向学校提交暂缓或免予执行《标准》的申请，经医疗单位证明，体育教学部门核准，可暂缓或免予执行《标准》。被免予执行《标准》的残疾学生，仍可参加评优与评奖，毕业时《标准》成绩需注明免测。

二、主要测试项目简介

为了便于大家进一步了解和实施《标准》，下面简要介绍一下主要测试项目的测试意义、所需测试器材及具体的测试方法。

（一）体重指数

该项目是将身高和体重综合起来，从而确定学生的体形匀称度的，可反映学生是营养不良或正常体重，还是超重或肥胖。

如果所测得的体重指数数值小于或大于同年龄段体重指数的范围，就说明身体的匀称度欠佳，需要通过调整饮食结构或积极参加体育运动来增加肌肉组织或减少体内多余的脂肪。

1. 测试器材

测试器材为身高体重测量仪。

2. 测试方法

受试者赤足，立正姿势站在测试仪托盘上，同时上肢自然下垂，足跟并拢，足尖分开约60°，足跟、骶骨及两肩胛区同时与立柱相接触，躯干自然挺直，头部直立，耳屏上缘与眼眶下缘齐平。测试者站在受试者右侧，将水平压板轻轻沿立柱下滑，轻压于受试者头顶，然后读出身高测量结果，读数时注意双眼与压板水平面一致。接着读出体重测量结果，并将其记录下来。

身高的测量单位为厘米，测量结果精确到1位小数，测量误差不得超过0.5厘米。体重的测量单位为千克，测量结果精确到1位小数，测量误差不得超过0.1千克。

（二）肺活量

肺活量是指一次尽力吸气后再尽力呼出的气体量，即人体一次呼吸的最大通气量，单位为毫升。它是反映人体呼吸系统机能状况、人体生长发育水平的重要机能指标之一。

1. 测试器材

测试器材为电子肺活量计和干燥的一次性吹嘴。

2. 测试方法

将电子肺活量计放置在平稳桌面上。受试者面对仪器站立，手持吹嘴，试吹一至两次。测试者检查仪器表有无反应和吹嘴是否漏气，如果仪器一切正常，受试者深吸气，然后屏住气对准吹嘴尽力深呼气，直到不能呼气为止。此时液晶屏上显示的数字即肺活量值。测试中不得二次吸气、吹气，受试者也不必紧张，以中等速度和力度吹气效果最好。每位受试者测3次，每次间隔15秒。测试者记录每次数值，选取最大值作为测试结果。

（三）1000米跑（男）、800米跑（女）与50米跑

1000米跑（男）与800米跑（女）是一项要求学生较长时间保持较高速度行进的项目，是对学生的速度、耐力、协调性、灵敏性和柔韧性等要求较高的体能类测试项目。

50米跑是国际上通用的测试项目，通过较短距离的高强度跑步测试学生的速度素质。速度素质可以反映人体中枢神经系统的机能状态、神经与肌肉的调节机能，也可以综合反映人体的爆发力、反应速度、柔韧性等素质。

1. 测试器材

400米、300米或200米场跑道，发令旗一面，秒表若干块。

2. 测试方法

受试者至少两人一组进行测试，以站立式预备，在听到“跑”口令后开始起跑。发令员在发出口令的同时摆动发令旗，此时计时员开始计时。当受试者身体到达终点线的垂直面时，停止计时。

1000米跑（男）与800米跑（女）的测量单位为分钟和秒，测试结果不计小数；50米跑的测量单位为秒，测试结果保留1位小数。

（四）立定跳远

立定跳远是测试爆发力的项目，爆发力是在最短时间内发挥的最大力量。爆发力不仅取决于力量，还取决于力量和速度的配合。

立定跳远的测量单位为厘米，测试结果只保留整数。

1. 测试器材

测试器材为沙坑、丈量尺。

2. 测试方法

受试者两脚自然分开，站立在起跳线后，脚尖不得踩线，跳跃时两脚同时起跳，不得

有垫步或连跳动作。每人试跳3次。

立定跳远的距离是指起跳线后缘至最近着地点后缘的垂直距离。测试结果取3次成绩中最好的一次。

（五）引体向上（男）

引体向上主要测试上肢肌肉力量的发展水平，为男性上肢力量的考查项目，也是衡量男性体质的重要参考标准和项目之一。

1. 测试器材

准备高单杠或高横杠若干，杠的粗细以受试者手能握住为准。

2. 测试方法

受试者面向单杠，自然站立；然后向后摆动双臂，跳起，双手分开与肩同宽，正握杠，身体呈直臂悬垂姿势。待身体停止晃动后，双臂同时用力，向上引体（身体不能有任何附加动作）当下颌超过横杠上缘时，还原成直臂悬垂姿势，为完成1次。测试者记录受试者完成的次数，以次为单位。

（六）仰卧起坐（女）

仰卧起坐是比较安全地测试腹肌力量和耐力的一种项目。由于腹肌在仰卧起坐中发挥主要作用，同时髋部肌肉也参与了工作，所以这种测试既能够反映腹肌的耐力，也能够反映髋部肌肉的耐力。女生这两部分肌肉的力量和耐力与其某些生理功能有密切的联系，因此仰卧起坐被单独列为女生的一个测试项目。

仰卧起坐直接用次数作为评价指标。

1. 测试器材

测试器材为垫子、秒表。

2. 测试方法

受试者身体仰卧于地垫上，膝关节屈至90°左右，双手手指交叉于脑后，找同伴帮忙压住踝关节，以便固定下肢；腰部发力将上体卷起，然后缓慢下降使身体复位。受试者起坐时两肘触及或超过两膝为完成1次，仰卧时两肩胛必须触垫，连续做1分钟。测试者记录受试者完成的次数。

（七）坐位体前屈

坐位体前屈是用于反映人体柔韧性的测试项目。柔是指肌肉、韧带拉长的范围；韧是指肌肉、韧带保持一定长度的力量。柔韧性对于保护关节不受损伤具有重要意义。长时间缺乏柔韧性练习，可导致关节或关节周围软组织发生变性、挛缩，甚至粘连，从而限制关节的运动幅度，牵拉时必然产生疼痛。所以，扩大关节运动的幅度即扩大了人体活动的无痛范围。

1. 测试器材

测试仪器为坐位体前屈测试计。

2. 测试方法

受试者坐在平地上双腿伸直，两脚距离10 ~ 15厘米，平蹬测试纵板。测试时，受试者上体前屈，双臂伸直向前，双手五指并拢，并用两手的中指尖轻轻推动标尺上的游标，直到不能向前推动为止。坐位体前屈的测量单位为厘米，测试结果精确到1位小数，然后查表评分。

思政之窗

体　质

体质，是人的生命活动和劳动、工作能力等的物质基础。增强人民体质是我国社会主义现代化建设的重要基础。推行学生体质测定，旨在评价学生的体质状况和体育锻炼效果，健全并督促学生参加体育锻炼的有效机制，科学地指导学生开展体育活动，从而不断地增强学生的体质。对学生体质进行测定，还将为我国建设国民体质监测系统，掌握中国学生体质发展和变化规律奠定基础。

在改善自己的体质方面，你有哪些想法？尝试采取一些措施，比如，每天早起一小时跑步，合理安排自己的作息时间，等等。坚持一段时间，看自己的体质有哪些变化。

我们要坚持以增强人民体质、提高全民族身体素质和生活质量为目标，高度重视并充分发挥体育在促进人的全面发展中的重要作用，继续推进体育改革创新，加强体育科技研发，完善全民健身体系，增强广大人民群众特别是青少年体育健身意识，增强我国竞技体育的综合实力和国际竞争力，加快建设体育强国步伐。

——习近平（2022年4月8日）

第四节　青春期生理与心理健康

青春期的到来，标志着一个人开始发育至成年时期，他（她）将成为一个成熟的、具有繁殖后代和延续种族生命能力的个体。青春期是决定个体一生的体质、心理和智力发育的关键时期。进入青春期的学生理应智力水平正常，身体发育和人际关系良好，处事坦然，多才多艺，富有竞争力和创造精神，品质勇敢坚强。青春期的教育是非常重要的，同时要注意科学营养的膳食，调整作息规律，在努力学习的同时加强锻炼身体，做到劳逸结合，为一生的健康打下良好的基础。

一、青春期教育——了解我自己

（一）青春期的秘密

青春期以生殖器官发育成熟、第二性征发育为标志，是初次有繁殖能力的时期。人类及高等灵长类以雌性第一次月经出现为标志。青春期是由儿童逐渐发育为成年人的过渡时期，是人体迅速生长、发育的关键时期，也是继婴儿期后，人生第二个生长发育的高峰期。世界卫生组织规定青春期为10—20岁。

女孩的青春期开始年龄和结束年龄都比男孩早两年左右，青春期的进入和结束年龄存在较大的个体差异，可相差2～5岁。通常是把十一二岁至十三四岁称为少年期，十四五岁至十七八岁称为青年初期，少年期和青年初期合称青春期，即初高中阶段。

女孩的青春期特征：到了一定年龄（10岁左右），女孩往往发现自己的身体发生了一些变化，如身材突然长高了，1年之内身高可增长9厘米，渐渐接近或超过自己的妈妈，接下来腹部、臀部开始沉积脂肪，说话的音调变高，声音也越来越悦耳；体重也增加，平均每年可增加8～9千克，再过1～2年，平坦的胸部开始隆起，然后耻骨上出现稀疏的阴毛。

男孩的青春期特征：男孩到了青春期，睾丸体积增大，阴囊肤色加深、变红，阴茎增长、变粗，开始出现阴毛和腋毛，并依稀长出胡须。汗腺及皮脂腺分泌增加，皮肤出现粉刺。喉结突出，声音变粗。前列腺及睾丸进一步发育，约在15岁就可能出现第一次遗精。整个青春期身体明显增长，肌肉发达，在青春期末期发育成成人体型。

青春期身体发育指标参考表，见表1-4-1。

表1-4-1　青春期身体发育指标参考表

年龄/岁	女孩	男孩
8～9	身高突增开始	—
10～11	乳房开始发育，身高突增高峰，出现阴毛	身高突增开始，睾丸、阴茎开始增长
12	乳房继续增大	身高突增高峰，出现喉结
13	月经初潮出现，出现腋毛	出现阴毛，睾丸、阴茎继续增长
14	乳房显著增大	变声，出现腋毛
15	脂肪积累增多，丰满，臀部变圆	首次遗精，出现胡须
16	月经变得有规律	阴茎、睾丸已达成人大小
17～18	骨骺愈合，生长基本停止	体毛接近成人水平
>19	—	骨骺愈合，生长基本停止

（二）青春期的心理特点

由于人在青春期生理变化很大，思想情绪容易不稳定。学生必须积极调整自己，珍惜时光，全身心投入学习当中。如今学校教育也十分关注青春期学生的心理教育，帮助其掌握心理健康知识，提升心理健康素养，有意识地营造积极心态，使其学会调适情绪与心理压力，培育积极的心理品质。青春期学生具有以下心理特点。

微课
青春期特点

1. 强烈而敏感的自尊心

青春期学生的成长需要寻求自我价值和肯定自我，所以情绪表现极不稳定，自尊心强烈而敏感。他们有时情绪高涨、热情洋溢，有时会消极低沉、孤独压抑。部分学生在初中阶段成绩一般，受到老师和家长的表扬相对较少，他们会或多或少地存在自卑感。部分学生有厌学心理，缺乏兴趣和动力。他们渴望成功，但在学业上感到无助。

2. 青春期的叛逆心理

叛逆心理是指人们为了维护自尊，在面对问题时采取相反的态度和言行的一种心理状态。叛逆心理是该年龄阶段青少年突出的一个心理特点，也是成长过程中经常出现的一种心理状态。由于青春期的学生易冲动，做事缺乏周密思考，不计后果，情绪、性格也处在不稳定阶段，因此必须引导学生培养良好的性格，为学生指引一条正确的人生之路。

3. 交友意识强烈，但尺度把握不准

进入青春期的少男少女被称为“非常男女”，异性之间开始相互关注，希望得到认同和关爱。许多少男少女倾向选择有共同爱好、性格相近、能相互理解的同伴，愿意同受信赖的朋友吐露心声。在与异性的关系上也发生了变化，采取先疏远后接近的行为模式：开始对异性的兴趣是以相反的形式来表达的，常表现为漠不关心、轻视对方，甚至是攻击对方；后期男女生之间关系则逐渐融洽。男同学尤其需要注意，这个阶段的男生对交友标准和行为把握不准，好讲哥们儿义气，加上自我约束能力较弱，纪律观念淡薄，很容易触犯校规校纪。

情境感悟

情境：李鹏（化名）从小就是一个内向的孩子，很少与人说话，特别是跟女生说话的时候，李鹏总是脸红。以前家长还没对李鹏的这种情况给予足够的重视，进入某寄宿制学校以后，李鹏的情况越来越严重，甚至到了有点自闭的地步，家长和老师都很着急，想通过班级同学的共同努力，帮助李鹏走出青春期的害羞和内向境遇，让他拥有一个快乐的青春期。有的同学提出让李鹏多参加体育运动，与同学们多沟通、交流。

思想感悟：你觉得同学们的建议可行吗？你的身边有李鹏这种情况的人吗？你认为应该采取哪些措施帮助李鹏？

4. 不成熟的性心理

青春期学生正处于性发育期。他们朦胧、迷茫、热情、冲动，像春天那样生机盎然，充满活力与热情，对人生充满幻想。该阶段正处于长身体的时期，也是从性的萌发向成熟发展的时期。有心理学家称青春期为暴风骤雨、疾风怒涛的时期。常言道：“16岁的花季、17岁的雨季……”在勃勃生机的主色调下，也有迷茫、冲动与忧郁的不和谐音符。所以人们又把这个时期称为“危险期”。

有学生在这一时期内没能很好地把握自己，产生了一些异常的青春期心理现象。究其原因，主要是性成熟与性心理不成熟的矛盾。学生如果能够懂得性心理健康的基本知识，再加上师长的悉心帮助、疏导，就会化解矛盾的心理，安全顺利地度过青春期这一人生的“黄金时代”。

（三）关于青春期的问题

1. 青春期的感情问题

可以和好朋友说说，让他（她）帮助自己分析一下；可以写日记，把自己的心事写在日记里；可以和父母聊聊，不要不好意思，父母是最疼孩子的，他们会竭尽全力帮助自己的孩子；也可以和知心的老师谈谈。

2. 青春期长了青春痘

调整作息时间，熬夜是长青春痘的第一大诱因，其对身体的危害也是巨大的。应在晚上10点上床，11点之前休息；注意卫生，勤换毛巾、枕巾、床单，不要用手摸脸；注意饮食，少吃或者不吃辛辣、甜腻的食品，这些食品是长青春痘的第二大诱因。多喝水可以促进体内毒素排除，也可以让皮肤变得更加水润。

3. 青春期长高的方法

饮食上需要合理搭配，使荤素搭配合理，不要仅根据自己的喜好进行饮食。每日蛋、肉、豆制品、鱼类、菜、水果等都要食用一点，尽量保证身体对各项营养的需求。每天临睡前30分钟喝一杯纯牛奶，有助于身体对钙质的吸收，同时有助于睡眠。多喝白开水，不要饮用饮料、果汁类饮品。学习姿势也很重要，写字时要注意写字的姿势，坐着听课时，腰要挺直，不要佝偻着身体，否则时间久了，脊椎就会弯曲，严重影响身高以及身材的生长发育。每天坚持运动，接触阳光，保证每天的运动量，可以跑步、打球或者散步，这样能够更好地促进身体对钙质的吸收。

4. 青春期男、女生心理上的变化

青春期的男、女生随着生理的改变，在心理上也起了很大的变化。他们常常表现得热情洋溢，活泼快乐，精力充沛，富有朝气；独立性增强，对问题有自己的见解，自我意识增强，逐渐产生想当成人的愿望；渴望独立，对父母、老师的话不再盲目听从，喜欢独立思考和探索。所以心理学家又把青春期称为“心理性断乳期”。此时，他们身上既有孩子气，又有成人期的萌芽，情绪复杂多变，有时想入非非，有时喜怒无常，有人说“少女的心好比长江的水、秋天的云，变化莫测”。所以老师和家长需要正确引导，使青春期学生的身心得以健康发展，顺利步入成人阶段。

5. 青春期保护嗓子的方法

青春发育期，男孩的嗓音会从稚嫩的童声转变为粗犷低沉的成人嗓音，这就是所谓“变声期”。变声期内声带会发生肿胀、充血现象，所以要特别注意保护嗓子，以免引起嗓音长期沙哑。在变声期，不要使劲喊叫、唱歌，唱歌要有节制；唱歌、大声讲话后不要马上喝冷饮，应喝温开水。冬季应注意保护颈部，同时应注意适当休息，加强体育锻炼，预防感冒。少吃有刺激性的食物，如辣椒、大蒜、油炸食品等。要禁烟酒。

6. 正确对待遗精

遗精是男孩一种正常的生理现象，要注意把精力放在学习上，积极参加课外活动。养成一些必要的卫生习惯，如及时换洗内衣裤，并清洗外生殖器，不穿过紧的内裤，睡前用温水洗脚等。要早睡早起，醒后立即起床。不浏览内容不健康的网站。

7. 正确对待月经

月经是女孩进入青春期后出现的正常生理现象。对于月经，不必因害羞、恐惧而让其成为精神负担。在月经期由于盆腔充血，有时会出现轻微腹痛、腰酸等症状，这属于正常现象。如遇到严重痛经、闭经、经期紊乱或出血过多等异常现象，应告诉家长并及时就医。月经期间身体会发生一些变化，抵抗力也相对较弱。月经期间的卫生保健是至关重要的，月经期间应注意的问题：① 每天要用温水清洗外阴部，使用的毛巾和盆要清洁。要使用清洁的卫生纸（巾）。② 要有足够的睡眠和休息。进行适当的运动，但要避免剧烈运动。③ 避免着凉，不要吃生冷、辛辣的刺激性食物。④ 要做到心情舒畅，情绪稳定。情绪波动或精神过度紧张，会影响大脑皮层的调节功能，容易引起月经失调。

（三）关于青春期的话题

1. 树立目标

在青春期，要树立正确的人生观，让自己把目标确定下来，并坚持自己的选择，这样才不会后悔。写下实现目标的理由和实现目标所需的条件，给自己一个时间周期，自向

“假如要实现目标，我必须变成什么样的人”，定下承诺，直到实现目标为止，决不放弃。可以编写一个时间表，从实现目标的最终期限倒推至现在，然后马上采取行动。现在开始，衡量每天的进度，检查每天的成果。

2. 全方位发展

学生的本职就是读书。读书固然重要，但不是人生的全部，一个人如果只知道读书，就会变成 “书呆子”，缺乏动手能力、沟通协调能力、组织能力、表达能力等，将会在以后的工作中，逐渐显示出劣势。因此，除学习之外，还需要多参加活动，多锻炼身体，多与人交流，争取全面发展。

3. 学会选择朋友

朋友对于人生是非常重要的，“多个朋友多条路”，要主动结识一些朋友，与朋友相互学习。有困难时能够在朋友处得到帮助，而在朋友有困难时也要及时伸出援手。因为，与自己一起笑过的人易忘记，与自己一起哭过的人最难忘。当然，交朋友要有选择，对于品质不好、不讲诚信的人，尽量不要结交。

4. 懂得恋爱

青春期的孩子对爱情已经开始懵懵懂懂，不要把爱情隐藏起来，爱情并不神秘，早晚有一天是要谈恋爱的。花前月下漫步总是美好的，甜言蜜语更是迷人，可别忘了现实中还有风霜雨雪。因此，不要过分憧憬爱情的美，不要过分夸大失恋的悲伤，只有树立正确的恋爱观，才不会在以后犯低级错误。

5. 学会担当

青春期的孩子有了对事物的自我辨知能力，要学会承担责任。自己的行为只能自己负责，要敢于做一些自己可以负起责任的事。

6. 注意得失

输赢并不重要。青春期的孩子容易患得患失，这是完全没必要的。要懂得“塞翁失马焉知非福”的道理。当得意时，要保持头脑清醒；而失意时，要保持心态豁达继续努力，争取以后取得成功。

7. 感恩亲人

和谐的家庭环境和良好的家庭氛围、浓浓的亲情对孩子性格培养和道德观念形成至关重要。孩子要懂得怎样去关心亲人，要学会怎样与亲人相处得更融洽。在亲人有困难时，能够主动做一些事情。在成长的路上，亲人即使无法一路同行，但在风雨交加时，总会想着为孩子遮风挡雨；即使不能与孩子一路并肩作战，但在孩子遇到艰难险阻时，总会想着与孩子一同分担苦痛。

思政之窗

珍惜青春

青春期在人的一生中是短暂的，许多名人、伟人就在这个时期开始取得成就。苏秦年少时发奋读书而锥刺股；匡衡少时为读书而凿壁偷光；孙敬年轻时好学而头悬梁；董遇用“三余”的时间读书，冬天是一年的剩余，夜晚是白天的剩余，雨天是晴天的剩余；祖逖和刘琨为实现建功立业、恢复中原的理想闻鸡起舞；李世民在18岁时任军队总指挥；欧阳修有言，“余平生所作文章，多在三上，乃马上、枕上、厕上也”，虽然时间零碎，但是聚少成多，长期坚持也是不小的收获。

二、青春期营养与膳食指南

营养是人类维持生命、生长发育和健康的重要物质基础，是人类体能与智能发展的必要条件。但各种营养的摄入并非越多越好。医学实践证明，有些营养素摄入过多反而会对人体产生危害。比如：摄入糖过多，会导致人体肌肉松弛，易生脓疮，加重糖尿病病情，导致龋齿及食欲不振等；摄入铁过多会导致食欲不振、呕吐、腹泻、大便异常；摄入维生素A过多会使人头昏、头痛、呕吐、毛发稀少，过量时还会中毒，造成呼吸麻痹，甚至死亡。所以，人体摄入营养要合理。合理营养是指人体每天从食物中摄入的能量、各种营养元素的量及其相互间的比例能满足在不同生理阶段、不同劳动环境和强度下的需要，并使人体处于良好的健康状态。合理营养最基础的原则就是平衡膳食。平衡膳食也称为合理膳食，就是要求膳食中的食物营养成分齐全、数量充足、比例适当，能合理满足营养要求和机体需要，达到供给和消耗的平衡。平衡膳食的基本要求就是食物要多样化，并且做到主食和副食搭配，粗粮和细粮搭配，荤菜和素菜搭配，粮、肉、菜、油都不缺。

2001年5月，教育部、卫生部联合颁布文件（卫疾控发〔2001〕120号），将每年5月20日确定为“中国学生营养日”。其目的在于广泛、深入宣传学生时期营养的重要性，大力普及营养知识。

（一）基础营养

营养素分为两大类：三大营养物质和微量元素。三大营养物质包括糖、脂肪、蛋白质。三大营养物质在分解代谢中，所蕴含的化学元素能释放出来，成为机体维持各种生命活动及运动的能量来源。微量元素包括维生素、无机盐和水。它们主要作用是维持和调节细胞功能。

1. 碳水化合物——糖的来源

糖的来源主要是由植物性食品来提供的，如大米、小麦及由其制成的相关食品、马铃薯或白薯等块根类食物、玉米、蔬菜等。其中食物中的糖类大多以多糖的形式存在，单糖、双糖在食物中的含量较少，多存在于水果、牛奶和蜂蜜等食物中。

2. 蛋白质——生命的物质基础

蛋白质的基本作用是调节生理机能、维持体液平衡和酸碱平衡，以及参与供应能量，其是构成细胞的基本结构物质。饮食中的蛋白质有两种来源：一种是动物性食品，其蛋白质含量较高，质量较好，如奶类、鱼类、肉类和蛋类；另一种是植物性食物，如豆类、谷物。二者在膳食中应合理搭配。

3. 脂类——人体重要的组成成分

脂类是人体重要的组成成分，包括脂肪和类脂。脂肪是储存能量和提供能量的主要物质，具有维持体温、保护脏器，促进脂溶性维生素和其他脂溶物质吸收的作用。脂类的动物性来源有猪油、牛油、羊油、鱼油、奶油、蛋黄油和禽类油；植物性来源有花生、大豆、芝麻、棉籽、向日葵、菜籽、核桃、松子等。在膳食脂肪中，植物油优于动物油，植物油中含不饱和脂肪酸，可降低动脉硬化的发病率。

4. 维生素

维生素是维持人体正常代谢和机能必不可少的一类低分子有机物的总称。维生素可分为脂溶性和水溶性两类，前者是维生素A、D、E、K等，后者是维生素B族和维生素C等。维生素种类繁多，不同品种结构差异较大，但具有共性：存在于天然食物中，含量极微；在物质代谢中各种维生素发挥不同的作用，如有缺少，则会产生相应的维生素缺乏症；各种维生素均不提供能量，也不参与人体结构的组成；除维生素D族外，都不能由人体合成，须从食物中直接摄取。

5. 无机盐

无机盐的生理作用较为广泛：硫、磷参与蛋白质组成，是人体的组成部分；钙、镁参与骨骼、牙齿和体液的组成，通过渗透压调节水分的储存和流动，维持机体酸碱平衡；铁参与血红蛋白的构成，对输送氧起重要作用。

（二）青春期学生营养膳食中可能存在的问题

1. 饮食无规律

饮食规律非常重要。如果饮食没有规律，经常暴饮暴食，拥有不良的饮食习惯和生活方式，就可能会引起脂肪代谢紊乱、内分泌异常。如经常不吃早餐容易导致营养摄入不足，影响身体需求，时间久了容易诱发胃病、胆结石等疾病；晚餐摄入大量的高能食物，过剩的营养会转化成脂肪，容易导致肥胖。因此，学生要保证一日三餐或四餐，定时定量，分配合理。坚持“早餐吃好，午餐吃饱，晚餐吃少”的膳食原则，养成良好的饮食和生活习惯是保证营养需求的基本条件。

2. 饮料饮用过多

随着生活水平的逐渐提高，饮料成了一些人喜爱的饮品。可是，饮料喝多了会对身体产生不利的影响。饮料中常常含有大量的矿物质、添加剂、色素、防腐剂等，这些物质大量地进入人体会造成牙齿、胃肠和肾脏损伤，也会增加患肾结石、肥胖症、糖尿病的风险，还影响身体对各种营养物质的正常摄取。

部分学生爱拿饮料代替白开水，这是非常错误的。对于人来说，水是仅次于氧气的重要物质。在成人体内，60%～70%的重量是水。如果一个人不吃饭，只靠自己体内贮存的营养物质或消耗自体组织，可以存活7天。但是如果不喝水，很难度过7天时间。体内失水10%就会威胁健康，失水达20%就会有生命危险，可见水对生命的重要意义。白开水进入人体后可以立即参与新陈代谢活动，调节体温，输送养分。科学家研究发现，煮沸后自然冷却的凉开水最容易透过细胞膜，促进新陈代谢，增强免疫功能，提高机体抗病能力。习惯喝白开水的人，体内脱氧酶活性高，肌肉内乳酸堆积少，不容易疲劳。因此，用饮料代替白开水是不科学、不可取的饮食习惯。

3. 盲目节食减肥

学生时期是精力最充沛、求知欲望最强烈时期，需要供给充足的、全面的营养，以保证身体和智力发育。有些青春期的女生和男生，为了追求体型苗条，往往盲目节食、禁食，盲目服用减肥食品、保健食品，偏信减肥良方，导致体内新陈代谢紊乱、营养不足，严重者出现低血糖等症状，这对青少年身体健康危害极大。学生要树立正确的健康观，减肥也应遵循科学规律，合理饮食，在保证科学减肥的同时，不影响正常的学习和生活。

4. 摄入能量过多，蛋白质摄入不足

随着家庭经济条件的改善和提高，家长大多时候只考虑要让孩子吃得好，很少考虑膳食平衡和营养合理。这在吃好、吃饱的同时也造成了能量摄入过多的问题，如果体育锻炼跟不上，很容易导致肥胖。肥胖症容易引起高血压、糖尿病等疾病，学生和家长应重视合理营养，尽早预防。

我们传统的膳食观念及饮食习惯不利于优质蛋白质摄入，由此会引起营养不良。优质蛋白质主要来源于肉类、奶类、蛋类、鱼类、大豆及豆制品，青春期学生应保持能量均衡，多吃一些富含优质蛋白质的食物，以利于其拥有合理营养，健康成长。

5. 食用加工食品过多

随着现代生活节奏的逐渐加快，商家在市场上不断推出种类繁多、琳琅满目、五颜六色的加工食品，但加工食品不宜多吃。原因在于加工过程不但会使食品中的一些营养物质受到破坏，而且会增加许多影响人体健康的添加剂和防腐剂等。国内市场上加工食品种类繁多，偶尔吃些倒也无妨，然而长期食用会影响健康。青春期学生平时最好多吃些新鲜食物来摄取营养，不要常食、常饮加工食品。

（三）青春期学生膳食指南

膳食指南是根据营养科学的原则和人体的营养需要，结合当地食物生产供应情况及人群生活实践，专门针对食物选择和身体活动提出的指导意见。

合理选择食物，实践平衡膳食，积极运动，维持适宜体重，保持良好健康生活状态，预防和减少膳食相关慢性疾病的发生，提高学生整体健康素质。《中国居民膳食指南（2016）》针对2岁以上的所有健康人群提出了以下6条核心推荐。

（1）推荐一：食物多样，谷类为主。

（2）推荐二：吃动平衡，健康体重。

（3）推荐三：多吃蔬果、奶类、大豆。

（4）推荐四：适量吃鱼、禽、蛋、瘦肉。

（5）推荐五：少盐少油，控糖限酒。

（6）推荐六：杜绝浪费，兴新食尚。

知识链接
合理营养的一日三餐

平衡膳食实践主要是指引导学生在日常生活中如何具体实践膳食指南的科学推荐，通过食物选择和营养饮食指导，引导学生依据指南安排一日三餐的饮食。可视化图形制作的中国居民平衡膳食宝塔（如图1-4-1）和中国居民平衡膳食餐盘（如图1-4-2），非常便于学生对平衡膳食知识的理解、学习、操作和传播。

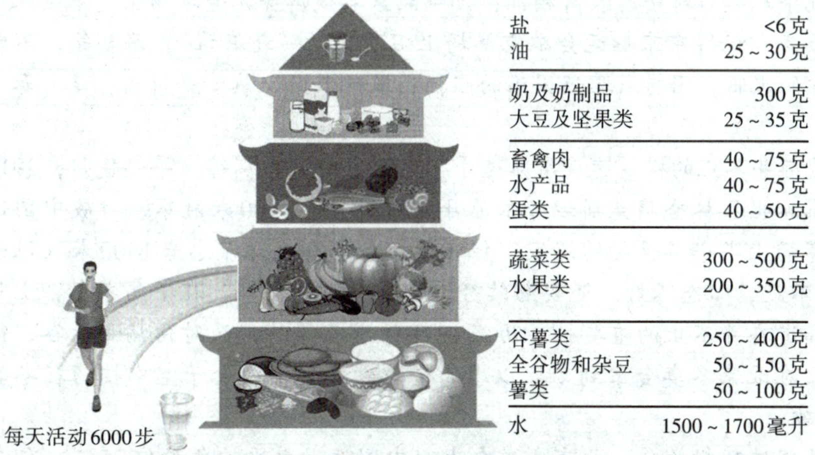

图1-4-1　中国居民平衡膳食宝塔（2016）

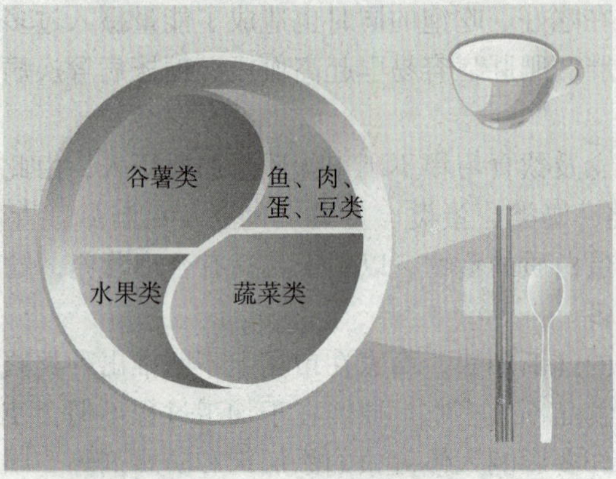

图 1-4-2　中国居民平衡膳食餐盘（2016）

膳食指南的目标是以学生健康利益为根本，引导食物消费，调整膳食结构，促进平衡膳食模式，合理运动，提倡健康饮食新食尚。《中国居民膳食指南（2016）》推荐的6个核心条目，为最大限度满足青春期学生健康需要提供了建议。

精彩分享

青春应该是什么颜色

青春应该是什么颜色？竞技场上的中国青年，志存高远、满怀激情、努力拼搏、成就梦想，他们如此回答。

青春是满怀希望的绿。北京冬奥会短道速滑冠军任子威年少时对师哥的金牌爱不释手，师哥“想要金牌自己得去”的玩笑，在任子威幼小的心中埋下一粒“种子”。面对受伤、失败，他从未放弃。他2014年进入国家队，虽然也在世界大赛上拿过金牌，但冬奥会金牌才是任子威最重要的梦想。“我拼命也要拿一枚。”从平昌走到北京，种子发芽开花，北京冬奥会任子威在混合团体接力和男子1000米比赛中发挥稳定，获得两枚金牌。心怀梦想、志存高远，青春的航程需要灯塔的指引。奥运会、冬奥会，一批“90后”“00后”闪耀赛场，若未有从前埋下的希望之种，何来今日繁花盛开。

青春是激情洋溢的红。依然记得北京冬奥会稳稳落地后谷爱凌在首钢大跳台的呐喊；记得徐梦桃夺冠后与对手的激情相拥；记得北京冬残奥会冰壶赛场上，中国队响彻“冰立方”的鼓励声；记得东京奥运会举重赛场上石智勇的“还有谁”。无朝气，不青春，用燃烧照亮前方的黑暗，用勇敢驱散困难的阻拦，敢想敢做，热爱并付出，是青春不可或缺的印记。

青春是奋斗不止的橙。速度滑冰选手宁忠岩每日默默训练，早起晚归，2019年在国际滑联速度滑冰世界杯哈萨克斯坦努尔苏丹站斩获男子1500米冠军，打破中国选手在这个项目世界赛场上半个多世纪的沉寂。但在北京冬奥会上，宁忠岩1500米仅位列第七。他说：“经验不足，心态不好，还要继续努力训练，吸取教训，在下届冬奥会上弥补遗憾。”徐梦桃也知道奋斗不止的重要性。历经12年的漫长等待，面对伤病和低谷，徐梦桃从未放弃，终于在北京冬奥会拿到梦寐以求的金牌，实现中国女子空中技巧在冬奥会上金牌“零”的突破。

青春是筑造梦想的金。北京冬奥会上，中国运动员平均年龄仅25岁，但却取得了中国冬奥会参赛史上最好的成绩——9金4银2铜，高居金牌榜第三位。青春宝贵，唯有不断追梦方可不负金色年华。也许不是每个人都能站在最高领奖台，站在聚光灯下，但正像18岁的苏翊鸣所说："努力永远不会欺骗人。"努力追梦就是赋予青春最好的嘉奖。

竞技比赛总会落幕，人生的画纸却有无限可能。用全力以赴，洒下一片绚烂，就是青春最好的颜色。

——选自新华网 http://sports.news.cn/c/2022-05/03/c_1128617965.htm

实践与训练

体育是一种对美的探索。为了发现大自然的美丽，我们去登山、潜水；为了挑战山峰的险峻，我们去攀岩、跳伞；为了探索人类自身的体能，我们去跳高、健美；为了探寻历史古迹，我们去步行、骑行；为了感知音乐、享受艺术，我们去跳芭蕾舞、街舞、广场舞。这些都是体育运动，可以说，生活无处不体育。

请以小组（8~10人）为单位开展讨论活动，说一说自己家乡的特色体育运动有哪些，家乡人民最喜欢的体育运动是什么，家乡人民为什么喜欢这一体育运动，等等。同时，选取其中一种体育运动组织小组内的比赛。比赛安排示例：

比赛安排	内容
比赛项目	多人跳绳比赛
比赛时间	课余时间
比赛地点	教室外或操场
参赛人员	全体小组成员
比赛规则	参赛人员首先抽签，单号为一组，双号为一组，然后开始跳绳比赛，小组其他成员计数并互相监督。每队选2个人摇绳，其余人跳。在规定时间内，以其余队员全部进入大绳开始计数。比赛以3分钟为限，最终计数多的小组获胜。如果途中有任何一名队员没有进入大绳，则不计入成绩。比赛时每队可尝试5次，取其中较好成绩

第二章　学校体育教育

学习目标

· 了解学校体育的地位、作用、目的、任务和组织形式。
· 了解体育锻炼对身心健康的作用与影响。
· 掌握进行科学体育锻炼的原则和方法。
· 养成科学的体育锻炼方法。
· 掌握一般的运动损伤防护知识和急救方法。

第一节　学校体育概述

一、学校体育的概念、特点与目标

学校体育是指以在校学生为参与主体的体育活动，通过培养学生的体育兴趣、态度、习惯、知识和能力来增强学生的身体素质，培养学生的道德和意志品质，促进学生的身心健康。学校体育是教育的重要组成部分，是计划性、目的性、组织性较强的体育教育活动过程。

学校体育的特点包括：① 根据学生的身心发展特点和教学大纲，有计划地组织与开展多种体育教学活动；② 教学方法和形式丰富多样，让学生在快乐中学习、在快乐中锻炼；③ 竞技比重小，危险系数低，动作技术难度适中。

学校体育的目标包括两个方面的内容：一是强健学生的身体；二是通过体育教育使学生掌握正确健身的方法，为学生养成终生健身的习惯奠定良好的基础。

二、学校体育的作用

在我国，学校体育是一种多功能的社会文化活动，它既与竞技体育和大众体育“三位一体”，组成了完整的体育系统；又与德育和智育有机结合，构成了学校教育的主要内容。学校体育的作用主要表现在以下四个方面。

（一）培养德智体等全面发展的人才

社会主义现代化建设不仅需要学生具备一定的文化水平和专业知识素养，练就为现代化建设服务的本领，还要求学生具备健康的体魄，否则学生就难以在现代化建设中发挥应有的作用。学校体育能够促进学生德智体等全面发展，使其成为有理想、有道德、有文化和有纪律的社会主义建设者和接班人。

（二）促进学生的身心和谐发展

在成长过程中，一些学生会表现出自我意识强但不成熟、情感丰富但不稳定、意志水平有所提高但不均衡等情况，这些都是其身心发展不平衡的表现。学校体育可以帮助学生进行自我调整，提高其自控能力，使其保持稳定的心理状态。

（三）为提高国民体质水平打基础

学生是祖国的未来和民族的希望，学生的体质水平是中华民族体质水平的标志和象征。学校体育不仅要通过督促学生进行有效的体育锻炼，使学生的体质水平得以提高，还要培养学生终身参加体育锻炼的良好习惯，使学生能以充沛的精力、健康的心态和强健的体魄投身学习与工作。

（四）为国家培养优秀的体育后备人才

通过学校体育，教师可以及早地发现具有运动天赋的学生，并对其进行系统与科学的训练，使之成为国家的体育后备人才。为此，学校体育可在普及体育知识与基本技能的基础上，有目的、有计划和有组织地开展业余体育训练工作。

微课
学校体育的功能

三、学校体育的任务

学校体育的目的是为社会主义现代化建设培养德智体全面发展的人才，使学生的身心得到全面、健康的发展，以便将来能够为建设祖国和服务社会贡献自己的一份力量。与学校体育的目的相对应，学校体育的任务包括以下三个方面的内容。

（1）使学生了解体育与健康的基础知识，学会科学锻炼身体的方法与技能，掌握常见体育运动项目的基本技术，并能运用所学知识进行自我调控、自我检测和自我评价，为其终身健身奠定扎实的基础。

（2）对学生进行爱国主义和集体主义教育，培养其形成积极乐观、顽强拼搏的良好品质和团队合作意识，使其能正确对待个人和集体的成功与失败；使学生树立现代体育意识，并把健康与学习、生活、自身发展等联系起来，使其养成积极参加体育锻炼的习惯。

（3）发展学生的体育才能，提高学生的运动竞技水平。学校是培养人才的场所，体育教育应在普及体育知识的基础上，对部分具有一定运动才能的学生进行专项体育训练，进一步增强他们的体育才能，为国家培养和输送体育后备人才。

四、学校体育的组织形式

学校体育的组织形式主要包括体育教学、课外体育活动、课余体育训练和课余体育竞赛等。

（一）体育教学

体育教学是学校实施体育教育最主要的组织形式，其既是学校体育工作的中心环节，又是实现学校体育目标的基本途径。体育教学分为理论课教学和实践课教学两部分。

1. 理论课教学

理论课教学是教师根据体育理论教材，按照教学计划和课时进度，系统地向学生传授体育科学知识和体育实践方法的过程。其目的是加强学生对体育的理性认识和对体育文化内涵的深刻理解，使学生树立终身进行体育锻炼的意识。

2. 实践课教学

实践课教学是以身体练习为基本手段，以教师为主导、以学生为主体专门进行的体育教学过程，是学校实现体育教育目标的基本组织形式。教师在教学过程中要注意充分调动和发挥学生的主观能动性，让学生主动接受一定的运动负荷，从而有效地锻炼学生的体格，增强学生的体能。

（二）课外体育活动

课外体育活动是学校体育的重要组成部分，也是体育教学延伸与补充。其目的是让学生将课上所学的知识与技能在课外进行具体的实践。课外体育活动主要包括做早操与课间活动。

1. 做早操

早操既是学生作息制度的组成部分，又是学校维持正常教学秩序的重要环节。做早操是指学生每天早上起床后到室外做操或进行一般性的身体活动。

早操时长一般控制在15~20分钟，因为学生上午要上课，所以早操的活动量不宜太大。早操的内容可以是广播体操，也可以是健身跑或各种身体素质练习。早操的组织形式应为集体活动与个人活动相结合。

学生坚持做早操不仅可以锻炼个人意志，促进身心健康，而且可以消除早晨起床后大脑的抑制状态，激活机体的生理机能，促使学生以充沛的精力和饱满的热情开始一天的学习生活。

2. 课间活动

课间活动是指学生利用课间休息的时间在教室周围做一些轻松的身体活动。课间活动是一种较好的休息方式，可以为学生注入新的活力与精力，从而提高学习效率。

（三）课余体育训练

课余体育训练是在普及群众性体育运动的基础上，对部分热爱体育运动、身体素质良好、有专项运动特长的学生进行系统体育训练的过程。

课余体育训练的目的有两个：一是提高学生的运动水平，为不同层次的体育比赛选拔人才；二是为学校培养体育骨干，以便指导与推动群众性体育运动开展。

课余体育训练必须根据学生的年龄特点、运动基础、生理和心理特点制订专门的训练计划，必须遵循体育训练的原则，采用科学的训练方法进行训练，以切实提高学生的运动水平和运动成绩。

（四）课余体育竞赛

课余体育竞赛是学校各种体育运动比赛统称。课余体育竞赛具有竞争性与趣味性的特点，是推动学校群众性体育运动开展的有效形式，具有振奋人心、鼓舞热情、宣传体育精神和增强学生体质的作用。课余体育竞赛能够体现体育教学、课外体育活动和课余体育训练的效果，还能加强学生之间的交流，增强学生的团队意识与集体意识。

第二节　学校体育对健康的影响

一、学校体育对体质的影响

体质是指人体在遗传变异和后天获得的基础上所表现出来的综合的、相对稳定的特征。它是人的运动能力、劳动工作能力乃至全部生命活动的物质基础，而体育锻炼是增强体质的最直接、有效的手段。

（一）体育锻炼对身体发育的影响

人体生命的全部过程大致可分为三个时期，即儿童少年时期、青少年时期和中老年时期。有研究表明，青少年时期经常参加体育锻炼对于身高、体重、身体机能和素质等指标的可塑程度能达到50%～70%。

（二）体育锻炼对身体各个器官的影响

人体是一个完整的、统一的有机体，它由不同的器官构成。人体器官按功能可分为神经系统、呼吸系统、循环系统、消化系统、泌尿系统、生殖系统、内分泌系统、运动系统和感觉系统。体育锻炼可以对人体各个器官产生积极的影响，促进机体全面发展。

1. 体育锻炼对神经系统的影响

神经系统由中枢神经系统和周围神经系统组成。人的所有活动都是反射活动，即由感觉器官将体内和体外的刺激传送到大脑，大脑经过分析综合给出相应的反应指令，再由周围神经将行动反应指令传达给各器官去执行。

当人体发育进入成熟阶段，人脑体积就不再增加，但大脑皮层的结构和功能仍在发展，因此体育锻炼仍会对大脑功能有改善作用。

（1）体育锻炼可以提高人体对刺激的反应速度。体育锻炼的项目种类和技术动作繁多，越是对抗性和技术性强的运动，越能有效地强化脑细胞的生理功能，使神经细胞的兴奋强度和反应速度都得到提高。

（2）体育锻炼有助于增强记忆力，提高大脑工作效率。原因有两方面：第一，运动使心脏供血能力提高、脑细胞的供血量增加，从而使脑细胞的活跃性增强。第二，人体在长时间思考和学习之后，相关的神经细胞会产生疲劳，进而由兴奋转为抑制。此时进行体育锻炼，可以使运动神经细胞群兴奋起来，而其他细胞群就可以得到良好的休息，从而有助于提高大脑工作效率。

（3）体育锻炼可以帮助改善神经衰弱。经常从事体育锻炼，可以使大脑皮质兴奋增强、抑制加深，且使兴奋和抑制都更加集中，进而使大脑的兴奋与抑制两种功能保持平衡。

2. 体育锻炼对呼吸系统的影响

呼吸系统包括鼻、咽、喉、气管、支气管和肺。其中，肺是气体交换的场所，其他器官是气体交换的通道。

在安静状态下，呼吸系统的各个器官只需很小的工作量就能完成呼吸过程，长此以往很可能会导致呼吸系统功能有所减弱。进行体育锻炼时，人体对氧气的需求量增加，呼吸频率加快，坚持进行体育锻炼可以使呼吸肌逐渐发达、有力、耐久，可以提高呼吸深度，增加肺活量。

3. 体育锻炼对血液循环系统的影响

血液循环系统又称“心血管系统”，是由心脏和血管组成的封闭的管道系统。心脏相当于生命的“发动机”，推动血液在血管里不断流动，以便把氧气和营养物质运送到身体各处。

（1）体育锻炼可以使心脏组织结构增强。体育锻炼时血液循环会加速，这会改善心肌的供血机能，使心肌得到更多的营养物质，心壁增厚，心脏容量增加，也会使心脏搏动更加有力。一般来说，长期运动的人正常状态下的心跳频率要比一般人每分钟减少20次左右。

（2）体育锻炼可以使血管功能变强、血红蛋白增多、血液循环增强。体育锻炼使血液循环加快，血流量变大，而血管经常收缩或扩张使得血管壁弹性增强、血管表面积增大，从而使血管对血液的运输功能增强。经常进行体育锻炼还能使血液中的白细胞、红细胞和血红蛋白含量增多，使人体代谢和耐缺氧的能力增强，从而改善人体血液循环系统的功能。

4. 体育锻炼对消化系统的影响

消化系统由口腔、咽、食道、胃肠、胰腺、肝脏和肛门等器官组成。

（1）体育锻炼可以促进食物消化和营养物质吸收。一方面，经常参加体育锻炼能使消化腺分泌的消化液增多；另一方面，腹部运动能使消化管道的蠕动得到加强，使胃肠的血液循环得到改善，最终使食物消化和营养物质吸收更加充分和顺利。

（2）体育锻炼可以增进肝脏健康。体育锻炼使体内糖分消耗增加，因此肝脏需要将储备的糖原及时向外输送。肝脏工作量的增加使其机能得到锻炼和提高。

5. 体育锻炼对运动系统的影响

运动系统由骨骼、关节和肌肉三部分组成。骨骼是人体的支架，是构成体形的基础，起到保护脑、脊髓、心和肺等重要器官的作用。关节是连接骨与骨之间的枢纽，人体以其为支点产生运动。肌肉附在骨骼之上，并在神经系统的支配下交替收缩与舒张，进而完成屈伸、旋转等肢体动作。

体育运动是在人体运动系统的协调工作下完成的，在完成运动的同时会使运动系统的各个部分得到锻炼。

（1）体育锻炼可以使骨骼性能、形态发生良好变化。长期的体育锻炼使骨骼变得粗壮、坚固，增强其抗折、抗弯、抗压缩和抗扭转等方面的力学性能。

（2）体育锻炼可以增强关节的稳固性，提高关节的灵活性。经常从事体育锻炼能使关节囊、肌腱和韧带增厚，关节的稳固性、延展性、弹性、灵活性和柔韧性增强。

（3）体育锻炼可以提高肌肉性能，增大肌肉体积。运动过程中肌肉工作加强，使肌纤维增粗，肌肉体积增大，从而使肌肉更加结实有力。

（三）体育锻炼对活动能力的影响

体育锻炼可以提高身体素质和基本活动能力。身体素质表现在速度、力量、耐力、灵敏和柔韧等多个方面。

1. 速度素质

速度素质是指人体或人体某一部分快速位移、快速完成动作或对外界刺激做出快速运动反应的能力。体育锻炼会使人体对外界刺激的反应速度加快，并使人体在较短的时间内完成指定动作或移动指定距离。速度素质体现在以下三个方面。

（1）位移速度，指单位时间内人体位移变化的快慢。例如，径赛项目就是以位移速度的快慢作为胜负的标准。

（2）反应速度，指人体对外界刺激产生反应的快慢，如起跑时运动员对枪声的反应速度、球场上运动员对战术变化的反应速度等。

（3）动作速度，指完成指定动作的快慢，如投掷比赛中投掷出手的速度、排球运动中的扣球速度等。

2. 力量素质

力量素质是指人体的整体或某一部分肌肉在运动中克服阻力的能力。力量素质可分为以下两类。

（1）静力性力量，指肌肉做等长收缩时所产生的力量。人体需要维持或固定在一定的姿势和位置时会用到静力性力量。例如，体操动作中的支撑、平衡、垂悬和倒立等。

（2）动力性力量，指肌肉做缩短性收缩时所产生的力量。它的特点是通过明显的身体位移使身体和器械产生加速度。动力性力量又可分为重量性力量和速度性力量，重量性力量侧重肌肉力量。例如，举重就是锻炼重量性力量。速度性力量侧重爆发力。例如，人体蹬离地面跳跃时和投掷器械时都会用到爆发力。

力量素质在体育运动中非常重要，没有力量素质作为基础，任何体育运动都不可能完成。力量素质是速度、灵敏等素质的基础，也是取得运动成绩的关键。

3. 耐力素质

耐力素质是指人体在尽可能长的时间内克服疲劳、坚持运动的能力。根据能量供应方式不同，耐力素质可分为有氧耐力、无氧耐力和有氧-无氧混合耐力。其中，有氧耐力又称“肌肉耐力”，指人体长时间进行中等强度肌肉活动的能力。例如，球类竞赛、中长跑等项目就是锻炼有氧耐力。无氧耐力又称“心血管耐力”，指人体保持较短时间内快速运动的能力。例如，短跑、短距离快速游泳等项目就是锻炼无氧耐力。

4. 灵敏素质

灵敏素质是指人体在复杂多变的运动环境中，迅速、准确、协调和灵活地完成动作或改变动作的能力。灵敏素质的内涵包括以下三个方面。

（1）迅速，指在外界刺激突然改变的条件下，以最佳的判断能力和最快的反应速度做出相应的动作。

（2）准确，指以最佳的比例将空间、时间及力量等方面进行配合，完成相应的动作。

（3）协调，指同时或依次完成动作时，能够把握好动作的空间、时间、节奏等要素的特征，使它们配合得当。

5. 柔韧素质

柔韧素质是指人体运动时各关节的肌肉、肌腱及韧带等组织的伸展能力和活动幅度。在体操、武术、跳水等运动项目中，柔韧素质是决定比赛成绩的关键。

（四）体育锻炼对适应环境能力的影响

适应环境的能力主要是指人体对自然环境的适应能力，具体表现为对气候、水土的适应能力及对季节变化引起的一些流行性疾病的抵抗能力。适应环境能力的强弱是身体状况好坏的标志。

经常从事体育运动不仅可以提高神经系统的功能，使人体对外界刺激的反应变得迅速而准确，还可以提高人体体温调节功能，有利于提高机体对环境条件的适应能力和对疾病的抵抗能力。

二、学校体育对心理的影响

体育锻炼对心理的影响是多方面的，对于学生来说，体育锻炼对心理的影响包括以下几个方面。

1. 体育锻炼有助于发展智力

正常的智力是正确感知和认识世界的前提，是心理健康的基础。体育锻炼不仅能提高锻炼者的注意力、记忆力、想象力等，还可以使锻炼者情绪稳定、性格开朗（这些非智力因素对于人的智力具有促进作用）。

2. 体育锻炼有助于培养良好的情绪体验

学生在复杂多变的社会环境中常常会产生紧张、压抑、忧虑等不良情绪反应，而体育锻炼能帮助其从烦恼和痛苦中摆脱出来。

体育锻炼之所以能够调节情绪，是因为体育锻炼的参与者能体验到运动带来的愉悦感。有研究表明，适度负荷的体育锻炼能够促进人体释放一种多肽物质——内啡肽，它能使人们获得愉快、兴奋的情绪体验。因此参加体育锻炼特别是参加那些自己喜爱和擅长的体育锻炼，可以使人从中得到乐趣，振奋精神，从而处于良好的情绪状态。

3. 体育锻炼有助于形成和谐的人际关系

现代社会生活节奏的加快使学生之间缺乏情感交流，人际关系渐渐疏远。体育锻炼可以让不同年级、性别、家庭背景的学生聚集在运动场上进行平等、友好、和谐的交往，使大家互相产生信任感，从而有效地进行情感和信息交流。

4. 体育锻炼有助于形成坚强品质

一个人的意志品质体现在他的果断性、坚韧性、自制力、主动性和独立性等方面。意志品质既是在克服困难过程中表现出来的，也是在克服困难过程中培养出来的。参加体育锻炼的过程就是不断克服主观和客观上的各种障碍（如懒惰、胆怯、疲劳和气候条件不佳等）的过程，体育锻炼可以帮助学生培养果断、坚韧等优秀的意志品质。

5. 体育锻炼有助于消除心理疾病

对于学生来说，体育锻炼可以减轻或消除由学习、生活、情感等各方面挫折引起的焦虑和抑郁等症状，也为不良情绪宣泄提供了一种合理有效的途径，能有效防止心理障碍或者心理疾病发生。

第三节　体育运动与运动卫生

生命在于运动，运动在于合理与科学，只有掌握体育锻炼的一般生理卫生知识，科学地进行体育锻炼，才能起到健身强体和防病治病的作用。

一、了解身体运动知识

身体运动是一项复杂的人体活动：在内部层面，它涉及人体的神经、肌肉、骨骼、内脏器官等方面的参与和配合；在外部层面，它又包含身体姿势、运动轨迹、运动时间、运动速度、运动速率、运动力量和运动节奏七个方面的要素。在学校体育课堂上，各项体育活动都是以身体的运动表现出来的。表现力量的运动，如举重、引体向上和投掷；表现速度的运动，如短跑、接力和跨栏；表现节奏与美的运动，如韵律操、啦啦操和舞蹈。体育运动是一项复杂精密的身体活动。这里简单介绍关于身体结构的基本知识，以帮助学生养成良好的运动习惯。

（一）身体的“框架”——骨骼和关节

如果把人体比作一部汽车，那么人体的骨骼和关节就代表着汽车的框架。骨骼和骨骼间的关节共同构成了人体的框架结构，这就好比盖房子时的地基和承重梁，它们共同作用支撑起人体的基本形态，人体的高矮、形态差异均是由人体“框架”结构的差异而产生的。只有在骨骼和关节支撑的结构下才会有人体肌肉及其他内脏器官的附着，所以骨骼和关节是人体最重要的器官之一，如果某一关节和骨骼出现问题，就会直接导致运动受限甚至大的形态改变。

1. 骨骼

正常健康的人体共有206块骨骼，分为颅骨、躯干骨、四肢骨三大部分。新生儿及儿童骨骼数量超过206块，一般为218块左右，随着生长发育，一些骨骼合为一块，等到发育成熟，骨骼数量就达到正常成人的数量。

人体骨骼因为功能不同而呈现不同形态，具体如下。

（1）长骨主要分布在四肢，如股骨，如图2-3-1所示，主要功能是支撑承重。

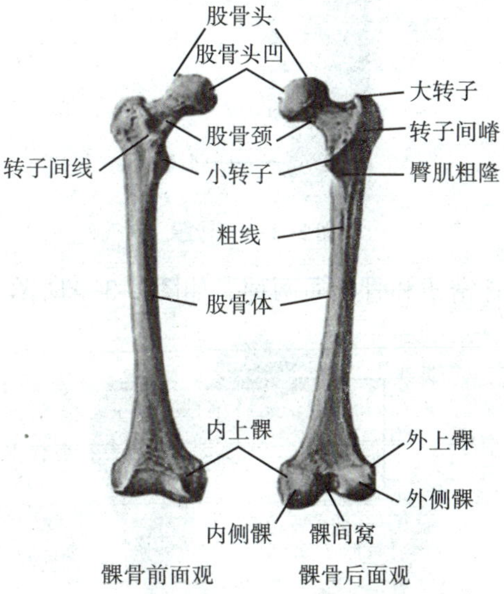

图2-3-1　股骨前、后结构

（2）短骨主要分布在手腕、脚踝、膝关节等处，如髌骨，如图2-3-2所示，主要功能是辅助完成细微关节活动和防止关节活动幅度过大等。

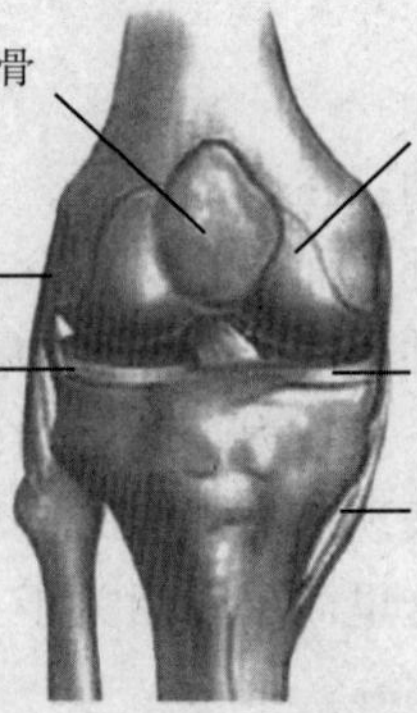

图2-3-2　髌骨及周围结构

（3）扁骨主要分布在头部以及盆腔等处，如颅骨、髋骨，其主要功能是保护内脏器官，维持内部基本空腔。

人骨主要包含骨膜、骨质和骨髓三大结构。

（1）骨膜，如图2-3-3所示。骨膜是骨骼表面被覆的坚固的结缔组织包膜。骨膜由两部分构成：外层由胶原纤维紧密结合而成，富有血管、神经，有营养骨骼和感受关节活动的作用；内层由较粗的胶原纤维构成，并含有成骨细胞，参与骨骼的生长和发育。此外，在骨骼两端关节处有一层光滑致密的关节软骨，关节软骨主要起到润滑关节、减缓摩擦、减轻振动的作用。

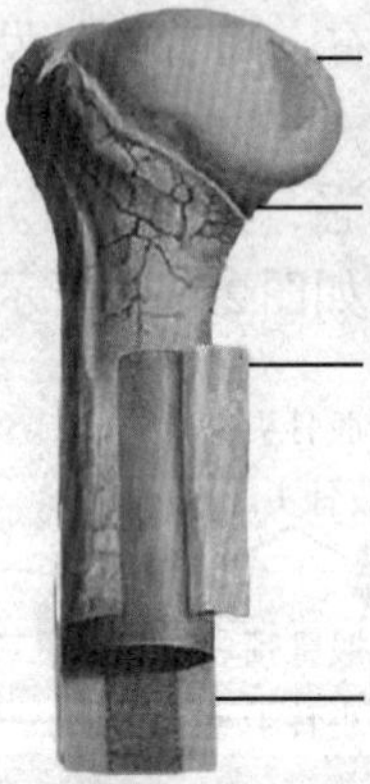

图2-3-3　骨膜

（2）骨质。骨质分为骨密质和骨松质两种，如图2-3-4所示。

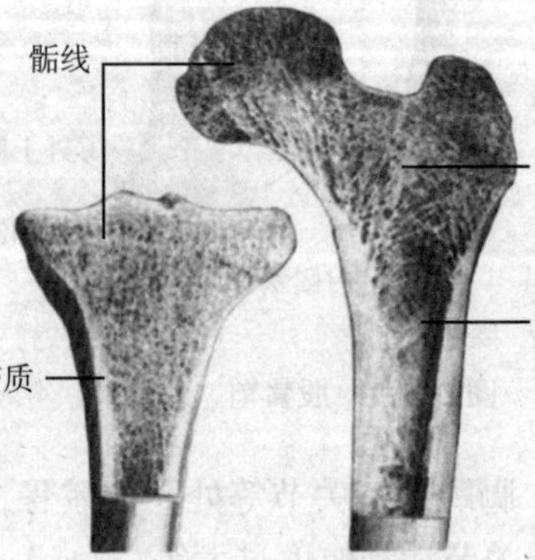

图2-3-4　骨密质和骨松质

骨密质质地坚硬致密，耐压性较大，分布于骨的表层。长骨的骨密质主要分布于骨干部分；骨松质呈海绵状，分布于骨的内部，能承受较大的重量。

（3）骨髓。骨髓填充在骨髓腔和骨松质的空隙内，分为红骨髓和黄骨髓，红骨髓具有造血功能。在胎儿、幼儿时期，骨髓全是红骨髓，具有造血功能。成年后，长骨骨干内的红骨髓逐渐被脂肪组织代替，称为黄骨髓，失去造血功能，但大量失血时黄骨髓会转化为红骨髓，恢复造血功能。

2. 关节

关节是指骨与骨之间相连接的地方，关节按其活动与否分为活动关节和不动关节，活动关节如肩、肘、指、髋、膝、踝等关节，不动关节如颅骨骨缝。关节结构主要包括关节面、关节囊、关节腔三部分。关节面被覆一层光滑致密的结缔组织——关节软骨，主要起到支撑、润滑、缓冲的作用。关节囊包绕关节形成封闭的关节腔，关节囊分为两层：外层为纤维层，由致密的结缔组织构成；内层为滑膜层，由疏松的结缔组织构成，可分泌关节滑液，起到营养润滑关节面的作用。

根据解剖学结构，关节的主要运动形式有屈和伸、外展和内收、旋内和旋外。人体主要有六大关节，分别为髋关节、膝关节、肩关节、肘关节、踝关节和腕关节。其中膝关节是人体最大的关节，如图2-3-5所示。

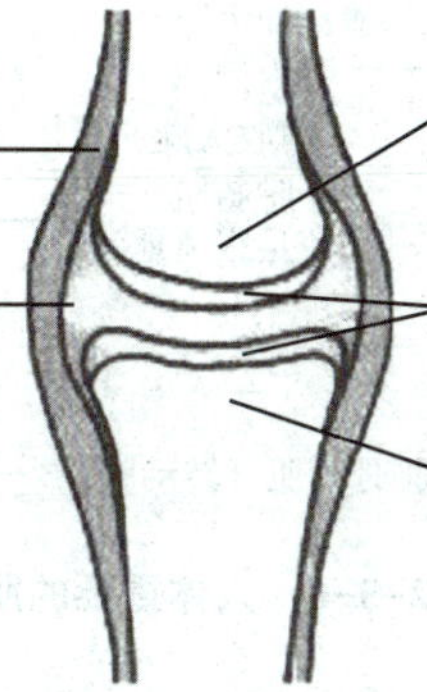

图2-3-5 关节结构

3. 骨骼及关节在运动中的作用

（1）支撑、保护身体，维持人体姿势，确保动作完成。人的身体姿势的维持与完成完全是靠骨骼支撑和关节活动来实现的，一个人站立、行走、弹跳、奔跑等都是靠骨骼和关节来完成的。同时，骨骼和关节囊上都密布有感觉神经元细胞，这些细胞能够感受骨骼及关节的变化，促使人体的运动神经中枢来调整肢体活动，帮助实现动作。此外，骨骼还能保护大脑和内脏。想象一下，如果没有了骨骼，大脑和内脏将会多么危险。

（2）为肌肉活动提供支撑与力点。人体活动主要靠肌肉的收缩和舒张调动骨骼和关节的活动来实现，而肌肉是附着在骨骼上的，肌肉活动实现后，拉动骨骼，从而完成某项练习。如三角肌起点分别为锁骨外侧、肩峰、肩胛冈，而止于肱骨外侧的三角肌粗隆。以排球运动中的扣球为例，扣球时三角肌发生收缩，牵拉肱骨向外侧活动从而实现抬手臂动作。所以骨骼为肌肉活动提供支撑和附着，又同时以关节为轴点来完成动作。

（二）身体的“马达”——肌肉

肌肉，主要由肌细胞构成。肌细胞的形状细长，呈纤维状，故肌细胞通常称为肌纤维。肌肉按结构和功能的不同可分为平滑肌、心肌和骨骼肌三种，按形态又可分为长肌、短肌、阔肌和轮匝肌。平滑肌主要构成内脏和血管，具有收缩缓慢、持久、不易疲劳等特点。心肌构成心壁，两者都不随人的意志收缩，故称不随意肌。骨骼肌分布于头、颈、躯干和四肢，通常附着于骨骼，骨骼肌收缩迅速、有力、容易疲劳，可随人的意志收缩，故称随意肌。骨骼肌在显微镜下观察呈横纹状，故又称横纹肌，如图2-3-6所示。

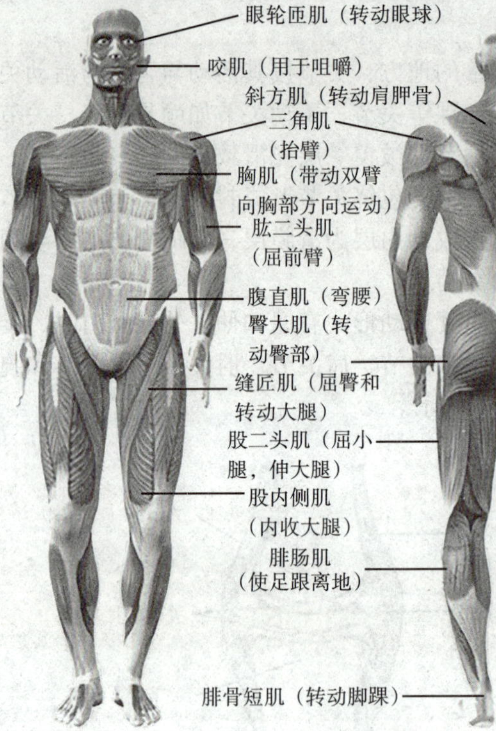

图2-3-6　人体重要的肌肉

骨骼肌是运动系统的动力部分，在神经系统的支配下，骨骼肌收缩，牵引骨产生运动。人体骨骼肌共有600多块，分布广，约占体重的40%，每块骨骼肌无论大小如何，都具有一定的形态、结构、位置和辅助装置，并有丰富的血管和淋巴管分布，受一定的神经支配。因此，每块骨骼肌都可以看作一个器官。

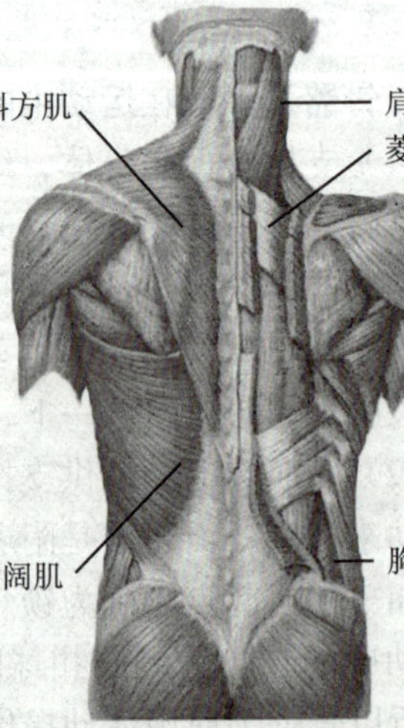

图2-3-7　人体背部肌肉群

1. 肌肉分类

（1）骨骼肌。骨骼肌是可以看到和感觉到的肌肉类型。当健身者通过锻炼增加肌肉力量时，锻炼的就是骨骼肌。骨骼肌附着在骨骼上且成对出现或多重出现，按照运动中肌肉的工作类型分为主动肌、拮抗肌、协同肌。这些肌肉通常随意志收缩，意味着想要收缩它们时，神经系统会参与肌肉活动，如图2-3-7所示。

（2）平滑肌。平滑肌主要存在于消化系统、血管、膀胱、呼吸道和女性的子宫中。平滑肌能够长时间拉紧和维持张力。这种肌肉不随意志收缩，意味着神经系统会自动控制它们，而无须人去考虑。例如，胃和肠中的肌肉每天都在执行任务，但人们一般都察觉不到，如图2-3-8所示。

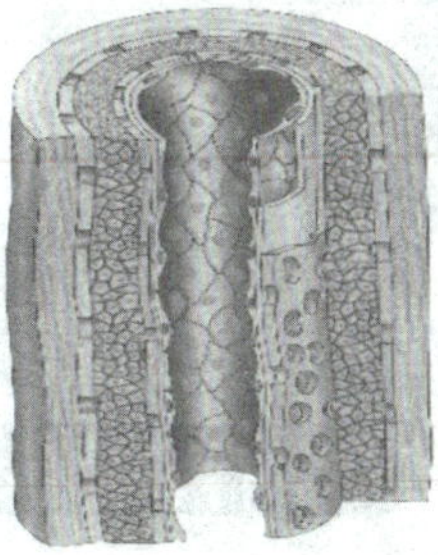

图2-3-8　血管肌肉细胞

（3）心肌。心肌只存在于心脏，它最大的特征是耐久和坚固。它可以像平滑肌那样有限地伸展，也可以用像骨骼肌那样的力量来收缩。心肌细胞属于横纹肌，属于不随意肌，是指心肌细胞不受自己意识的支配，人不能让它停就停，让它不收缩就不收缩，它是不受意志支配的细胞，如图2-3-9所示。

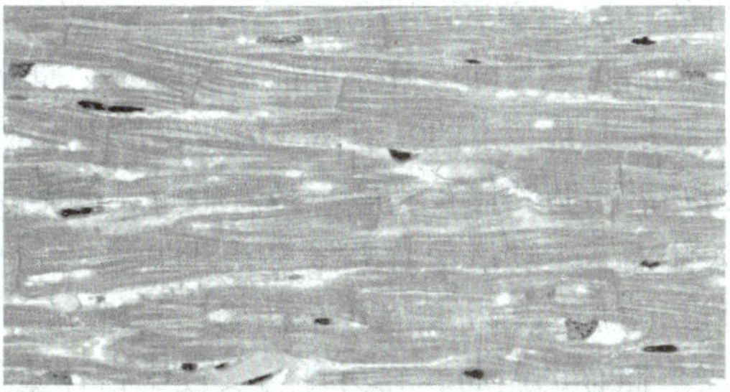

图2-3-9　显微镜下心肌细胞

2. 肌肉力量训练

力量素质是组成人体五大素质之一，也是维持人类正常生存和生活的基础。美国运动医学学会将肌肉力量和肌肉耐力统称为肌适能，良好的肌适能状态对于促进健康、预防伤病、提高工作效率有很大的帮助。肌肉力量主要是指肌肉对抗某种阻力时所产生的力量，一般而言是指肌肉在一次收缩时所能产生的最大力量。研究证明，青少年进行适当的力量训练可以提高肌肉力量，通过持续规律的专项练习可以将肌适能保持在良好状态。

知识链接
青少年力量训练指南

（三）身体的“配置”——身体成分

1. 身体成分的构成

身体成分是指身体脂肪组织和非脂肪组织的含量在体重中所占的百分比。在通常状况下，人的身体主要由水分、蛋白质、脂肪、无机质四种成分构成。成年人的正常比例：水占55%，蛋白质占20%，脂肪占20%，无机质占5%，如图2-3-10所示。每个人的身体成分千差万别，了解身体成分，关注各部分的变化，针对薄弱环节进行调节和改进，能够达到健美身体的目的。如果身体成分失衡，将会导致身体出现各种疾病，如高血压、糖尿病、脂肪肝等慢性疾病，因此了解身体成分至关重要。

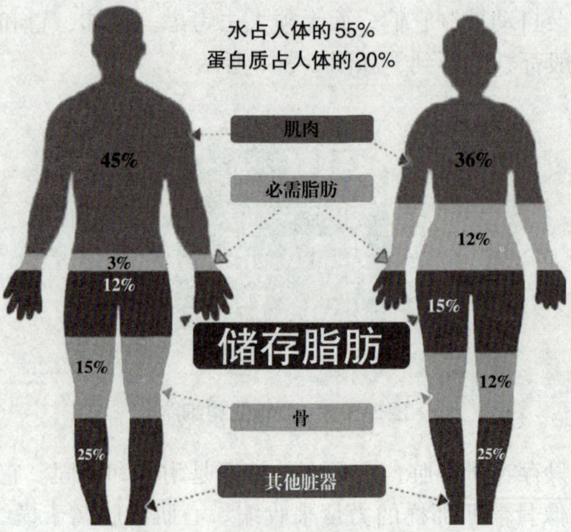

图2-3-10　身体成分的构成

体重是身体成分宏观的表现，通过体重的变化，能够了解身体成分的某些变化，从而达到预防和调节身体的目的。

（1）瘦体重。除了储存脂肪之外的所有体重都是瘦体重，瘦体重主要是指肌肉，因为骨量、脏器重量对于成人基本上是一定的，瘦体重的变化最主要是受肌肉含量的影响。

（2）脂肪。脂肪分为必需脂肪和储存脂肪。必需脂肪是指储存在重要器官、骨髓里和神经系统中的脂肪，是人体正常生理活动所必需的。男性与女性体脂含量的主要差别体现在必需脂肪上，女性乳腺、盆腔内妇科器官中的脂肪比男性多，男性3%，女性12%。储存脂肪是指在腹部以及皮下储存的脂肪，在男性与女性中占体重的比例类似，男性12%，女性15%。女性的体脂含量比男性多10%左右，如果女性体脂含量小于12%会出现停经等症状。

（3）水分。水分是体重波动的主要原因，泌尿系统中的水分、肠道中粪便里的水分和身体中其他部位的水分在24小时内就可以有很大的波动。

（4）骨量。骨头的重量在人成年后基本是一定的，绝经后女性和老年人的骨量会减少。在相同体积下，肌肉密度比脂肪密度大，所以在相同重量的情况下，肌肉比例多的人比脂肪比例多的人看起来更瘦。

2. 身体成分的指标含义

（1）体重指数。体重指数（body mass index，BMI），即身体质量指数，简称体质指数，又称体重指数，是国际上常用的反映一个人胖瘦程度的标准，我国成人理想体重指数是18.5～23.9。小于18.5过轻，24～27过重，28～32是肥胖，大于32则是非常肥胖。体重指数的计算公式是：

体质指数（BMI）= 体重（kg）÷ 身高（m）的平方

注意，有些人并不适合用BMI来衡量，如未满18岁的青少年、正在做重量训练的运动员、怀孕或哺乳中的女性、身体虚弱或久坐不动的老人。

知识链接
体脂率

（2）体脂率。体脂率是指人体内脂肪重量在人体总体重中所占的比例，又称体脂百分数，它反映人体内脂肪含量的多少。国际上采用的男性标准体脂率为（15±5）%，大于

25%为肥胖；女性标准体脂率为（23±5）%，大于30%为肥胖，如图2-3-11所示。体重在标准范围（BMI 18.5～23.9kg/m²）内，但体脂肪率超出相应标准范围（男性≥20%，女性≥30%）的属于隐形肥胖，表现为肌肉量减少、脂肪量增多，但标准体重仍在正常范围内，常见于年轻女性。

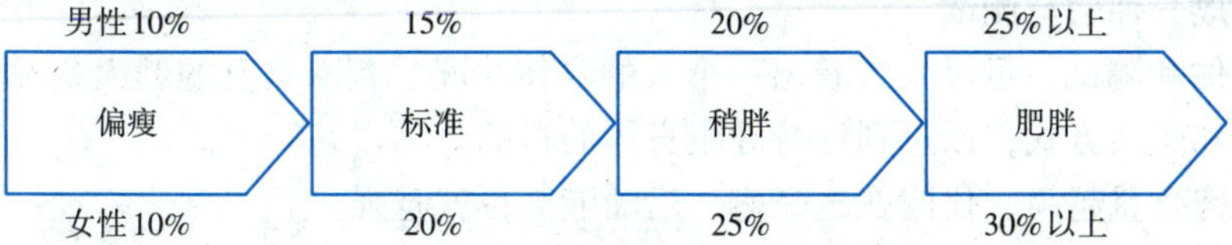

图2-3-11　国标采用的男性、女性标准脂肪率

体脂率比BMI能更好地说明人的“胖瘦”情况，体重过重不一定胖，体脂率高才是真正的“胖”。体脂率低不能代表身体状况良好，只能证明是个“瘦子”。

（3）腰臀比。腰臀比指的是腰围和臀围的比值，是判定中心性肥胖的重要指标，它反映脂肪在腹部的堆积程度，与内脏脂肪相关性很大。如果一个人体重很轻，却有着比较高的腰臀比，就需要警惕腹部脂肪的堆积，因为这很容易引起心血管疾病。健康的腰臀比，男性低于0.9，而女性低于0.8，比值越小，说明越健康。

腰臀比是健康风向标，关注腰臀比例，能让人随时了解自己的健康状态，还可以给自己建立一个警戒线，是个很有效的健康指标。腰臀比过大会增加患糖尿病、高血压、心脏病的风险，运动是减少脂肪的最佳方法，同时还可以增强下肢肌肉，而节食是不能有效改变腰臀比的。

（4）体型。体型是对人体形状的总体描述和评定，主要指人的身体各部分之间的比例。体型与人体的运动能力有一定的关系，但主要由遗传决定，后天也会发生一定的变化。肌肉和骨骼的发达程度与脂肪的积蓄程度是判断体型的主要依据。体型可分为三种类型：外胚型、中胚型和内胚型，如图2-3-12所示。

图2-3-12　外胚型、中胚型、内胚型

外胚型体形细长、瘦弱，肌肉组织和皮下组织不发达。中胚型的特征是体格健壮、结实，有粗壮的外表。内胚型表现为全身各部软而圆，消化器官肥大，脂肪沉淀丰富，躯干和大腿特大，脂肪代谢相对较慢，从而导致肥胖。

（5）基础代谢。基础代谢是指基础状态下的能量代谢。基础状态是指人体处在清醒、安静、空腹、室温为20℃～25℃的条件下。基础代谢率是单位时间内的基础代谢，是维持生命活动所需要的最低热量。如果你在减肥，这是个很重要的指标，它可以帮你计算每天所需要的食物热量。一般来说，体重越大、代谢越旺盛、肌肉含量越高，基础代谢率也就越高。

3. 身体成分评估与测试

通过评估和测试，可以大致看出一个人的身体状况。判断自己的健康状况，选择合理的锻炼方式和生活方式，以达到保持健康身体的目的。

（1）肌肉含量越高，代谢就越旺盛，运动能力也就越强。

（2）如果BMI比正常值偏低，体脂率和腰臀比却很高，说明腹部脂肪有堆积，很可能是个“瘦胖子”，“瘦胖子”缺乏运动，容易引起心血管疾病，女性比男性更容易成为“瘦胖子”，随着年龄的增长这种现象会更加普遍。

（3）将BMI和体脂率相结合，可以得到这样的结论：较低的BMI和较低的体脂率相结合属于消瘦类型，这种人由内分泌或者消化吸收障碍造成身体消瘦，男性面临很难练出肌肉的尴尬，女性则面临代谢紊乱等问题；低的BMI和高的体脂率结合属于隐性肥胖人群，这类人缺乏运动、肌肉含量低；高的BMI和高的体脂率结合属于肥胖型，这是比较危险的人群；如果BMI比较高，但是体脂率低，基础代谢高，这类人有比较高的肌肉量，平时会做大量的运动，属于较好的类型。

二、运动前准备活动和运动后整理活动

体育锻炼的过程是人体从静态到动态再到静态的变化过程，而准备活动和整理活动就是实现这种变化的过渡手段。

（一）准备活动

准备活动是指体育锻炼前所进行的一系列身体练习，其目的是打破安静时的身体生理平衡状态，调动内脏各器官系统迅速地从安静状态过渡到运动状态。

准备活动的作用在于提高中枢神经系统的兴奋性，扩大肌肉、韧带和关节的活动范围，克服内脏器官的惰性，加强心血管和呼吸器官的活动能力，使机体各方面的功能达到适应锻炼的要求，预防或减少因体育锻炼超出生理负荷出现的运动损伤。

准备活动包括一般的准备活动和专业的准备活动两种。首先应做一般的准备活动，利用走、跑和徒手操活动身体各个部位使之发热；然后做专业的准备活动，即针对所要从事的锻炼项目的特点进行一些专业的练习，如短跑前可做小步跑、高抬腿和后蹬跑，排球比赛前可做传球和垫球练习等。

准备活动量的大小和时间长短，应根据锻炼项目、内容和强度，以及季节和气候的不同而有所差异，一般达到身体发热或微微出汗，自我感觉舒适即可。

（二）整理活动

整理活动是指在体育锻炼后所采用的一系列放松练习和按摩等恢复手段，其目的是消除疲劳，恢复体能，提高锻炼效果。它可使人体较好地从紧张的运动状态逐渐过渡到相对安静的状态，使身体恢复平衡状态。

运动对身体生理平衡的破坏会引起一系列的生理变化，这种变化不会随着运动的停止而立刻消失，它需要一个恢复的过程。如果剧烈运动后突然停止、坐下或蹲下，不仅会加

重疲劳，更会有晕倒的危险。因此，运动后要认真地做好整理活动。

整理活动应着重于全身性放松，尽量采用轻松、活泼和柔和的练习，活动量逐渐减少，节奏逐渐减慢，以促使呼吸频率和心率下降，一般持续15～20分钟。例如，长跑到达终点后再慢跑一段，或边走边做深呼吸运动和放松徒手操。整理活动之后，还要注意身体保暖，以防着凉引起感冒。

三、运动饮水和饮食卫生

机体在运动中易失去大量的水和能量，导致身体的内环境失去平衡，引起全身无力、精神不振和疲劳。若不及时补充水和食物，则会直接损害身体健康。

（一）运动饮水卫生

运动中的饮水应以少量、多次为原则，应饮接近血浆渗透压的生理盐水或含少量蔗糖、果汁的饮料，以维持机体的基本生理平衡。剧烈运动时和运动后，均不宜一次性大量饮水。如果在运动中饮水过量，会使胃膨胀，妨碍膈肌的活动，从而影响呼吸；同时，会使血液量增多，增加心脏、肾脏的负担，有损健康。

（二）运动饮食卫生

因剧烈运动的需要必须补充能量时，应采用易吸收的流质或半流质食物，以食量小、热量高为原则。

运动中或运动前不宜大量进食。运动时，食物牵拉肠系膜会引起腹痛。同时，因运动的需要，大量血液流进骨骼肌使胃肠的血液减少，消化机能减弱。长此以往，轻则引起消化不良，重则导致胃炎、胃溃疡等消化道慢性疾病。因而运动中大量进食或饭后即刻运动都是不符合健康要求的，会直接影响身体健康。一般体育锻炼应在饭前0.5～1小时结束，饭后1.5小时开始。

需要注意的是，运动后易产生饥饿感，用餐时不要狼吞虎咽，更不能暴饮暴食。另外，在运动前或疲劳时也不宜吃太过油腻的食物。

四、运动衣着与环境卫生

（一）运动衣着卫生

运动服装和鞋子要符合运动项目要求，有利于健康和身体自由活动。运动服装要质地柔软，透气性和吸水性良好；运动鞋应大小适宜，鞋底具有一定的弹性，鞋面具有良好的透气性，鞋跟高低适宜。另外，穿着的袜子应透气性良好，吸汗性强，而且干净、柔软、有弹性。经常从事体育锻炼的人，要勤换洗运动衣裤。

（二）运动环境卫生

运动环境是指人们进行体育运动时所处的外界条件，如空气、运动场地和运动设施等。运动环境也是人类赖以生存的自然环境的一部分，因而它受自然环境的影响。

体育锻炼应在空气新鲜的环境中进行。新鲜空气中含有大量的负离子，它能调节大脑皮层功能，促进腺体分泌增加，改善呼吸功能，振奋精神，消除疲劳，有效地提高锻炼效果。有研究表明，越是绿色植物茂密的地方，空气中负离子的含量越高，见表2-3-1。因此，体育锻炼应尽量选择在室外，最好是在绿化较好、环境幽雅的地方进行。如在室内锻炼，要开窗通风，并禁止吸烟。

表2-3-1　不同地点的空气中负离子含量

（单位：个/立方毫米）

一般居室	街道、广场	郊外	疗养地	森林、山谷、瀑布附近
40 ~ 50	100 ~ 400	800 ~ 1000	10000	20000

进行体育锻炼时还应注意运动场地和运动设施是否满足一定的卫生要求。例如，场地是否平整，光线是否充足，有无噪声等。只有综合考虑上述各种因素，才能为体育锻炼选择一个良好的运动环境，从而提高锻炼效果，有益于身体健康。

五、运动时的自我监督

自我监督又称“自我检查”，是锻炼者在体育锻炼过程中，对自己健康状况和生理功能变化做连续观察并定期记录的行为。其目的在于评价锻炼结果，调整锻炼计划，防止过度疲劳和运动损伤，以利于提高健康水平。经常进行自我监督，对于增强信心，坚持科学锻炼，防止运动过量或不足，提高锻炼效果和养成良好的运动卫生习惯等都有重要意义。

体育锻炼自我监督的内容主要包括主观感觉和常规检查两个方面。

（1）主观感觉包括身体感觉、运动情绪、睡眠、食欲、排汗量和排尿等内容。人的主观感觉是人体功能状况的直接反映。健康并能科学地进行体育锻炼的人总是精力充沛、心情愉快、睡眠正常、食欲良好。反之，则应调整自己体育锻炼的内容、形式和运动强度。

（2）常规检查包括生理指标、运动成绩和其他伤病情况。其中，生理指标主要包括脉搏、血压、体重和肺活量等；运动成绩包括身体素质和专项运动成绩等。

体育锻炼自我监督的具体方法是将体育锻炼后出现的各种生理反应测定的有关数据记录下来，然后对各项记录进行综合分析和判断，检查锻炼的内容、方法和运动负荷是否科学合理。如果发现异常，应及时查找和分析原因，及时调整练习内容和运动负荷，必要时暂停锻炼或请医生做进一步检查。

每个人在体育运动过程中和锻炼后出现的各种生理反应和自我感觉都是不同的。因此，应根据自己表现出的不同状况，在综合分析的基础上做出正确的判断，以便更科学地进行体育锻炼。

第四节　制定科学运动处方

运动处方是指导人们有目的、有计划、科学地进行运动训练的个性化方案。对于每一个计划开始系统体育锻炼的个体，应从建立和培养运动习惯开始。

一、体育锻炼原则与方法

体育锻炼是人们运用各种身体练习方法，促进身体生长发育，增强体质，调节心理状态，提高适应能力的一种有目的的身体活动。由于个人的兴趣爱好、健康状况和身体素质等因素各不相同，从事体育锻炼的内容、方法也是不同的。要想有效增强体质，提高健康水平，取得理想效果，就必须遵循体育锻炼原则，正确运用体育锻炼方法。

（一）体育锻炼原则

1. FITT原则

运动处方应包括运动频率（frequency）、运动强度（intensity）、运动时间（time）和运动类型（type）四个基本要素，以及注意事项。FITT原则体现了运动处方的可调整性，使其适合参与运动者的个体化特点。使用FITT原则制定运动处方时，需根据个体的身体状况（健康和体能）、需要、限制、运动适应性及运动计划的目的和目标进行修改。FITT原则还体现了“频率”优先的原则，即运动处方的制定是建立在已有的运动习惯基础之上的。

2. 自觉主动原则

要养成体育锻炼的自觉性，必须明确体育锻炼的目的，充分认识体育锻炼的价值。按照德智体美全面发展的要求，通过多种方式和手段使锻炼者形成一种内在的、积极的体育锻炼心理需求，养成良好体育锻炼习惯，把体育锻炼当作日常学习和生活的自觉需要，不断提高锻炼的主动性、积极性。如此才能从体育锻炼中得到益处、娱乐身心、增进健康。

体育锻炼的有益性，在于锻炼者深刻理解“生命在于运动”的科学道理，培育浓厚的体育锻炼兴趣，提高锻炼的自觉性、能动性，积极参加各种有益于自身健康的体育活动，达到身心健康的目的。

3. 循序渐进原则

循序渐进原则是指体育锻炼要按照人体生长发育规律、机体适应性规律和超量恢复原理，逐步增强体质。参加体育锻炼，必须把握人体基本活动规律，根据锻炼者的实际情况确定运动负荷的大小，做到量力而行，使锻炼后的疲劳感适度。人体由静止状态进入运动状态时，需要一个运动负荷由小到大，动作由易到难、由简到繁的适应过程。在单次锻炼以及长期锻炼过程中，都要遵循这个原则，既不能急于求成，也不能停滞不前。要按照体育锻炼的要求、内容、方法和运动负荷等，结合个人年龄、性别、健康状况等实际情况，进行由易到难、由简到繁、由已知到未知的运动，逐渐增加负荷量。在体育锻炼过程中，我们要始终注意自身安全。

4. 持之以恒原则

持之以恒原则是指体育锻炼必须经常性进行，使之成为日常生活中的重要内容。体育锻炼“贵在坚持”。要实现身体素质全面发展和提高的目标，没有长期、持久的努力，仅靠一朝一夕的突击体育锻炼是不可能达到的。骨骼强壮、韧带牢固、肌肉紧实、肺活量增大等，都是通过经常、持久的体育锻炼实现的。对于断断续续的锻炼者来说，一次锻炼的作用痕迹往往消失得很快，与后一次锻炼难以形成积累性影响。同时，突击进行体育锻炼不仅对身体无益，反而容易产生运动损伤和过度疲劳。一般情况下，如果肌肉组织在96小时内不进行适当的超负荷训练，肌肉就会逐渐变弱、变小。

5. 全面发展原则

全面发展原则是指为了促进身体的全面协调发展，而选择多样的锻炼内容和手段。全面发展是要求身体全面、均衡发展，而不是要求个人从事很多项目的锻炼。如果能通过某些项目的锻炼，使身体得到全面、均衡发展，特别是使身体薄弱环节得到改善，就是实现了全面发展。从广义上看，全面发展除了身体本身的发展外，还包括心理、道德的发展，只有实现了生理、心理、道德、智力等方面的和谐发展，才是真正意义上的全面发展。

（二）体育锻炼基本方法

人类在生存与发展中，无论是出于生存需要，还是追求更高的生活质量，抑或是提高运动能力，都依赖自身体能的发展。所谓体能，主要包括基本活动能力和身体素质两部分。人类的身体素质主要包括力量、速度、耐力、灵敏、柔韧等。身体素质是基本活动能力的基础，而基本活动能力又反映了身体素质发展水平，两者之间互相渗透、互相依赖。良好的身体素质是体育锻炼追求的重要目标之一。在体育锻炼中，力量、速度、耐力、灵敏、柔韧等素质培养及协调有利于提高运动水平、增强体质。提高身体素质的体育锻炼方法主要有以下几种。

1. 力量素质锻炼方法

力量是指肌肉在紧张或收缩时所表现出来的克服外界阻力的一种能力。力量素质是其他素质的基础，在体育运动中尤为重要。发展绝对力量通常采用重量大、组数多、次数少的训练方法；发展速度力量通常采用中等重量、组数少、中等次数的训练方法；发展小肌肉群力量和力量耐力通常采用重量小、组数少、次数多的方法。力量锻炼分为上肢锻炼和下肢锻炼。上肢力量锻炼可选择引体向上、哑铃、俯卧撑、拉力器等方式；下肢力量锻炼可选择蹲起、快速跑、跳台阶等方式。力量较小的人应注意适当减少运动次数。男孩绝对力量自然增长的敏感期为11～13岁，25岁左右力量最大；速度力量发展的敏感期为7～13岁；力量耐力程度于7～17岁呈直线上升趋势。女孩绝对力量自然增长的敏感期为10～13岁和15～16岁，20岁最大；速度力量发展的敏感期为7～13岁。

2. 速度素质锻炼方法

速度是指人体快速运动的能力，是人体素质中最基本的素质之一。速度可分为反应速度、动作速度、移动速度。提高速度的有效方法包括比赛法、游戏法、辅助练习法、重复法等。比赛法是比较常用的方法，具有练习时间短、能使人情绪高涨、充分发挥人的爆发力等特点。游戏法能调动人的情绪，激发想象力，可以防止因经常重复练习而产生的枯燥情绪。

提高反应速度的常用方法是利用信号让练习者做出相应反应；提高动作速度的常用方法是减小练习难度法、加大难度法和时限法；提高移动速度的常见方法有最大速度跑、加快动作频率和发展下肢爆发力。

3. 耐力素质锻炼方法

耐力是有机体在长时间工作克服疲劳及疲劳后快速恢复的能力，是反映人体健康水平或体质强弱的一个重要标志。耐力按运动的外在表现可分为速度耐力、力量耐力、一般耐力；按所影响的器官可分为心血管耐力和肌肉耐力等；按能量供应特点可分为有氧耐力和无氧耐力。

进行有氧运动是提高耐力最有效的方法，慢跑、游泳、健美操、登山、越野行走、跳绳、划船、骑单车、各种球类运动及快步走等均为具有代表性的有氧运动。有氧运动的最低要求是：每天运动的累计时间不能少于30分钟，每周运动次数不能少于3次。只有达到这样的运动时间和频率，才能有效增强耐力素质。

4. 灵敏素质锻炼方法

灵敏是指在外界刺激突然变化的条件下，人体能迅速、准确、协调地改变身体运动方向和位置的能力，是人体各种运动技能和身体素质在运动中的综合表现。提高灵敏素质首先要提高大脑皮质神经过程的灵活性和协调性。采用多种多样的练习方法和手段，使动作技能掌握越来越多、越来越熟练，大脑皮层中暂时神经联系的接通越来越迅速准确，动作越来越灵巧。提高灵敏素质还必须从全面发展身体素质的综合能力入手，重点培养动作能力、反应能力、平衡能力等。

5. 柔韧素质锻炼方法

柔韧是指关节活动的幅度，肌肉、肌腱、韧带等软组织的伸展性，发展柔韧素质应将静力与动力、主动与被动练习相结合。柔韧锻炼方法通常包括体前屈、扶杆压腿、劈叉、坐位体前后快速屈伸、踢腿等。柔韧锻炼可使全身舒展，但必须建立在持之以恒的基础上，短期性高强度的柔韧锻炼不仅不能使全身舒展，还容易引发伤痛。采用旋转代替收紧的方式，是锻炼肩部和颈部柔韧性的有效方式。柔韧性较差的人在涉及柔韧性运动时，要减小动作幅度。13—16岁，人的身体生长较快，柔韧性逐步下降，要注意防止因过分扭转肌肉骨骼而造成损伤；16岁以后，可逐渐加大柔韧性练习的负荷量和负荷强度。

知识链接
体能

二、运动处方制定

运动处方的概念最早是由美国生理学家卡波维奇在20世纪50年代提出的，1969年世界卫生组织开始使用运动处方术语，运动处方由此在国际上得到认可。运动处方是指医生根据医学检查资料（包括运动试验和体力测验），按从事体育锻炼者或患者的健康、体力以及心血管功能状况，用处方的形式规定其运动种类、运动强度、运动时间及运动频率，提出运动中的注意事项。运动处方一般分三类，即健身运动处方、竞技运动处方和康复运动处方。作为学生，主要学习和了解的是健身运动处方，通过对健身运动处方的学习，学生能够制订可行的个人锻炼计划，以利于终身体育观念培养。

（一）运动处方基本要素

1. 运动种类

第一类：有氧耐力运动项目，包括步行、慢跑、速度游戏、乒乓球、羽毛球、游泳、骑自行车、滑冰、划船、跳绳、网球运动等。

第二类：伸展运动及健身操，包括广播体操、气功、武术、舞蹈等各类医疗体操和矫正体操。

第三类：力量性运动，以恢复肌肉力量、肢体活动功能为主，包括增强肌肉力量，调整肌力平衡，改善躯干和肢体的形态和功能的各种练习，如水中运动、抗阻运动等。

知识链接
有氧运动与无氧运动

2. 运动强度

运动强度是指单位时间内的运动量，是运动处方的核心，也是设计运动处方中最困难的部分，需要进行适当的监测来确定运动强度是否适宜。运动强度可根据最大吸氧量的百分数、代谢当量、心率、自觉疲劳程度等来确定，运动强度的计算公式是：

运动强度 = 运动量（运动消耗的能量）÷ 运动时间

（1）靶心率。在运动处方中，心率与运动强度之间存在着线性关系。一般达到最大运动强度时的心率称为最大心率，达到最大心率的60% ~ 70%时的心率称为“靶心率”，或称为“运动中的适宜心率”，这时的运动心率能获得最佳效果并能确保安全。用靶心率控

制运动强度是简便易行的方法，具体推算的方法如下：（以最大心率的65%～85%为靶心率）

靶心率 =（220 – 年龄）× 65%（或85%）

年龄在50岁以上，有慢性病史的，可用最大运动心率=170–年龄。经常参加体育锻炼的人，可用最大运动心率=180–年龄。例如，年龄为40岁的健康人，其最大运动心率为220–40=180次/分钟；适宜运动心率下限为180×65%=117次/分钟，上限为180×85%=153次/分钟，即锻炼时心率在117～153次/分钟，表明运动强度适宜。

（2）主观运动强度判定（RPE）法。

RPE译为主观运动强度判定，是瑞典生理学家加纳·博格（Gunner Borg）于1962年提出的，它是利用运动中的自我感觉来判定运动强度的。在表2–4–1中6～20的15个点上各有不同的运动感觉特征，这些运动感觉特征都具有相应的等级。运动者的运动感觉等级在12～15，说明运动强度是合理的，中老年人运动感觉等级也应达到11～13。这种判定法按运动种类及对运动的熟练程度而有所不同，对于习惯运动的人可靠性较高。主观运动强度判断表如表2–4–1所示。

表2–4–1　主观运动强度判断表

<table>
<tr><th>等级</th><th>主观运动感觉</th><th>对应参考心率</th></tr>
<tr><td>6</td><td>安静，不费力</td><td>静息心率</td></tr>
<tr><td>7</td><td rowspan="2">极其轻松</td><td rowspan="2">70</td></tr>
<tr><td>8</td></tr>
<tr><td>9</td><td>很轻松</td><td rowspan="2">90</td></tr>
<tr><td>10</td><td rowspan="2">轻松</td></tr>
<tr><td>11</td><td rowspan="2">110</td></tr>
<tr><td>12</td><td rowspan="3">有点吃力</td></tr>
<tr><td>13</td><td rowspan="2">130</td></tr>
<tr><td>14</td></tr>
<tr><td>15</td><td>吃力</td><td rowspan="2">150</td></tr>
<tr><td>16</td><td rowspan="3">非常吃力</td></tr>
<tr><td>17</td><td rowspan="2">170</td></tr>
<tr><td>18</td></tr>
<tr><td>19</td><td>极其吃力</td><td>195</td></tr>
<tr><td>20</td><td>精疲力竭</td><td>最大心率</td></tr>
</table>

注：引自Gunnar Borg，1998。

3. 运动时间

运动处方中的运动时间是指每次持续运动的时间。每次运动的持续时间为15～60分钟，其中达到适宜心率的时间须在15分钟以上。在计算间歇性运动的持续时间时，应扣除间歇时间。间歇运动的运动密度应视体力而定，体力差者运动密度应低些，体力好者运动密度可高些。

运动量由运动强度和运动时间决定（运动量=运动强度×运动时间），在运动处方中，运动的形式、强度和时间可以有多种变化，在总运动量一定时，运动强度较小则运动时间较长。年轻及体力较好者可由较高的运动强度开始锻炼，老年及体力较弱者由较低的运动强度开始锻炼。运动量由小到大，增加运动量时，先延长运动时间，再提高运动强度。在某些场合采用低强度、时间较长的运动较为有效，如肥胖者的减肥运动；反之，在另外一些场合采用短时间、高强度的运动较为有效，如训练肌肉力量。

4. 运动频率

运动频率指每周的锻炼次数。当每周锻炼多于3次时，最大吸氧量增加逐渐趋于平缓；当锻炼次数增加到5次以上时，最大吸氧量的提高就很小；而每周锻炼少于2次时，通常不引起改变。每周锻炼3～4次是最适宜的频率。但由于运动效应的蓄积作用，两次运动间隔不宜超过3天。一般健身保健者坚持每天锻炼一次当然更好，但前提条件是次日不残留疲劳，关键是运动习惯性或运动生活化，即各人可选择适合自己情况的锻炼次数，但每周最低不能少于两次。运动消耗热量表如表2-4-2所示。

表2-4-2　60分钟各项运动消耗热量表

（单位：千卡）

逛街	110	游泳	1036	打拳	450	跳绳	448
骑车	184	泡澡	168	跳舞	300	慢走	225
开车	82	褽衣服	168	打高尔夫球	186	快走	555
打网球	352	洗碗	120	快跑	655	打桌球	300
看电影	66	爬楼梯	480	慢跑	700	骑马	276
遛狗	130	洗衣服	114	滑雪	354	做健美操	300
郊游	20	打扫	228	练武术	790	仰卧起坐	432

该表格数据来源：胡凌燕，韩国太．体育与健康：基础模块［M］．北京：北京理工大学出版社，2020：56.

5. 运动进度

在一般情况下，运动训练造成体能上的进展可分为三个阶段：初级阶段、进展阶段和保持阶段。根据运动处方进行运动的人，经过一段时间练习后，心肺功能有所改善。需要根据个人的进度而修改运动处方，在运动强度和运动时间方面逐渐加强。

（1）初级阶段，指刚开始实行定时及有规律的运动，这时候肌肉在未适应运动就接受高强度训练时很容易受伤，因此不适宜进行长时间、多次数和强度大的运动，适宜采取强度较低、时间较短和次数较少的运动处方。例如，选择以缓步跑作为练习的人，应该以每小时4千米的速度进行，而时间和次数则根据自己的体能调节，不过每次运动时间不应少于15分钟。

（2）进展阶段，指经过初级阶段的运动练习后，心肺功能已有明显的改善，而改善的进度则因人而异。在这个阶段，一般人的运动强度都可以达到最大摄氧量的40%～85%，运动时间应该在每2～3周加长一些。这个阶段是体能改善的明显期，时间一般长达4～5个月。

（3）保持阶段，在训练计划大约进行了6个月之后出现。在这个阶段，训练者的心肺功能已达到满意的水平，只要保持这个阶段的训练，就可以确保体魄强健。这时，就可以考虑将较为刻板沉闷的运动训练改为一些有趣味的运动，以继续保持运动的乐趣。

6. 注意事项

（1）耐力性（有氧）运动注意事项。

① 应有针对性地提出运动禁忌证或不宜进行运动的指征，同时提出应该立即停止运动的指征，如心脏病人在运动中出现以下指征时应停止运动：运动时上身不适，运动中无力、头晕、气短，运动中或运动后关节疼痛或背痛，等等。

② 对运动量的监控要提出具体要求，以保证运动处方的有效和安全。

③ 要做充分的准备活动。

④ 在运动前、中或后，可适当增加饮食，以避免出现低血糖等症状。

（2）力量性运动注意事项。

① 力量练习不应引起明显疼痛。

② 力量练习前、后应做充分的准备活动及放松整理活动。

③ 运动时保持正确的身体姿势。

④ 必要时给予保护和帮助。

⑤ 有轻度高血压、冠心病或其他心血管系统疾病的患者，应慎做力量练习，有较严重的心血管系统疾病的患者忌做力量练习。

⑥ 经常检修器械、设备，确保安全。

（二）运动处方制定流程

运动处方制定包括了解基本情况、临床检查和功能检查、运动试验及体力测验、制定运动处方、实施运动处方、运动中的医务监督、运动处方修订程序，运动处方制定流程如图2-4-1所示。

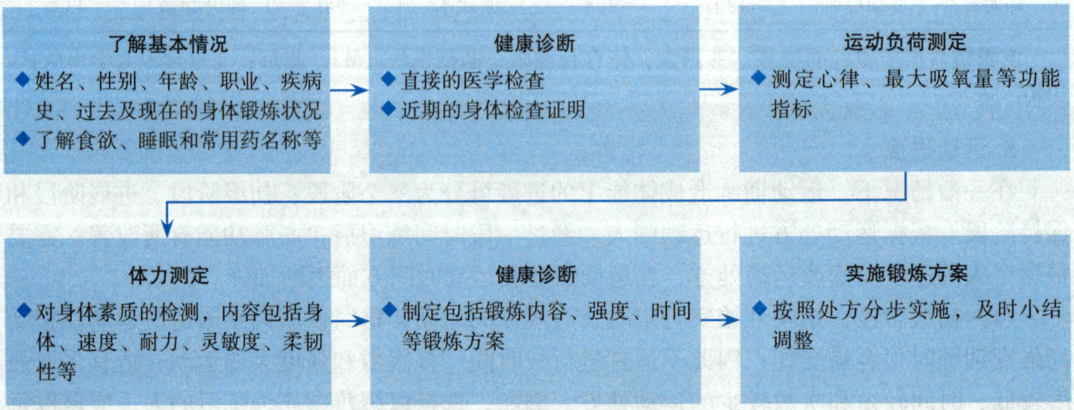

图2-4-1　运动处方制定流程

（1）了解基本情况。基本情况包括姓名、性别、年龄、职业、疾病史、过去及现在的身体锻炼状况。此外，还应了解食欲、睡眠和常用药名称等。

（2）健康诊断。健康诊断是对健康程度的判断，是制定运动处方的重要依据之一。可采用直接的医学检查，也可以采用近期的身体检查证明。

（3）运动负荷测定。运动负荷测定是身体功能对运动承受能力的检测和评定，一般检测安静和运动状态下的生理功能，主要测定心率、最大吸氧量等功能指标。

（4）体力测定。体力测定主要是对身体素质的检测，内容包括身体力量、速度、耐力、灵敏度、柔韧性等。为便于评价，可将测试指标与较大样本的同项指标进行对比，确定该项素质的优劣程度。

（5）制定运动处方。根据以上4项调查和检测结果以及身体锻炼的原则、规律，制定包括锻炼内容、强度、时间等在内的锻炼方案。

（6）实施锻炼方案。按运动处方的要求锻炼一个阶段后，应再次进行健康检查、运动负荷测定和体力测定，这样既可以评定运动处方测定实效和锻炼效果，又可根据身体的变化，修改和调整新的运动处方，使处方更具有针对性和实效性。

（三）运动处方实例（以肥胖者的运动处方为例）

1. 锻炼目的

一是减轻体重，防止肥胖；二是保持和增强体力，预防肥胖并发症。

2. 运动项目

耐力运动，如长距离步行、跑步、骑自行车、游泳等。

3. 运动强度

60% ~ 70% HRmax（最大心率），相当于50% ~ 60% VO_2max（最大摄氧量），或心率掌握在120 ~ 135次/分钟。

4. 锻炼方法

（1）准备活动5分钟，可做腰、腿、髋关节轻微活动。

（2）慢走与快走交替20分钟，如步行以慢—快—慢相结合，用10分钟走完1200米，速度2步/s，再用10分钟走完1300米；也可以慢跑20分钟。

（3）基础体力练习15分钟，仰卧起坐20个（手抱头或不抱头均可），俯卧撑20个×2组，俯卧抬起上体20个，提踵50次，深蹲跳20次。

（4）放松整理活动5分钟，做放松操，调整呼吸。

（5）以上全部内容锻炼45分钟，共消耗热量约1300千焦（315千卡），此热量相当于95克米饭，或3个煎鸡蛋。

（6）运动时间和频率。每次40 ~ 50分钟，每周3 ~ 4次。

（7）注意事项。一是锻炼时感觉轻松或过于吃力时，可稍微调节内容和次数；二是以锻炼后第二天不感到疲劳为宜，可每周适当增加运动量；三是严寒、酷暑或身体不适时应停止锻炼；四是科学进餐，平衡营养。

（四）个人运动处方模板

运动处方可详可略，不强求采用统一的格式，人们可根据需要制定不同的运动处方格式表。表2-4-3和表2-4-4为个人处方模板（示例）。

表2-4-3 个人处方模板（1）

姓名	×××
性别	女
年龄	20
职业	学生
体育爱好	乒乓球、瑜伽
健康检查	良好，身高160 cm，体重65 kg，体质中度超重，病史无特殊
运动负荷测定	台阶实验，安静脉搏79次/分钟，血压75/100 mmHg，肺活量2800 mL
体能测定	力量——仰卧起坐25个/分钟；耐力——800m，5′05″
体质评定	健康状况，良；体重过重，心肺功能稍差
运动目的	减肥和健身
运动项目	乒乓球、健身跑、健美操、瑜伽等
运动强度	由小逐渐加大，心率在靶心率范围，即140～170次/分钟
运动时间	12周（减少体重3～4 kg），每次40～60分钟
运动频度	4～5次/周
注意事项	适当控制饮食，减少油脂、糖的摄入，可吃一定的蔬菜、水果，运动后相对控制摄入量，生病发烧时应停止运动
自我监督	心率
处方者签名：×××	时间：××××年××月××日

表2-4-4 个人处方模板（2）

姓名：×××	性别：女	年龄：20岁	职业：学生	病史：无

①医学检查：脉搏76次/分钟，血压70/110 mmHg，心电图正常。

②运动实验结果：心肺功能体质评定，良。

③运动目标：保持健康体能，促进健康成长，保持旺盛精力学习。

④运动项目：健身操或体育舞蹈、羽毛球或乒乓球、跑步或登山、呼啦圈或跳绳。每次选择一项运动。

⑤运动强度：靶心率范围内，即（220−20）×（65%～85%）=130～170次/分钟。

⑥运动时间：30～60分钟。

⑦运动频率：每周运动5天，每天运动1次。

⑧注意事项：a. 选择适宜运动服装、场地、器械；b. 恶劣天气不运动；c. 身体不适时不运动；d. 自我监督项目——心率

处方者签名：×××　　时间：××××年××月××日

第五节　常见运动生理反应及处理

运动会暂时打乱人体生理活动的有序性，使人体出现一些生理反应，这些反应被称为运动生理反应。正确认识与处理运动中的生理反应，能够避免运动的盲目性与随意性。常见运动生理反应及处理方法如下。

一、过度疲劳

1. 原因

过度疲劳的原因多为锻炼者片面追求运动成绩与锻炼效果，违反安全与循序渐进的运动原则，持续进行大负荷的体育锻炼；或是伤病后身体未完全康复就投入常规锻炼，缺乏全面的身体素质训练。

2. 征象

过度疲劳一般表现为锻炼者食欲减退、睡眠质量差、精神不振，有的还会表现为头痛、头晕、记忆力减退或心情烦躁不安。锻炼者的常规身体检查结果往往无明显异常，但却影响其日常学习与生活。

3. 处理

对待过度疲劳，应遵循早发现早处理的原则，及时调整锻炼计划，降低运动强度，缩短运动时间，避免高难度动作。锻炼者还应增加睡眠时间，增加营养，辅以洗温水浴，进行恢复性按摩和采取相应的医疗措施等。

4. 预防

想要预防过度疲劳，锻炼者应制订合理的锻炼计划，遵循科学的锻炼方法。在参加体育锻炼过程中，锻炼者还应加强自我监督，注意观察锻炼时出现的不良反应，如身体患有伤病要及时治疗，待身体恢复后再进行锻炼。

二、极点和第二次呼吸

1. 极点

在进行剧烈运动特别是中长跑时，由于人体的能量消耗大，下肢回流血量减少，氧债（机体在剧烈运动时所需要的氧量和机体实际摄取到的氧量之差）不断积累并达到了一定的程度，此时人体就会出现呼吸急促、胸闷难忍、下肢沉重、动作不协调甚至恶心的现象，这在运动生理学上称为极点。

知识链接
极点

2. 第二次呼吸

极点出现后，适当地减慢运动速度并深呼吸，坚持下去，上述生理反应会逐渐缓解并消失。随后，身体机能得到改善，氧供应增加，运动能力得到提高，动作变得协调有力，生理过程出现新的平衡，这在运动生理学上称为第二次呼吸。第二次呼吸出现以后，人体的循环机能将稳定在较高的水平上。

3. 处理和预防

极点是长跑运动中常见的生理现象，出现这种现象时无须焦虑与恐惧，只要处理得当和坚持锻炼，极点现象是可以逐渐减轻的。

预防极点的发生应做到以下几点：一是准备活动要充分，以使自主神经提前兴奋；二是当极点出现后要放慢跑步速度和降低运动强度，并深呼吸；三是平时要注意加强锻炼，提高呼吸系统与血液循环系统的功能。

三、肌肉酸痛

运动引起的肌肉酸痛可分为急性肌肉酸痛与慢性肌肉酸痛（延迟性肌肉酸痛）两种。急性肌肉酸痛有别于肌肉拉伤，它是肌肉因暂时性缺血而出现的酸痛症状。其只在肌肉做激烈运动或长期活动时才会发生，并随着肌肉活动结束而消失。急性肌肉酸痛通常会伴有肌肉僵硬的现象。慢性肌肉酸痛往往发生在训练后的24～48小时，在一次运动量较大的锻炼后，或是较长时间未锻炼又重新开始锻炼之后出现。

1. 原因

肌肉酸痛由人体运动量大引起局部肌纤维及结缔组织的细微损伤，以及部分肌纤维的痉挛所致。由于这种肌纤维的细微损伤及痉挛是局部的，所以整块肌肉仍然能够实现运动功能，只是人体会感到酸痛。酸痛发生后，肌肉内部的细微损伤会被逐渐修复，肌肉组织变得更加强壮，此后同样的负荷将不易再导致肌纤维损伤。

2. 征象

肌肉酸痛主要表现为局部肌肉的酸痛或全身乏力。

3. 处理

（1）热敷。热敷有助于损伤组织修复及痉挛缓解。

（2）伸展练习。伸展练习有助于缓解痉挛。对肌肉进行局部的静力牵引练习时，可保持伸展状态2分钟，然后休息1分钟，再重复进行。但要注意做练习时不可用力过猛，以免再次造成肌纤维损伤。

（3）按摩。按摩有促使肌肉放松、促进血液循环的作用，有助于修复损伤与缓解痉挛。

（4）口服维生素C。维生素C有促进结缔组织中胶原合成的作用，有助于受伤组织修复，从而减轻肌肉酸痛。

（5）针灸、电疗。针灸、电疗等手段对于缓解肌肉酸痛也有一定的作用（须在医生的指导下进行）。

微课
肌肉酸痛与处理方法

4. 预防

（1）锻炼者要根据自身的体质、身体状况等科学地安排锻炼强度。肌肉负荷不要过大，也不宜增加过快。

（2）锻炼者应尽量避免长时间使用身体的一个部位，以免局部肌肉负荷过重。

（3）在做准备活动时，锻炼者应注意使锻炼中负荷重的肌肉活动得充分一些，这对于肌肉酸痛有预防作用。

（4）在做整理活动时，除进行一般性的放松练习外，还应着重进行肌肉伸展牵拉练习，这有助于预防局部肌纤维痉挛，从而避免肌肉酸痛发生。

四、肌肉痉挛

肌肉痉挛俗称“抽筋”，是指肌肉发生不自主的强直收缩而变得僵硬。运动中最容易发生的是小腿肌肉痉挛、大腿肌肉痉挛、足部肌肉痉挛和手部肌肉痉挛等，有时也会出现腹部肌肉痉挛。

1. 原因

在剧烈运动时，肌肉快速、连续地收缩会导致肌肉收缩与放松的交替关系被破坏，这样就容易发生肌肉痉挛。另外，肌肉受到寒冷的刺激或人的精神过于紧张，也可引起肌肉痉挛。

2. 征象

肌肉痉挛时，局部肌肉会剧烈地收缩并变得坚硬，疼痛难忍且一时不易缓解。

3. 处理

一旦发生肌肉痉挛，应立即对痉挛部位的肌肉进行牵引。例如，当小腿腓肠肌痉挛时，应伸直膝关节，并做足部的背伸动作（足尖上抬，足背向小腿前面靠拢），牵引时切忌施力过猛，最好有同伴协助。同时，可配合局部按摩与点穴（承山穴、涌泉穴和委中穴等），以促进肌肉痉挛的缓解与消失。

4. 预防

锻炼者在运动前要做好准备活动，对容易发生痉挛的部位应当事先进行适当的按摩；夏季进行长时间的运动时要注意补充盐分，冬季锻炼时要注意保暖；下水游泳前应先用冷水淋浴，游泳时不要在水中停留时间过长；疲劳与饥饿时不要进行剧烈运动。

五、运动性腹痛

运动性腹痛是指发生在运动过程中和（或）运动之后的腹部疼痛，多见于中长跑、竞走、马拉松、公路自行车骑行等运动项目中。

1. 原因

运动性腹痛原因如下：

（1）锻炼者在饭后过早地参加运动，其胃部因食物充盈发生牵扯痛或胀痛。

（2）运动前饮水过多或腹部受凉，引起胃肠痉挛。

（3）准备活动不充分，血液不能及时回流，造成肝脾淤血肿胀，增加肝脾被膜张力而引起疼痛。

（4）运动时呼吸紊乱，膈肌运动异常，引起肝脾被膜张力性疼痛。

2. 征象

运动性腹痛部位不固定。一般来说，胃痉挛的疼痛位于上腹部，肠痉挛、肠结核引起的疼痛位于中腹部；肝脾被膜张力性疼痛常发生在上腹部的左右两侧。

3. 处理

对于运动性腹痛，锻炼者一般可采用减速慢跑，深呼吸，按摩疼痛部位或弯腰跑一段距离等处理方法。若疼痛没有减轻或消失甚至加重，则应立即停止运动，并口服“十滴水”（祛暑剂）或揉按内关、足三里和大肠俞等穴位，如仍不见效，应及时请医生诊治。

4. 预防

以下措施有助于预防运动性腹痛：

（1）合理安排运动时间，饭后1小时再进行体育锻炼。

（2）运动前要充分做好准备活动，运动时要循序渐进，并注意呼吸节奏。

（3）对于各种慢性疾病引起的腹痛应及时就医，病愈之前应在医生与体育教练的指导下进行锻炼。

六、运动性贫血

运动性贫血是指由剧烈运动引起的血红蛋白量显著下降甚至低于正常值的现象。其诊断标准为，男性的血红蛋白总量低于120 g/L，女性的血红蛋白总量低于105 g/L。

1. 原因

运动性贫血的原因主要有以下几点：

（1）运动时，机体对蛋白质与铁的需求量增加，需求量一旦得不到满足即可引起运动性贫血。

（2）运动时，脾脏释放的溶血卵磷脂会使红细胞的脆性增加，加之剧烈运动时血流加快，易引发红细胞破裂，从而导致运动性贫血。

（3）少数锻炼者由于偏食而影响正常的营养摄入，或者由于长期慢性腹泻影响营养的吸收，也可能出现运动性贫血。

2. 征象

运动性贫血发病缓慢，常见表现有头晕、恶心、气喘、体力下降，运动后心悸、面色苍白等。

3. 处理

锻炼者如在运动中（后）出现头晕、无力、恶心等症状，应适当减少运动量，必要时暂停运动。口服硫酸亚铁片剂与维生素对缺铁性贫血的治疗有明显的效果。锻炼者平时也可多食用富含蛋白质与铁的食物。

4. 预防

要预防运动性贫血，锻炼者应遵循适度、适量和循序渐进的原则进行锻炼，且应改正偏食的习惯。如运动时经常有头晕现象，应及时就医。

精彩分享

体育+旅游，探索旅游产业新模式

说到体育，大家都知道。说到旅游，大家都熟悉。但是说到“体育旅游”，了解的人并不多。

1. 什么是体育旅游？

随着科技的不断创新，经济的不断发展，人们生活水平和质量的不断提高，同时脑力劳动、精神压力也倍增，在这种现实条件下人们开始追求新的旅游方式来满足自身的发展与需求。体育旅游作为一种新型的、健康的、充满活力的新兴产业形态，开始越来越多地受到关注和喜爱。

体育旅游是最近几年才兴起的一项新型旅行产品，实际上是一种新的消费方式，是以体育为本，以旅游为形，以跨界为特征，以创新为方向的一种融合的业态。体育旅游是旅游产业和体育产业深度融合的新兴产业形态，以体育运动、现场观赛、参与体验及参观游览为主要内容，满足健康娱乐、旅游休闲目的，向大众提供相关产品和服务的旅游活动。

2. 体育旅游的十个火爆项目

（1）房车露营旅游。

随着近年来自驾游、自由行等新型旅游方式的崛起，房车旅游作为一种能够自由调节旅游步伐、随时随地体验各地风土人情的旅游方式，正逐渐被年轻人接受，房车市场也持续升温。以“小聚集、大空间”为主要特点的露营休闲度假游将成为新的体育旅游消费热点。

（2）红色体育旅游。

红色旅游是极具中国特色的文化产业，具有强烈的时代性和民族性特征。以红色徒步为代表的红色体育旅游，将是游客参与红色旅游的重要形式。随着文旅融合发展，市场更加注重红色旅游产品的体验性和情感共鸣，加之受疫情影响，全民对体育、健康愈加重视，到2021年，以国防体育运动为典型代表的红色体育旅游已迎来市场爆发期。

（3）以青少年体育运动为主的家庭旅游消费。

青少年参加的各项运动夏令营、游学等活动越来越多，这也带动了整个家庭在运动休闲方面的消费。同时，以家庭户外运动、家庭休闲运动为主的体育旅游和运动休闲旅游也越来越受欢迎。从2015—2019年获得融资的青少年体育培训机构的统计数据可以看出，除了篮球、足球等大众传统项目，击剑、冰雪、橄榄球、棒球等小众项目也逐渐走进大众视野。

（4）电子竞技。

2019年公布的《体育产业统计分类》中，电子竞技被列入02大类体育竞赛表演活动，与排球、篮球等项目并列。在2022年杭州亚运会上电子竞技成为正式比赛项目。根据业内统计，2019年中国电竞整体市场规模突破1000亿元，达到1175.3亿元。电竞商业化发展将进一步助推电竞市场的增长。

（5）体育节事活动。

体育活动本身具有很强的社交属性，随着全民健身意识的普及，群众参与体育锻炼的主动性更强，选择面更广，越来越多新颖有趣的体育节事活动将给人们带来更多的运动乐趣。在疫情令人们更加重视身体健康的大背景下，多元化的体育节事活动可覆盖更多有体育锻炼需求的人群，为全民健康助力。

（6）体育特色小镇。

纵览国际上著名的体育小镇，利用体育赛事来“吸粉”是它们成功经验之一，长期举办固定赛事的体育小镇更易于走产业化路径。2021年是体育特色小镇的成效年，有一批优质的体育特色小镇脱颖而出，成为重要的体育旅游目的地和体育旅游产业聚集地。

（7）体育主题公园和主题度假区。

体育主题公园是现代城市公园中的一种，它以“体育运动”为主题，向人们提供更专业、科学、安全、符合运动要求，同时满足人们休闲放松、旅游赏景需求的园林环境。2020年12月，文化和旅游部公布新一批国家级旅游度假区，包括河北省崇礼冰雪旅游度假区、黑龙江省亚布力滑雪旅游度假区在内的以体育旅游为主要内容的度假区榜上有名。

(8) 冰雪体育旅游。

冰雪旅游是以冰雪资源为主要旅游吸引物，体验冰雪文化内涵的所有旅游活动形式的总称，是极具参与性、体验性和刺激性的旅游产品。北京冬奥会的成功举办，在全国掀起了冰雪体育旅游的热潮。中国北方地区利用地理气候资源优势，大力开发冰雪体育旅游线路；中国南方地区和中心城市利用科技优势，打造室内外冰雪体育旅游产品。2021年以来，冰雪体育旅游已成为市场投资和消费的热点。

(9) 夜间体育。

2019年，《国务院办公厅关于进一步激发文化和旅游消费潜力的意见》提出大力发展夜间文旅经济，鼓励有条件的旅游景区在保证安全、避免扰民的情况下开展夜间游览服务，计划到2022年建设200个以上国家级夜间文旅消费集聚区。以天津2020活力河西·哪吒体育嘉年华为代表的夜间体育旅游成为夜间文化和旅游活动的重要组成部分。2021年，在夜跑、广场舞、街头篮球等大众体育运动基础上，集趣味性、参与性、竞技性于一体的夜间体育旅游受到更多人欢迎，并进一步提升了城市夜间市场消费能级。

(10) 体育旅游展会。

近年来，由国家体育总局、文化和旅游部等共同举办的中国体育旅游博览会、中国体育文化博览会，立足国家体育发展战略，聚焦产业发展热点、关键点，激发体育科技动能，全方位构建国际化、专业化、市场化、高端化的体育文化、体育旅游融合发展及展示交易平台。体育旅游展会的热度逐年升高、参展单位和机构的数量及参观人数逐年增多，使体育旅游展会成为推动体育旅游发展的重要平台。

3. 政策支持

体育旅游的发展离不开国家及各级政府的政策支持。2016年12月22日，国家旅游局与体育总局联合印发《关于大力发展体育旅游的指导意见》，将冰雪运动旅游、山地户外旅游、水上运动旅游、汽车摩托车旅游等体育旅游新业态列为重点发展项目。到2020年，全国已建成100个具有重要影响力的体育旅游目的地，建成100家国家级体育旅游示范基地，体育旅游总消费突破1万亿元。2017年7月6日，由国家旅游局、国家体育总局联合主办的全国体育旅游产业发展大会在江苏无锡召开。会上，国家旅游局、国家体育总局联合发布了首批30个“国家体育旅游示范基地”创建单位、33个“国家体育旅游精品赛事”。同时还发布了《“一带一路”体育旅游发展行动方案》，并联合多部门共同推出《汽车自驾运动营地发展规划》，要求共同做好汽车自驾运动营地建设管理工作，推动汽车运动发展。此外，国家旅游局、国家体育总局还分别与国家开发银行、中国农业发展银行签署了发展体育旅游战略合作协议。2022年，北京携手河北张家口举办第24届冬奥会，进一步激发了人民参与体育旅游的热情，有力地促进了我国体育旅游事业发展。

体育旅游的发展任重道远，目前在产品和服务供给方面，优质产品和品牌的规划设计都存在大量空白；体育旅游的垂直化和专业化发展趋势愈加明显，在专业化方面还有很长的路要走。在文旅康养项目纷纷闪亮登台的趋势下，未来体育旅游如何更好地融合发展，我们拭目以待。

——选自搜狐新闻 http://news.sohu.com/a/530695024_505583。

实践与训练

1. 运用本章知识，在体育老师的指导下，制定个人健身运动处方。

2. 设想自己的未来职业，了解自己未来职业对身体素质的要求，有计划地加强职业身体素质的锻炼。

3. 积极参加学校的文体活动，提高身体综合素质，构建和谐校园。

第三章 体育文化

学习目标

· 了解体育文化的内涵、地位、特点和功能。

· 了解校园体育文化，自觉提升身体素质和审美情操。

· 了解东、西方体育文化的差异性，加强体育文化自觉，提高对我国优秀传统体育文化的认知和认同感，能够积极主动传承、弘扬民族传统体育文化，培养爱国精神、民族精神。

· 培养体育兴趣，增强体育热情，践行体育精神。

第一节 体育文化概述

随着社会的发展，人们开始从文化的角度认识体育，越来越多地关注体育背后的文化内涵，“体育文化”这一概念应运而生。体育文化作为一种特殊的文化形态，已出现在我国的校园文化中。校园体育文化与校园的德育、智育、美育等一起构成了整个校园文化。

一、体育文化概念

人类全部生活的意义及存在价值都离不开文化，文化是人类在社会实践过程中创造的物质财富和精神财富的总和。体育文化是具有独特性质与功能的一种文化。在人类摆脱野蛮步入文明的进程中，体育文化的作用举足轻重。当我们说体育是人类进步、社会发展的产物时，体育文化就是指人们在从事体育、鉴赏体育活动过程中创造的物质文明与精神文明的总和，或者说是人类体育运动的物质、制度、精神文化的总和。

体育文化是指人通过体育活动在改造客观世界、调节自身情感、协调群体关系过程中表现出来的时代特征、地域风格和民族样式。广义而言，体育文化是指为丰富人类生活，满足人类生存需求，以身体为媒介，把满足人类需求的身体活动进行加工、组织和秩序化，形成获得社会承认的、具有独立意义和价值的文化。它包括精神文化（体育观念、体育意识、体育思想、体育言论等）和行为文化（体育行为、体育技术、体育规范、体育规则等）两大部分。狭义而言，体育文化是将产生于社会生活的体育作为有价值的活动加以肯定，并赋予一定的知识文化内涵，从而使体育由自然活动变成文化活动。它包括与艺术、宗教、学术、文化娱乐及传播媒介等有关的体育活动和体育作品，如体育舞蹈、艺术体操、武术、体育摄影、体育雕塑、体育建筑、体育音乐、体育文学、体育研究、体育大众传播等。

二、体育文化特征

（一）体育文化的继承性

体育文化的继承性是指体育文化经过不同时代，仍然保留某些原有特质的属性。文化的继承是有选择的、具有批判性的，人们有选择性地进行继承。我国的体育文化具有悠久的历史，各种武术技击、民间游戏娱乐等，经历了几千年的发展、演变，成为当今世界体育文化中的瑰宝，这充分证明了体育文化的继承性。

（二）体育文化的民族性

体育文化的民族性是指特定民族在历史上由于生存区域、生存环境、生产和生活方式、文化积累和传播方式等不同而产生不同于其他民族的体育文化。体育运动的民族性十分强烈，世界上任何一种民族体育都独具特色，带有强烈的民族文化气息，内含强劲的民族意识。如中国的武术、围棋，巴西的足球，日本的柔道等，组成了蔚为壮观的体育文化世界。

（三）体育文化的时代性

体育文化的时代性是指体育文化的内容和形式随着时代变化而变化的特征。任何文化的发展都不是一成不变的，都具有一定的时代特点和差异，经济和政治环境变动得越激烈，这种特点和差异就越明显。古希腊时期的竞技运动主要是祭典、健身、强身活动，而我国古代的竞技运动却是强健体魄、闲暇消遣的手段。现代奥运会是在资本主义由自由资本主义走向垄断资本主义时期诞生的，竞技运动的拼搏、对抗、竞争精神，正是时代精神的充分体现，体育文化观念和时代思想意识融合，相辅相成，互相促进发展。

（四）体育文化的竞争性

运动比赛实质上包含三种不同层次的竞争。首先是对自我的超越，其次是对对手的超越，最后是对体育运动极限的超越。这些超越的本质是竞争。现代体育运动正越来越复杂地呈现出运动形式的多样性，日渐融合了现代科技等因素，但竞争的本质依然未变，有人甚至把竞争称为体育运动的灵魂。体育竞争讲究“fair play”（公平比赛）精神，强调机会均等、公平对抗，这正是现代社会所需要的。

（五）体育文化的身体表征性

体育文化是用身体来表现的文化，用运动者的身体来表现和传承这种独特的文化形式。身体动作的节奏犹如语音，动作、技巧、姿态等犹如语汇，衔接规律与组合方法犹如语法，三者的有机结合，组成体育文化的语言交际功能。

三、校园体育文化

体育文化作为一种特殊的文化形态，已出现在我国的校园文化中。校园进行的体育活动与竞赛，使学生在无形中接受和传播了体育文化。同时，体育文化又与校园文化有机结合，从而产生了校园体育文化。

（一）校园体育文化内涵

校园体育文化是指在学校这一特定范围内，人们在历史实践过程中创造的体育精神财富和物质财富的总和。它有广义和狭义之分。从广义上讲，校园体育文化是指在学校现有环境中，师生员工在学校体育教育、学习和活动等过程中创造出来的物质与精神的所有内容。从狭义上讲，校园体育文化是指在学校教学环境下，以学生为主体，以教师为主导，在各种体育活动中相互作用，创造出的校园文化形态之一，包括体育精神、体育价值观念、体育道德、体育行为和体育能力。

丰富的文化层次内涵决定了校园体育文化是一种内涵广泛、系统开放的文化形式。这可从三个层面来理解。第一是精神层面，精神居于主导地位。其中，体育健康价值观是校园体育文化的本质和核心，决定了校园体育文化的目标。第二是制度、方法层面，这既是学校体育的组织形式，也是学校体育意识的体现，包括体育教学、课余体育活动、体育竞赛、体育协会、体育交流等的全方位制度和方法的确立。第三是物质层面，物质是校园体育文化的基础，也是客观物质保障，包括校园内的体育建筑、环境、场地、器材、用品和师资队伍等。

校园体育文化与校园的德育、智育、美育等一起构成了整个校园文化。广大师生通过体育教学、群体活动、体育竞赛等体育活动形式，使校园体育文化在学校内和学校间传播，全面促进学生的成长，提高全体师生的文化素养，同时提高全体师生的身体素质和审美情操，以及增进友谊。

（二）校园体育文化功能

1. 教育熏陶，促使学生全面发展

体育教学不仅可以强身健体，而且可以发展学生的思维能力，同时，对学生进行爱国主义、集体主义等思想品德教育，培养学生不怕苦、不怕累、勇于拼搏、敢于创造的优良品质。学校通过体育理论课教学，使学生学会对运动创伤的简易处理，懂得营养饮食知识，掌握科学锻炼身体的方法，培养良好的生活和卫生习惯，从而达到丰富学生的知识结构，提高学生体育文化修养的目的。运动使学生感受动作美，体验心灵美和行为美，有利于培养学生正确的审美情趣。充分发挥体育文化所包含的功能，全面提高学生的素质，这是校园体育文化的一项重要内容。

2. 强身怡情，增进身心健康

校园体育文化是存在于学校特定环境中的一种体育文化形态，体育教师是体育文化传播的使者。不同层次的学生在练习的数量、质量、地点和时间上有不同的要求。不同层次的学生，有不同的要求，每一个层次的目标都应该让同层次学生通过行动实现，让各层次学生都能体验到成功的喜悦，满足不同层次学生的生理和心理需求，激发学生对体育的兴趣，真正让所有学生都能发挥自己的优势。

3. 娱乐与审美，丰富课余生活

各种体育竞赛都具有娱乐性和趣味性，它不仅可以满足学生展现自己体育才能方面的需要，也为学生创造了一种气氛和谐、心情舒畅的环境。兴趣是最好的老师，学生对感兴趣的活动往往心驰神往，如有趣的体育游戏、激烈的体育比赛、有优美音乐伴奏的艺术体操等，都能让学生在愉悦的气氛中获取知识、调节情绪，并使他们以旺盛的精力、饱满的精神投入紧张的学习中。

4. 创造与超越，培养拼搏意识

创造与超越是体育文化最重要的文化功能。二者合二为一，创造的过程就是超越的过程。在学校运动会上，学生们打破了学校纪录，这不仅是对原有纪录的超越，也是对新纪录的创造。体育运动是一个拼搏、竞争的过程，这不仅需要体育技术行动的创新，而且需要参与不同项目之间的竞争，这种创造与超越的精神、顽强的拼搏意识，可使学生在学习上得到很大益处。

5. 突出个性，发挥主体功能

校园体育文化内容丰富、形式多样，可以使学生得到充分发展，并且是学生的主体性从潜能到现实的快捷途径。丰富的体育项目为学生的个性发展和潜能开发提供了更多的空间，如：性格豪爽、反应灵敏、力量大、速度快的学生，可以在足球场上得到发挥；性格稳重、刚毅强健、动作舒展的学生，可以在武术项目中展示风采；性格温柔、身材苗条、韵律感强的女生可以在艺术体操、体育舞蹈、健美操等项目中展示独特的魅力。

体育教育具有鲜明的个性化特点，它可以有效地引导学生发展个性特长，如在教学中，可让学生参与体育课的评价和设计，自由组合小群体进行练习，自由选择运动项目进行练习，从而进一步培养学生的自主性、独立性和创造性。

第二节 东西方体育文化及文化融合

一、东方体育文化与西方体育文化

（一）东方体育文化

在以小农经济为基础的社会环境中，人们习惯了和谐、宁静及相对稳定的生活方式。在东方体育发展过程中，卫生保健术占有重要地位，并以个人的修身养性为主，如中国的武术、印度的瑜伽等。

我国的体育文化具有较强的仿生性，体育动作多采用简练准确、生动鲜明、便于理解和流传的仿生性命名，如五禽戏、蛇拳、猴拳等。大力提倡和发展民族传统体育，使现代体育项目与民族传统体育相辅相成，实现中外体育文化育人的全面性，让民族传统体育成为世界文化大家庭中的重要成员。

（二）西方体育文化

西方体育文化是源于古希腊、古罗马的西欧文化。它是经过文艺复兴和工业革命，在工业生产、市场竞争的社会条件下，以城市为中心发展起来的，是以竞技运动项目竞赛为特征的一种体育文化。近代西方体育运动因文化的实用性，随着以英国为首的欧洲各国的资本“流传”到欧、美、亚等大洲，后随奥林匹克运动的强势崛起，又被快速地“行销”到世界的各个角落。

二、东西方体育文化差异

（一）哲学观差异

东方大多数民族的体育文化强调的是在运动中修身养性，把体育赋予的伦理道德视为重点，强调人文精神和人本思想，重文轻武，崇拜圣人。因而我国民族传统体育的价值表现也是通过锻炼身体、培养道德以达到心灵的升华，人们的最终目的不仅仅是“健”，还是“寿”和“道”。因此，可以说，我国民族传统体育是一种“以心为本”的体育。

西方传统文化是建立在个人主义的文化基础之上的。这样的文化传统，倡导并赞许个人自由、个人竞争，支持、鼓励个人充分发挥生命潜能和智慧。在体育上表现出“个体为本，优胜劣汰”的特征，因而，他们要通过锻炼使自己身体强壮、能力突出，凭个人的超凡能力在竞争中取胜。可以说，西方传统文化、民族心态、社会运行方式所孕育的西方体育是一种“以身为本”的体育。

（二）价值观差异

东方体育文化价值观的一个显著特点就是通过由外至内、由表及里的身体有形活动来促成无形的精神升华，进而实现理想人格塑造。作用主要不在人体，对身体的发展并不提出过高的要求，只以防病和延年益寿为主，注重锻炼身体和养护生命。

西方体育文化与东方体育文化相比，更强调人体的“力”与“美”，他们心目中理想的人并不是看不见、摸不着的某种内在的精神和人格，而是体格发育好、身体比例匀称、身手矫健、擅长各种体育运动的人。他们更注重把体育文化的价值指向对人体塑造和培育方面，围绕着培育理想的人体这一目标。

（三）方法论差异

东方的传统体育以延年益寿为主，很少有像西方那样单纯讲究锻炼人体的方法，也很少有专门的比赛。体育活动大都从属于其他社会活动，各种体育活动之间缺乏内在的社会联系。因此，未形成一个有机统一的理论和方法体系。

西方体育文化强调对人体力量、速度、耐力、柔韧等身体素质的训练，从而促进人体各部分的协调发展。通过跑步、跳跃、投掷、摔跤和体操等方式，分别锻炼人体的头颈、手臂、肩胸、腿部等，进而改善人体的机能水平，健美人体的外形，以获得精神的满足。

三、东西方体育文化融合

（一）两种体育文化融合的可能性

1. 二者具有较强的互补性

从东方体育文化与西方体育文化的比较中可以看出，它们之间存在着一定的互补性。我们在对西方体育文化采取宽容接纳态度的同时，我国传统体育的武术、五禽戏、经络学说、太极拳等也被西方国家津津乐道。

2. 融合是社会发展的需要

虽然东西方体育文化有许多差别，但是任何一种文化都是属于全人类、属于全世界的。体育文化不管如何发展和变化，在整体上仍是属于世界的。随着社会的发展，各个民族的体育文化相互影响、相互融合吸收，并逐步形成各自民族独具特色的体育文化。

（二）东西方体育文化认同与融合

1. 在体育文化思想上的认同

孔子的仁学思想指出：“己欲立而立人，己欲达而达人。”他认为教育要倡导平等相待和注重自身修养的理念，这和现代体育思想提倡的体育道德、公平竞争、平等参与的精神是一致的。

美国前总统里根曾对孔子学说进行高度评价：“孔子崇高的情谊与伟大的伦理思想不仅影响了他的国人，也影响了全人类，孔子学说世代相传，提示了全人类丰富的做人处世原则。”由此可见，东方体育文化越来越被西方关注。

2. 在体育文化内容方面的融合

体育文化内容的认同，不仅表现在形式上，而且表现在内涵方面。中华武术是在总结人类劳动、生活技术技能中分解、综合、提炼出来的，它蕴含的技击意识，健身、观赏价值，不仅在我国长盛不衰，而且已经逐步被西方人接受。同时，具有西方实用主义文化特征的拳击运动也逐步在东方开展起来。

由此可见，随着社会的发展和体育的全球化，东西方体育文化必然会在互相认同中逐渐融合。

精彩分享

北京冬奥会蕴含的文化资源

北京冬奥会、冬残奥会（简称北京冬奥）拥有丰富的文化资源，既有场馆设施等物质遗产，也有文化和人才遗产，这些宝贵的精神财富为思政课教学提供了鲜活素材。因此，思政课铸魂育人，引导青年学生坚定文化自信，首先要充分挖掘北京冬奥文化资源。

第一，北京冬奥会开闭幕式满载中华文化精髓。北京冬奥开闭幕式文化内涵丰富，满载中华文化精髓。北京冬奥会开闭幕之日，恰逢中国二十四节气之“立春”和“雨水”，“春雨”滋润大地，万物复苏，生机勃勃；二十四节气凝聚着中国人独特的自然智慧，蕴含着中国人的生命观、价值观和宇宙观，向世界展示了中国农耕文化的精髓。“雪花”是贯穿冬奥开闭幕式的重要元素，体现了中国元素和奥运精神的融合；开幕式的迎客松和闭幕式的折柳枝，体现出了中国文化的博大精深和中国式浪漫。因此，北京冬奥开闭幕式满载中华文化精髓，向世界充分展现了中华文明的无穷魅力。

第二，冬奥场馆设施造型融入中华文化。北京冬奥场馆设施造型独具匠心，巧妙地融入了中华文化。国家跳台滑雪中心“雪如意”的造型设计融合了我国传统器物“如意”元素，是中国文化元素与体育建筑的动感融合；首钢滑雪大跳台“雪飞天”的设计融合了敦煌壁画“飞天”元素，彰显了中华优秀传统文化的兼容并包、融会贯通；国家雪车雪橇中心“雪游龙”的造型设计灵感来自中华文化的图腾“龙”，从空中俯瞰犹如一条蜿蜒的游龙盘踞在山脊之上；国家速滑馆“冰丝带”寓意深厚，自西汉开辟古丝绸之路，成为中西方连接的商道，2000多年后国家速滑馆“冰丝带”成为北京冬奥会标志性建筑。

第三，冬奥吉祥物会徽等蕴含传统文化。吉祥物“冰墩墩”“雪容融”，设计灵感源于国宝大熊猫和中国灯笼，“冰墩墩”将文化要素与冰雪运动融合，并赋予了现代文化属性。“雪容融”融合了大红灯笼造型和剪纸艺术，与中国春节喜庆祥和特征相契合。北京冬奥会徽“冬梦”“飞跃”，以汉字“冬”“飞”为原型，中华文化的深厚底蕴与冰雪运动有机结合。北京冬奥火炬“飞扬”遵从中国传统哲学思想——“道法自然，天人合一”，火炬造型盘旋向上，蕴含不同文明交流互鉴之意，祥云图案是中国向世界致以吉祥的问候，尽显深厚底蕴的中华文化。北京冬奥体育图标30枚“小红人”，主要以篆刻艺术呈现，融合书法与篆刻艺术，有机结合了中华文化与冰雪元素，厚重与精深的中华文化得以充分体现，充分展现了北京冬奥之“中国特色”。

第四，冬奥颁奖元素饱含中国文化之美。北京冬奥奖牌为“同心”，形象来源于中国古代同心圆玉璧，牌体由圆环加圆心构成，意为“五环同心，同心归圆”，形象表达了中华文化“天地合·人心同”的内涵。颁奖花束采用“海派绒线编结技艺”手工制作而成，获奖运动员定制版纪念品分别以“冰墩墩”“雪容融”为主体设计，融合“岁寒三友”元素，象征着生命的坚韧、顽强、旺盛。中国传统绘画元素巧妙地融入服装图案和配色构思之中，冬奥会制服就是移动的中国传统山水画，向世界展现了中国服饰的魅力。

北京冬奥是体育盛会，也是文化盛会，中华文化与奥运文化和合共生，北京冬奥开闭幕式、赛场内外，中华文化元素无处不在，向世界展现中华文化的魅力，进一步提振了民族精神，凝聚了民族自豪感和荣誉感，彰显了文化自信。思政课要充分挖掘利用北京冬奥文化资源，引导青年学生找寻、守护、传承文化之“根”“脉”，增强文化自觉，坚定文化自信，增强做中国人的志气、骨气和底气，成为担当民族复兴大任的时代新人。

——选自人民论坛网 http://www.rmlt.com.cn/2022/0822/654599.shtml。

实践与训练

以小组为单位，选择一项我国优秀传统体育项目进行基础知识学习，为以后的项目学习打好基础。小组间互相交流，评选出资料搜集最丰富的小组和总结最有特色的小组。

第四章　田径运动

学习目标

- 了解田径运动的基本知识和健身作用。
- 掌握田径运动项目的基本技术和练习方法，提高学生运动能力。
- 提高学生速度、耐力、弹跳等基本身体素质。
- 培养勇敢、果断、坚毅、顽强等优良品质。

第一节　田径运动概述

一、田径运动起源与发展

田径运动起源于人类的生活和生产劳动。人类有史可查的最早的一次田径比赛，是在公元前776年于希腊奥林匹克村举行的第一届古代奥林匹克运动会。当时的比赛只有短跑一项。第十四届古代奥林匹克运动会又增加了长跑（约为4.6千米）项目，之后又陆续增加了跳远、掷铁饼和掷标枪等项目，这是有组织的田径运动的开始。因此，人们总是把田径运动发展的历史追溯到古代奥林匹克运动会。1896年，在希腊举行了第一届现代奥林匹克运动会，田径运动被列为比赛项目。迄今，田径运动仍然是历届奥林匹克运动会（以下简称奥运会）比赛项目最多、设立奖牌最多的项目。

奥运会设有100米、200米、400米、800米、1500米、5000米、10000米、3000米障碍赛、100米栏（女子）、110米栏（男子）、400米栏、20公里竞走、50公里竞走（男子）、马拉松、4×100米接力、4×400米接力、跳高、跳远、三级跳远、撑竿跳高、推铅球、掷铁饼、掷标枪、掷链球、男子十项全能、女子七项全能等田径项目，见表4-1-1。

表4-1-1　田径运动的分类

项目		男子项目	女子项目
径赛	短跑	100 m、200 m、400 m	100 m、200 m、400m
	中跑	800 m、1500 m	800 m、1500 m
	长跑	5000 m、10000 m	5000 m、10000 m
	跨栏跑	110 m栏（1.067 m）	100 m栏（0.84 m）
		400 m栏（0.91 m）	400 m栏（0.762 m）

表4-1-1（续）

项目		男子项目	女子项目
径赛	障碍跑	3000 m 障碍	3000 m 障碍
	接力跑	4×100 m、4×400 m	4×100 m、4×400 m
	竞走	20000 m 场内、30000 m 场内、50000 m 场内、20 km（公路）、50 km（公路）	5000 m 场内、10000 m 场内、5 km（公路）、10 km（公路）
	马拉松	42.195 km	42.195 km
田赛	跳跃	跳高、跳远	跳高、跳远
		撑竿跳高、三级跳远	撑竿跳高、三级跳远
	投掷	推铅球（7.26 kg）	推铅球（4 kg）
		掷链球（7.26 kg）	掷链球（4 kg）
		掷铁饼（2 kg）、掷标枪（800 g）	掷铁饼（1 kg）、掷标枪（600 g）
全能	第一天	100 m、跳远、推铅球、跳高、400 m	100 m 栏、推铅球、跳高、200 m
	第二天	110 m 栏、掷铁饼、撑竿跳高、掷标枪、1500 m	跳远、掷标枪、800 m

我国运动健儿在国际大赛的田径项目上曾取得骄人的成绩。女子跳高运动员郑凤荣于1957年11月，以1.77米的优异成绩成为我国第一个打破世界纪录的选手；纪政于1969—1970年共打破女子100码、220码、200米、100米栏五项世界纪录；徐永久于1983年9月，在挪威举行的世界杯竞走比赛中获得10千米竞走冠军，她是中国第一个田径世界冠军；朱建华于1983年6月—1984年6月，以2.37米、2.38米、2.39米的成绩3次打破男子跳高世界纪录，在第二十三届奥运会上以2.31米的高度为我国夺得第一枚田径铜牌。王军霞是于1994年第一个获得国际权威田径大赛杰西·欧文斯奖的中国人，也是目前亚洲获此殊荣的唯一田径运动员。刘翔在2004年雅典奥运会上夺得中国男选手在奥运会上的第一枚田径金牌；2006年7月，在洛桑田径大奖赛上，他又以12秒88的成绩打破了当时的世界纪录；2007年8月，夺得田径世锦赛冠军，这也是中国男选手在世锦赛上获得的第一个世界冠军。

二、田径运动的价值

（一）健身价值

走、跑的项目可以增强心血管、呼吸系统和其他系统的工作能力，能提高人体的最大摄氧量，同时还有助于提高中枢神经系统的调节能力，使兴奋和抑制的转换更加灵活，是有效地发展速度、速度耐力、耐力、力量等身体素质，提高心肺功能以及无氧和有氧代谢水平的重要手段。

跳跃是人体在短时间内高强度神经活动和肌肉用力克服障碍的运动，能提高身体控制和集中用力的能力，是发展弹跳力、力量、速度以及协调性、灵敏性的有效手段。

投掷项目是表现人体力量的运动，能使人体肌肉发达，力量增强，改善人体灵活性。练习能有效地发展臂部、肩带、躯干和腿部等肌肉的力量。

（二）教育价值

田径运动要有克服困难、正视挑战去实现自己目标的勇气，能培养人必胜的信心和勇敢顽强、拼搏进取的意志品质。

进行田径运动需有应变能力、自我情绪调控和抗干扰的能力。它有助于个性的形成，有利于心理素质培养和提高。

田径运动相对比较枯燥，运动量大。从事这项运动能培养吃苦耐劳、坚韧不拔的精神。

三、田径运动比赛规则

（一）径赛项目比赛规则

（1）径赛项目分道跑项目如100米、200米、400米、100米栏（女子）、110米栏（男子）、400米栏和4×100米接力。4×400米接力跑的第一棒起跑时必须使用起跑器，采用蹲踞式起跑。采用“各就位”“预备”和（鸣枪）3个发令信号。起跑时犯规一次即取消比赛资格（在全能比赛中，对第一次起跑犯规的一人或多人进行警告；第二次一人或多人犯规，将被取消比赛资格）。

（2）800米分道跑项目和其他中长跑及障碍跑项目采用站立式起跑，只用“各就位”一个口令，然后鸣枪。在正式比赛中，800米跑出发时采用分道跑，运动员在进入第一个弯道末端的抢道线之后即可切入里道。

（3）到达终点的名次顺序以运动员躯干（不包括头、颈、臂、手、腿、脚）的任何部分触及终点线内沿垂直面的先后为准，以时间计取成绩。

（4）在跨栏跑比赛中，运动员应跨越每一个栏架，如果没有做到将被取消比赛资格。

（5）过栏瞬间，运动员的脚或腿低于栏顶水平面或在栏架两侧外（任意一边）低于栏顶水平面，则判犯规。

（6）在4×100米接力赛中，运动员必须在30米的交接棒区域里完成交接棒。完成交接棒后，运动员必须留在本队的跑道中直到各队交接棒全部完成，否则会被取消比赛资格。如果运动员在接力比赛中掉棒，只有他本人能将棒重新捡起。运动员可以离开自己的跑道捡棒，但不能妨碍其他运动员的比赛。

（二）田赛项目比赛规则

（1）跳高运动员可以在裁判员事先宣布的横杆升高计划中的任何一个高度开始试跳，也可在以后任何一个高度上根据自己的意愿决定是否试跳。只要运动员连续3次试跳失败，就失去继续比赛的资格。

（2）跳高运动员必须用单脚起跳。

（3）在跳高项目每轮次之后，横杆升高的高度不得少于2厘米。

（4）在跳远起跳过程中，无论是助跑后未起跳还是仅做跳跃动作，运动员的身体任何部位触及起跳线以前的地面皆为犯规。

微课
田径的比赛规则

（5）在跳远比赛中，当运动员离开落地区时，其脚在落地区边线或边线外地面的第一触地点，应比在沙坑内的最近触地点离起跳线更远。

（6）跳远比赛测量成绩时，应从运动员身体任何部位（任何附着于身体上的物品），在落地区内的最近触地点量至起跳线或起跳线的延长线。

（7）铅球只能用单手从肩部将铅球推出，不能将铅球置于肩轴线后方。

（8）铅球比赛测量成绩时，应从铅球落地痕迹的最近点取直线量至投掷圈内沿，测量线应通过投掷圈的圆心。

第二节　径赛

走、跑是人体的基本活动之一，又是一种简单可行的运动方式。人们日常的生活、学习和体育锻炼都离不开走、跑。

在公园、健身会所、操场等到处都能见到走步、跑步健身的人群，我国每年有近500场的半程、全程马拉松比赛在各城市举行，每场比赛都吸引全国各地上万名跑步爱好者参加，跑步已然成为一种健身时尚。

作为一名学生，你是否也想加入跑步健身的行列当中呢？有的学生可能在思考，通过怎样的学练，可以使自己所跑的成绩有所突破，跑得更快、更远呢？下面一起走进径赛课堂吧！

一、健步走

走是人与生俱来的本能，是人体的基本活动能力，是人们最熟悉、最常用的活动方式，也是一种重要的健身手段，同时还是很多职业工作所必备的能力，如导游、地质勘探、环卫工、保安、餐厅服务等职业工作都需要长时间或长距离的行走。

在田径运动竞技属性中，走主要指竞走，这里主要介绍其健身属性中的健步走。

健步走是一项以促进身心健康为目的，注重姿势、速度和时间的步行运动，行走的速度和运动量介于散步和竞走之间。其突出的特点是：方法易于掌握，不易发生运动伤害；不受年龄、时间和场地的限制，不同年龄人群可根据自己的实际情况随时随地进行锻炼；运动装备简单，只需一双合脚的运动鞋；在良好自然环境中结伴健步走，不仅能锻炼身体，还能欣赏自然美景，促进人际交流，陶冶身心。

健步走速度的快慢是决定锻炼效果的关键因素，通常可分为慢速走（每分钟70 ~ 90步）、中速走（每分钟91 ~ 120步）、快速走（每分钟121 ~ 140步）、急速快走（每分钟141步以上）。

（一）健步走基本技术

健步走时，躯干正直，自然挺胸，头部与躯干保持一致，目视前方，两臂靠近体侧，前后自然摆动。迈步时，膝关节和脚尖都正对前方，两脚内侧基本沿一条直线向前迈步，脚跟先着地，并滚动到前脚掌，前脚掌着地后脚尖向前略偏位，然后脚趾发力蹬离地面。

（二）健步走主要方式

健步走的方式主要有足尖走、足跟走、弓箭步走、半蹲走、全蹲走、脚内侧走、脚外侧走、倒走、负重走、快走、散步等。

（三）健步走专门性练习

（1）自然走（慢速走）10分钟（每分钟70～90步），接着快走（每分钟120步左右）30～45分钟，然后自然走10分钟。

（2）自然走10分钟，接着快走20分钟，再自然走5分钟，再快走20分钟，再自然走5分钟。

（3）健步走每周5～7次，必须循序渐进，常年坚持。饭后30～60分钟再开始运动。

（4）锻炼前要做好准备活动，如活动各关节等；锻炼后也要做放松整理活动，如做几次深呼吸、伸展、按摩、拍打等动作，适当补充水分。

二、短跑

奥林匹克运动发源地希腊半岛东部的爱琴海悬崖上刻着这样的字句：你想变得健康吗？你就跑步吧！你想变得聪明吗？你就跑步吧！你想变得美丽吗？你就跑步吧！

跑是人体最基本的运动方式之一，跑可以分为慢跑、快速跑、障碍跑和集体跑等。短跑是径赛中距离最短、速度最快、属于最大强度的周期性项目，是人体在大量缺氧状况下持续高速度的极限强度运动。

（一）短跑基本技术

短跑过程主要分为起跑、起跑后的加速跑、途中跑和终点跑四个部分，这四个部分有机结合，不可分割。起跑是为了获得最大的向前冲力，使身体脱离静止状态，尽可能产生最大的启动加速度，为起跑后的加速创造有利条件。

1. 起跑

起跑是为了获得最大的向前冲力，使身体脱离静止状态，尽可能产生最大的启动加速度，为起跑后的加速创造有利条件。下面主要介绍蹲踞式起跑的动作要领。

（1）起跑器的安装。安装起跑器的目的是使两脚有稳定的支撑点，可形成正确的预备姿势，为加速创造有利条件。起跑器安装有“普通式”“接近式”和“拉长式”三种方法。

普通式：前起跑器安装在起跑线后一脚半（40～50厘米）处，后起跑器距离前起跑器一脚半，前、后起跑器的支撑面与地面分别成40°～45°角和70°～80°角，两个起跑器的中轴线间隔约15厘米。

接近式：此起跑器安装方法要求腿部力量非常强，一般比较少用。

拉长式：前起跑器在起跑线后两脚长，后起跑器距离前起跑器为一脚长（约30厘米），起跑器的支撑面与地面的夹角和两个起跑器的间隔，与“普通式”基本相同。

（2）动作要领。蹲踞式起跑是指预备口令发出后，后边支撑腿稍抬，臀部和肩平或者稍高于肩，但是后边腿要弯曲的一种起跑方法。

蹲踞式起跑包括“各就位”“预备”（鸣枪）（或“跑”的口令）三个发令信号，如图4-2-1所示。

图4-2-1 蹲踞式起跑要领

各就位：两手紧贴起跑线，身体重心放在两手及前脚间，身体自然放松，两脚踏上起跑器，目视前下方。

预备：臀部提起，略高于肩，两手撑直，重心前移，肩部略超起跑线。全身放松，集中注意力以使听到枪声后立刻起跑。预备动作都完成后，静止不动，等待枪响。

（鸣枪）起跑：枪响（起跑），后脚迅速前抬，前脚用力后蹬，双手推向身后，用力大幅度摆动（摆臂抬腿），身体前倾，加速跑。

知识链接

弯道起跑和弯道跑技术

2. 途中跑

短跑途中跑的任务是继续发挥和保持最高跑速。加速跑结束后即进入途中跑，一个单步由后蹬、腾空、着地和缓冲几个部分组成，如图4-2-2所示。

图4-2-2 途中跑基本技术

（1）后蹬和前摆。后蹬是推动人体向前的重要动作。当身体重心移至支撑垂直面时，支撑腿开始积极有力地后蹬。后蹬的力以伸展髋关节开始，依次蹬伸膝、踝关节，直到脚掌蹬离地面。随着支撑腿的蹬地，摆动腿迅速有力地向前上方摆出，并带动同侧髋前移。

（2）腾空是支撑腿结束后蹬离地面，进入无支撑状态，即当左腿离地折叠前摆时，右腿的摆动已接近最高位置，当右腿摆至最高点，大腿积极下压，小腿随大腿快速摆落，成“鞭打”着地，与此同时，左腿大小腿夹角逐渐缩小，在右腿着地前左膝角接近最小。在大腿摆落过程中，应强调前后两大腿做快速“剪绞”动作，以便加快步频。

（3）着地和缓冲腾空结束时，摆动腿积极下压，用前脚掌富有弹性着地，着地瞬间小腿与地面接近垂直。摆动腿积极着地有利于缩短前支撑的时间，并能减小着地时的阻力，身体重心迅速前移，转入后蹬阶段。然后迅速屈膝、屈踝缓冲，随着跑动惯性，摆动腿大小腿折叠，迅速向前摆动并与支撑腿靠拢。

3. 终点冲刺跑

终点跑是全程的最后一段距离，该阶段的任务是尽量避免技术变形，保持高速度跑过终点。越过终点要领：躯干加速前倾，用胸或肩部领先冲过终点线，如图4-2-3所示。

图4-2-3　终点冲刺越线

微课
冲刺跑动作要领

（二）短跑专门性练习

1. 小步跑

小步跑的目的是改善脚掌的“扒地”动作和膝关节的放松动作。

动作要求：上体正直放松，两臂自然摆动，膝关节放松，大腿积极前摆并迅速下压，小腿顺惯性前摆，脚掌做快速“扒地”式着地，如图4-2-4所示。

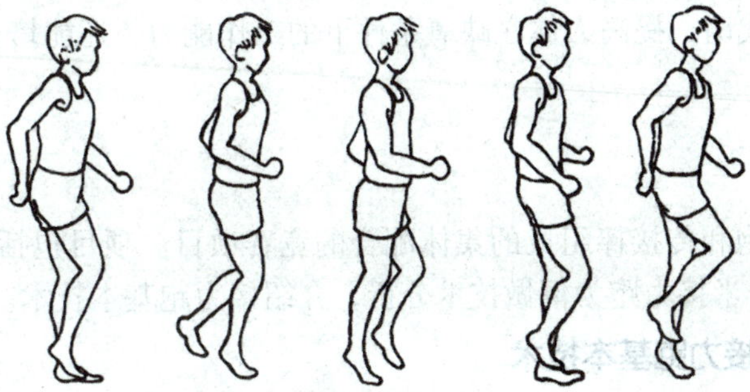

图4-2-4　小步跑

2. 高抬腿跑

高抬腿跑的目的是提高大腿高抬的幅度，增强腿部力量和摆腿频率的练习。

动作要求：上体正直前倾，身体重心提高，大腿抬高与躯干成直角，然后积极下压，膝关节放松，小腿自然伸开，用前脚掌着地，两臂前后摆动配合两腿动作，如图4-2-5所示。

知识链接
现代短跑技术

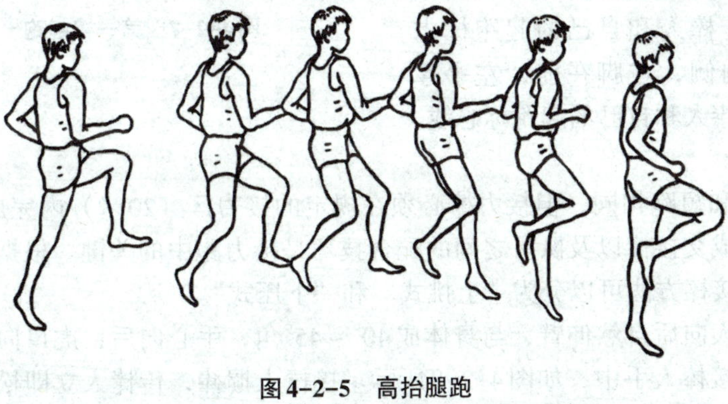

图4-2-5　高抬腿跑

3. 后蹬跑

后蹬跑的目的是体会和改进跑的“后蹬”“摆腿”“送髋”动作。

动作要求：上体稍前倾，支撑腿后蹬，摆动腿膝关节领先前摆，大腿积极下压，前脚掌着地，两臂前后摆动配合两腿动作，如图4-2-6所示。

图4-2-6　后蹬跑

4. 反应跑练习

可采取坐、蹲、侧对和背对跑道等方式进行练习，可以变换起跑口令，如击掌、吹口哨等。

经常练习短跑，不仅能提高神经、肌肉、关节的灵活性，提高反应速度和动作移动速度，改善肌肉物质代谢，提高人体在缺氧条件下的工作能力，还能培养自信心、竞争意识等良好品质。

三、接力跑

接力跑是由短跑和传接棒组成的集体配合的竞赛项目。项目包括4×100米和4×400米接力。下面以4×100米接力跑为例做技术分析，介绍接力跑基本技术。

（一）4×100米接力跑基本技术

1. 起跑

持棒起跑，第一棒传棒队员以右手持棒，采用蹲踞式起跑，接力棒不得触及起跑线和起跑线前的地面，如图4-2-7所示。其他技术同短跑的起跑技术。

图4-2-7　第一棒起跑

接棒人起跑多采用半蹲踞式或站立式。第二棒和第四棒站在跑道外侧，右脚在前，右手撑地，头向左转，目视传棒人和自己的起跑标志线。第三棒站在跑道内侧，左脚在前，左手撑地，头向右转，目视传棒人和自己的起跑标志线。

2. 传接棒的方法

接力跑的基本技术和短跑相同，但接力棒必须在规定的接力区（20米）内完成交接。因此，在快速跑动中完成交接棒以及队员之间的配合技巧是接力跑中的关键。根据传棒路线和接棒手掌方式，传接棒方法可以分为“上挑式”和“下压式”。

（1）上挑式：接棒人向后自然伸臂，与身体成40°～45°角，手心向后，虎口向下，传棒人自下而上将棒送入接棒人手中，如图4-2-8所示。接棒人握棒，传棒人立即松手。上挑式动作自然，但是接棒人手握在了棒的中间，向下传递困难，容易掉棒。

（2）下压式：接棒人向后自然伸臂，与身体成50°～60°角，手心向上，虎口朝后，传棒人自上而下将棒放入接棒人手中，如图4-2-9所示。接棒人握棒，传棒人立即松手。下压式可保持每个接棒人都能握在棒的一端，但接棒人手腕内旋动作紧张，不自然。

图4-2-8　上挑式

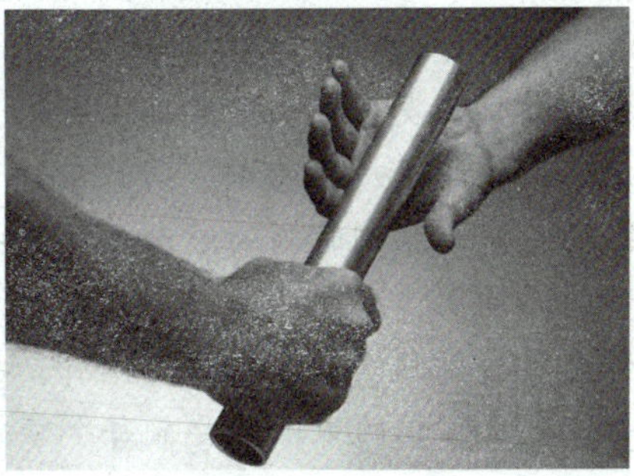
图4-2-9　下压式

接力跑是田径运动中唯一的集体比赛项目，也是田径比赛中激动人心的项目之一。它展现的是团队之间默契配合的意识和团结协作的集体主义精神。

（二）接力跑专门性练习

（1）原地传接棒：传接棒人前后相距1.5米左右，做原地摆臂动作，当听到传棒人发出信号后，完成交接。

（2）慢跑传接棒：在画有分道线的跑道上进行练习。

（3）中速跑传接棒练习。

（4）在接力区内进行传接棒练习：先直道，后弯道。

（5）全程接力跑练习：将练习者分成若干组，进行全程对抗性练习。

（6）站立式和半蹲式起跑练习：先直道，后弯道。

思政之窗

接力跑的文化内涵与价值

接力跑完美地诠释了团队精神和挑战精神。拿着接力棒的队员代表的不是自己，而是整个团队，所以必须通过完全发挥自身的价值来为团队做贡献。这里强调的是责任心，每个人做的事对于团队来说都是不可替代的一环。

接力项目也是传承。一支接力队伍由四位选手组成，一棒接着一棒是速度的传承，是国家、集体、个人荣誉的传承。赛场之下经历无数次训练磨合，才能使团队在竞赛场上自如发挥，其间付出的艰辛可见一斑。团队的默契配合，拼尽全力完成比赛对观众及其他人的触动也是一种精神的传承。永不言败，坚持到最后一秒，这样坚定的信念深刻地影响着人们在工作和生活中的态度。

接力跑折射了社会生活和家国情怀！人与人之间的关系，如果能保有齐心、协力、奋进的接力赛精神，社会就会处于温馨和谐、团结互助的氛围之中。任何岗位中都能映射出竞技体育的精神。正是因为有了团队的努力，人们才能在各个领域取得突出的成绩。

接力传达出的是运动员对相互了解、友谊、团结和公平竞争的奥林匹克精神的追求。在接力项目上，人类一次次地挑战自身极限，刷新纪录。究其原因离不开飞速发展的科学技术对竞技项目的支持。科技推动竞技体育的发展，竞技体育也为科学技术的发展提供了更大的平台与空间。

接力项目的发展在一定程度上可以推动教育事业的发展，为所有学生上一堂生动的爱国、团结的思想品德课，同时在体育教育方面也产生了深远的影响。接力项目时刻紧张的气氛、胜利时刻的激动、团队拥抱一起庆祝胜利的喜悦将深深触动学生。青春因梦想而绚丽，因奋斗而精彩。学生正处于青春年华，要让学生坚信强大自身、团结合作是取得胜利的法宝。热爱体育，拥有健康的体魄才能成就梦想。国家富强、民族振兴、人民幸福的中国梦要靠每个梦想的叠加，靠每个人的不懈奋斗。

四、中长跑

中长跑是中距离跑和长距离跑的简称。它的特点是距离长，要求有一定的速度和耐力。中长跑运动对于提高人体的心血管系统功能有非常大的帮助，对于学生意志品质的培养也具有积极的意义。如果持久地进行中长跑锻炼，可以有效地改善形体，减肥效果也不错。

（一）中长跑基本技术

中长跑的项目有很多，跑的基本技术大体相同，只是根据跑的距离长短和强度不同稍有差别。中长跑要求运动员在全程跑时能维持一定的跑速，尽可能减少体力消耗，合理地分配体力。技术上要求跑得轻松协调，身体重心平稳，有良好的节奏。其完整技术与短跑基本一样，也是由起跑、起跑后的加速跑、中途跑和终点跑四部分组成的。

1. 起跑和起跑后的加速跑

中距离（800米、1500米）跑可以采用站立式或半蹲踞式起跑。长距离跑一般采用站立式起跑。中长跑起跑包括“各就位”（鸣枪）两个发令信号。听到“各就位”口令后，运动员走到起跑线后，把有力的脚放在前面，两脚前后开立，相距约半步长，身体重心落在前脚上，两腿弯曲，上体前倾，集中精力听枪声。听到枪声后，两腿迅速有力蹬地；同时后腿抬起向前摆出，两臂协调有力地摆动，使身体迅速向前冲出。加速跑时，上体前倾稍大，摆臂、摆腿和后蹬的动作应迅速有力。加速跑应根据项目、个人特点及比赛情况而定。

2. 途中跑

途中跑的技术与短跑技术基本相同，由于跑的距离长，所以上体前倾角度、摆臂、摆动腿的动作幅度和后蹬的力量都比短跑小。跑时要求动作轻松，步伐均匀，同时还应注意以下三点。

（1）脚着地的方法：脚着地时，以前脚掌或脚掌外侧有弹性地着地，且脚尖应正对跑进的方向。脚着地后，迅速屈踝、屈膝和屈髋，完成缓冲动作。

（2）弯道跑：中长跑有一半以上的距离是在弯道进行的，跑时身体应稍向左倾斜，右臂摆动幅度稍大，右脚用前脚掌内侧、左脚用前脚掌外侧着地。

（3）呼吸配合：一般用鼻和半张开的嘴同时进行呼吸，呼吸的节奏取决于个人的特点和跑的速度。一般可按步伐的节奏，三步一呼、三步一吸，或两步一呼、两步一吸。

3. 终点跑

终点跑是临近终点的一段冲刺跑。选择冲刺的时机很重要，在进入预定冲刺距离之前，必须抢占有利的位置，并注意观察对手的情况，然后确定开始冲刺的时机。冲刺时，应加大摆臂幅度，脚用力后蹬，上体前倾，以顽强的意志冲过终点。

知识链接
预防岔气

人体耐力和心血管系统的机能，是身体健康和从事各项职业的基础。经常练习中长跑不仅能够提高心血管和呼吸系统的工作能力，增强心肺耐力，提高有氧代谢水平，而且能够磨炼意志，培养坚毅顽强、勇于进取的品质和吃苦耐劳的精神。

（二）中长跑专门性练习

随着中长跑运动的快速发展，中长跑训练手段也越来越丰富。其中，提升学生速度耐力水平已成为体育教练最为看重的素质能力培养目标。速度耐力是指人体在较长时间保持快速运动的能力。速度耐力训练特点是“距离短、强度大”，运动员心肺功能在较短时间内无法供应足够的氧气。中长跑训练要领：有氧耐力训练是基础，混氧耐力训练是提高，力量训练是保障，速度耐力训练是关键。

（1）中速匀速持续跑，心率保持在150次/分钟左右。

（2）越野跑，运动时间在20～40分钟或者3～5千米距离，心率在140～160次/分钟。

（3）变速跑，弯道慢跑+直道快跑，足球场的端线慢跑+边线快跑等。

（4）间歇跑，负荷强度较大，心率在160～170次/分钟，在身体尚未完全恢复的情况下进行下一次练习（心率在110～130次/分钟）。

（5）有氧韵律操，练习时间20～40分钟，心率在150～170次/分钟，作为辅助练习。

（6）跳绳，每组跳绳在3分钟以上，心率在130～160次/分钟，可以进行个人的单摇跳绳，也可以采用集体的8字、穿梭等跳绳方式，作为辅助练习。

思路：速度素质是指人体快速运动的能力，它是耐力的基础。中长跑运动员的速度素质对于提高专项成绩至关重要，尤其是高速跑能力与冲刺跑能力。最大速度素质不是中长跑项目的决定因素，因此提高运动员的速度，必须与影响速度耐力水平提高的其他因素同时协调发展。单一的最大速度提高的速度训练，如同短跑运动员一样的速度训练，可能获得最大速度的提高，但其速度转化为速度耐力的比率很小。中长跑运动员既需要非乳酸无氧代谢供能的训练，也需要糖酵解无氧代谢供能训练。这两种速度素质的同时改善才能促进运动员速度耐力水平提高。

五、跨栏跑

跨栏跑是技术较为复杂的田径项目，也是一种特殊的快速跨越障碍的方法。田径比赛的跨栏跑项目有女子100米栏、男子110米栏、男子400米栏和女子400米栏。每个项目都设10个栏架，但栏高和栏距不同。所以这些项目在某些技术环节上有些差别，不过在跨栏步技术上具有共性，依据学校跨栏跑普遍实际教学情况，以女子100米栏、男子110米栏为主。

跨栏跑比赛必须采用起跑器和蹲踞式起跑。跨越栏架这一步叫作“跨栏步”，它包括起跨、过栏和下栏三个部分。

动作要求：起跨时，躯干应保持适宜的前倾。摆动腿大腿迅速高抬，起跨腿充分蹬伸，摆动腿异侧臂前伸，眼看栏板，起跨角为60°~70°。起跨完成后，摆动腿小腿向栏板上方前伸，前伸臂继续前伸，躯干前倾，如图4-2-10所示。

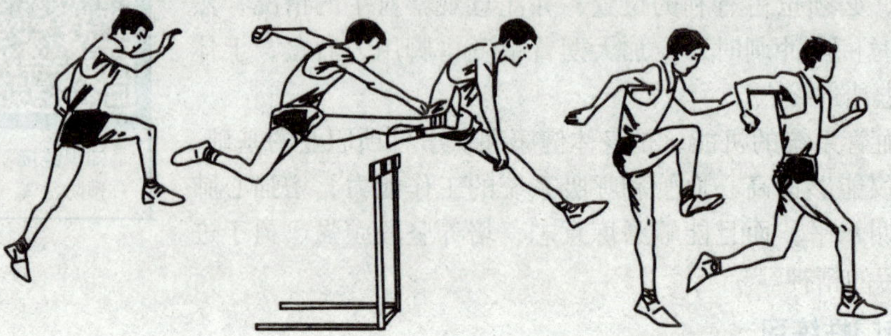

图4-2-10　跨栏动作要领

微课
跨栏的技术性训练方法

当摆动腿到达栏板上方时，标志着“过栏”动作开始，摆动腿下压，起跨腿外展前伸臂后摆，完成过栏动作。

下栏时，用脚掌牢固地支撑在跑道上，起跨腿向前高抬，躯干保持前倾。

栏间跑最好跑3步。这3步的长度比例约是1.6∶2∶1.9。栏间跑技术主要有三点要领，即前脚掌着地、保持较高的身体姿势、频率要快。

练习跨栏跑不仅能够有效发展速度、力量、柔韧度、灵敏度等身体素质，提高动作的协调感、准确感和节奏感，还能培养一个人勇敢、果断、自信、顽强、不怕困难等品质，这也是从事交通运输、侦查、治安管理等职业所需要具备的。

情境感悟

情景：在某学校的秋季运动会中，小涛成了全校的焦点，他以15分40秒的成绩获得男子5000米的冠军，打破了学校多年的长跑纪录。同学们问他夺冠的经验和方法时，他很腼腆地说：“小时候我家离学校很远，为了上学不迟到，我每天要跑上10千米山路，长久下来，跑步速度就越来越快。”

思想感悟：小涛为什么能够获得5000米跑冠军？如果你想练习长跑，如何制订锻炼计划？

第三节　田赛

跳跃与投掷是人体基本的活动能力之一，生产、生活中随处可见类似的动作。例如，建筑工人用力地把砖块投递给同伴，郊游时游客勇敢地越过小溪，游客在海边兴奋一跃的精彩留影，排球运动员跳起扣球，等等，都渗透着跳、投的动作。田赛项目的训练，能使学生的弹跳力、爆发力、力量等越来越强，意志品质更加顽强，具有健、力、美的青春身姿。

一、跳高

跳高是人体通过快速的助跑和有力的起跳，采用合理的过杆姿势，使身体腾跃尽可能高的垂直障碍运动项目。跳高的姿势经历了跨越式、剪式、滚式、俯卧式和背越式的演变过程。这里我们主要介绍跨越式跳高和背越式跳高两种跳高技术。

微课
跨越式跳高

（一）跨越式跳高

跨越式跳高技术动作较为简单、易学，学好跨越式跳高，能为背越式跳高打下基础。跨越式跳高技术由助跑、起跳、过杆和落地四部分组成，如图4-3-1所示。

图4-3-1　跨越式跳高技术过程

1. 助跑

助跑的任务是使人体获得向前运动的水平速度，为起跳创造有利条件。全程助跑距离一般在10～15米，步数在6～8步，斜线助跑（助跑路线与横杆的角度为30°～45°）由慢到快，最后三步步幅为中、大、小，倒数第二步最长，重心最低，摆动脚落地时柔和屈膝前移，蹬脚送髋，为起跳脚的前伸放脚做好准备。最后一步稍小，使上体迅速前移，向前送髋，为从水平速度过渡到垂直速度做好准备。

2. 起跳

要根据运动者的水平确定起跳点的位置，用远离横杆的脚侧对横杆起跳，起跳点距横杆投影点50～80厘米。助跑倒数第二步时摆动腿要屈膝压紧，用力蹬地，积极送髋，当腿摆至最高点，上臂摆至与肩膀持平时，要同时制动。起跳腿迅速蹬伸，髋、膝、踝三关节充分蹬直成一直线，起跳腾空后上体开始前倾，高抬摆动腿并积极前送小腿，身体重心迅速前移。摆动腿摆过横杆后向杆下内转下压，两臂下垂。

3. 过杆

当摆动腿摆过横杆高度时，身体前倾，脚尖内转下压，起跳腿积极高抬，身体沿纵轴向起跳方向旋转，使上体和臀部迅速过杆。

4. 落地

起跳腿随摆动腿的下压而抬高，绕过横杆后，摆动腿缓冲落地。

（二）背越式跳高

背越式跳高是指人体通过助跑、起跳，以背对横杆的姿势越过横杆，并以肩背先着垫的跳跃方法。其基本技术包括助跑、起跳、过杆和落垫四部分，如图4–3–2所示。

图4–3–2 背越式跳高技术过程

1. 助跑

背越式跳高助跑一般为8～12步，其中后4～6步助跑为弧线助跑。助跑前几步，步幅要开阔并有弹性。当转入弧线助跑时，整个身体向内倾斜。倒数第二步开始准备起跳。倒数第二步是助跑中最大的一步。最后一步时，起跳腿迅速踏向起跳点，髋部超前于上体，肩轴与髋轴成交叉扭紧姿势。如图4–3–3所示。

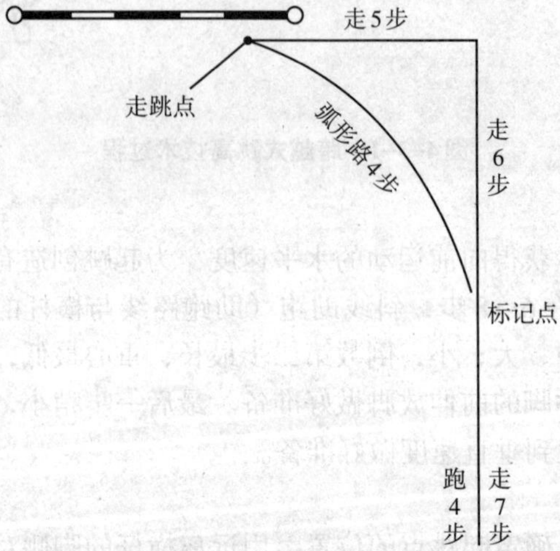

图4–3–3 背越式跳高助跑步点确定方法

2. 起跳

起跳时，起跳脚向前放脚，以脚跟和脚掌外侧先着地，迅速滚动至前脚掌，摆动腿以膝盖领先，屈膝折叠，向跳高架远端支柱上方用力上摆。为了加快起跳速度，应控制摆动腿屈膝程度和尽量减小起跳腿屈膝幅度。双臂的摆动与摆动腿的摆动同时进行，后者在放脚起跳时有摆动动作，摆动腿的同侧臂随起跳动作快速上摆，躯干向上伸展。当起跳结束时，身体与地面成垂直姿势。

3. 过杆与落垫

人体腾空后，逐渐转为背对横杆的姿势，摆动腿自然下放。头、肩部过杆后，及时仰头、倒肩、展体，两臂放于体侧，提臀挺髋，弯曲的两膝稍向外分开，小腿下垂，身体成反弓形。然后肩部继续下沉，髋部上挺，使两膝上升。臀部过杆后，及时低头含胸，小腿上踢，使整个身体依次越过横杆。过杆后，屈髋收腹，用肩、背部落在海绵垫上。

在我们日常生活和体育锻炼中，更多的是应用了跳高的两臂的摆动作用，如篮球跳球、排球扣球等都运用了跳高技术。

二、跳远

田径运动中的跳远，也称为急行跳远，是助跑跳跃的一种方法，也是人越过障碍物的实用技能。跳远不仅是一项竞技项目，也是一种锻炼身体的方法。经常参加这项运动的锻炼，能够有效地发展速度、力量素质以及身体协调性，可以有效地提高弹跳力和控制身体的能力。

（一）跳远基本技术

此处只介绍常用的蹲踞式和挺身式两种动作。跳远的技术由助跑、起跳、腾空、落地四个技术部分组成。

1. 助跑

助跑的目的是获得较高的水平速度。跳远的助跑与短跑的途中跑基本相似，应做到快速、富有弹性和节奏。助跑时应沿着直线逐渐加速，跑到起跳板时应达到最高速度。

助跑距离的长短因人而异，一般以30～45米为宜。

助跑的方法有两种：一种是从静止状态开始，一般采用半蹲式或者站立式起跑姿势；另一种是在行进间开始，先走几步或跑几步，然后开始加速跑。

2. 起跳

起跳的目的是在保持较快速度的同时获得较高的垂直速度。起跳时大腿积极下压，小腿迅速前伸，用全脚掌着地并迅速滚动到前脚掌着地，当身体重心接近起跳腿的支撑点时，起跳腿迅速有力蹬伸，使踝、膝、髋三关节充分伸直，同时摆动腿以膝关节领先，积极向前上方摆起，两臂配合腿部动作用力上摆。

3. 腾空

起跳腾空后，摆动腿屈膝前摆，大腿高抬，保持水平位置，起跳腿放松，自然留在体后，成“腾空步”姿势。“腾空步”姿势多采用蹲踞式和挺身式。

（1）蹲踞式：起跳腾空后，起跳腿迅速向摆动腿靠拢，两腿屈膝接近胸部，两臂自然下垂，上体稍前倾，在空中成蹲踞姿势。落地时两腿前伸，同时两臂后摆，身体重心前移，如图4–3–4所示。

（2）挺身式：起跳腾空后，展髋，摆动腿下放并后摆向起跳腿靠拢，两臂下落，外展，头和肩也同时向后运动，并挺胸送髋，形成挺身姿势，如图4–3–5所示。继而收腹举腿，两臂由后上方依次向前、下、后方摆动，小腿积极前伸，上体前倾，准备落地。

图4–3–4　蹲踞式跳远

图 4-3-5　挺身式跳远

4. 落地

无论是何种腾空式落地，都要尽力提伸双腿，当脚跟触及沙面时，两腿开始弯曲，重心前移，两臂前摆，缓冲落地。

要想跳得远，就必须正确地掌握跳远的助跑、起跳、腾空、落地的技术动作，提高身体素质，特别是提高速度和弹跳力。这些技术原理和技术动作不难理解，关键是要积极地练习。基本掌握动作技术后，会逐渐在练习过程中实现改进技术，提高跳远成绩。

跳跃对发展骨骼肌力量和弹性，改善关节韧带的柔韧性，提高弹跳能力，增强骨骼抗弯、抗拉、抗折、抗压和抗扭转的性能，具有积极的锻炼价值，同时也有助于提高身体控制能力，培养身体的空中位置感及自信、果断、勇于挑战的意志品质。因此，这对于未来从事地质勘探、驾驶、工程潜水、交通运输等职业的同学具有积极意义。

（二）跳远专门性练习

（1）原地模仿起跳。要求起跳脚快落、摆动腿向前上方摆出，随着加大摆动的速度和幅度，由不离地起跳过渡到起跳后蹬离地面。

（2）在20～30米距离行走中连续完成起跳技术模仿练习，注意力集中在上下肢的配合和蹬摆动作的配合上。

（3）在40～50米距离内连续三步助跑起跳成腾空步练习。

（4）短、中距离助跑起跳成腾空步练习。

（5）利用俯角跳板或斜坡跑道进行短、中距离助跑、起跳练习。

知识链接
立定跳远

三、推铅球

奥运会的投掷项目包括铅球、铁饼、标枪、链球等，这里重点介绍和学习推铅球技术，推铅球的训练能够展示人们的健美和力量，发展投掷能力。推铅球的方法有原地推铅球、侧向滑步推铅球、背向滑步推铅球和旋转推铅球四种。下面主要介绍侧向滑步推铅球。

（一）侧向滑步推铅球基本技术

1. 握球和持球（以右手为例）

五指自然分开，把铅球放在食指、中指和无名指的指根上，将重心置于食指和中指之间，拇指和小指扶在球的两侧，手腕背屈，以防球体滑落。握好球后，把铅球放在锁骨窝处，紧贴颈部，右臂屈肘，掌心向前，持球臂同肩齐平或略低于肩，如图4-3-6所示。

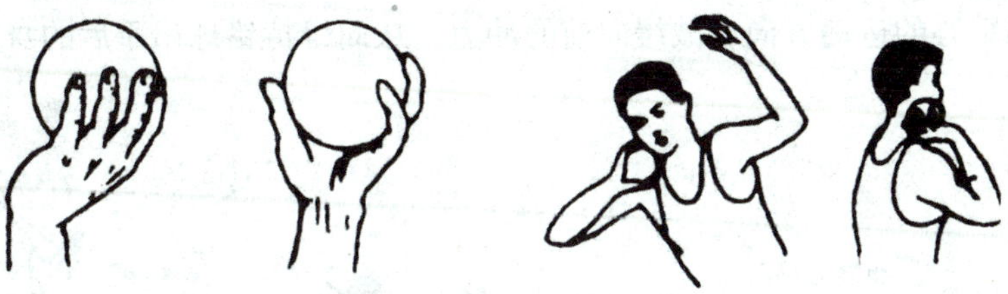

图4-3-6 握球和持球

2. 滑步前的预备姿势

预备姿势有高姿势和低姿势两种。

（1）高姿势：持球后，背对投掷方向，站在投掷圈后沿，两脚前后开立，右脚在前，脚尖靠近投掷圈内沿，脚跟正对投掷方向，左脚在后并以前脚掌或脚尖着地，膝部自然弯曲，持球臂略低于肩，左臂自然上举，上体正直放松。

（2）低姿势：持球后，背对投掷方向，站在投掷圈后沿，两脚前后开立，右脚在前，脚尖贴近投掷圈内沿，脚跟正对投掷方向，左脚在后，用前脚掌或脚尖点地，左臂自然下垂，左肩稍内扣，上体前屈，头同背基本同高。

微课
侧向滑步推铅球动作方法和易错纠正方法

3. 滑步

预备姿势做好后，左腿向投掷方向预摆1～2次，待身体平衡后，左脚迅速有力地向投掷方向摆动，带动身体，同时右脚用力蹬地，迅速向前滑步，使身体重心向投掷方向移动。当滑步到投掷圈附近时，左脚迅速落地。完成滑步动作时，右膝要保持弯曲，上体要保持向投掷相反方向倾斜，体重大部分落在弯屈的右腿上，形成良好的超越器械姿势，为最后用力创造条件，如图4-3-7所示。

图4-3-7 侧向滑步推铅球动作要领

4. 最后用力

最后用力是推铅球技术的主要环节。右脚着地后，右腿积极蹬伸，膝关节内扣，推动右髋向投掷方向转动，上体在转动中逐渐抬起。左臂向投掷方向摆动，向前展胸转头，躯干开始做最后的鞭打动作。右臂积极向前上方送出，右手迅速有力地屈腕拨球，将球推出，出手角度一般为38°～42°。

5. 缓冲

由于推铅球时向前上方用力，当铅球出手后，身体仍然有向前的惯性冲力，可能会接触圈外而造成犯规。因此，当球推出后应迅速交换右、左脚位置，屈膝、屈髋降低身体重心或改变身体重心的运动方向，减缓向前的冲力，从而维持铅球出手后的身体平衡，如图4-3-8所示。

图4-3-8　背向滑步推铅球

（二）侧向滑步推铅球专门性练习

（1）两脚前后开立稍屈，躯干伸直。双手持球于胸前，肘部抬起稍低于肩，将球向前上方推出，推出时，屈腕和手指用力拨球。

（2）两脚左右开立，双膝微屈，右手持球于肩上，左手扶球，两腿蹬伸将球向前上方推出。做此练习时主要体会下肢用力的动作。

（3）不持球做侧向滑步推铅球练习，体会左摆腿和右蹬腿协调配合的动作。

（4）在模仿性练习的基础上做收拉右小腿的练习，做此练习时，注意收拉后用前脚掌着地。

（5）不持球连续做滑步练习，体会重心落在右腿、左腿摆动后快速下压，做明显地超越器械的动作；持球做滑步练习。

（6）侧向滑步推铅球的完整技术练习。

精彩分享

体育的力量

电光火石的拼杀中，灵魂的呐喊转化为身体摘夺桂冠的原动力；成败转瞬的赛场上，体育的精魂成为对人格强有力的洗炼。

体育的力量影响一代又一代人。更快，更高，更强——这是人类突破自我的永恒追求，它燃起人类生命底色中天赋的高贵血性，它鼓舞人类义无反顾地去闯、去拼、去超越，以拼搏作为抵押，赢得心灵深处高声呼唤的荣耀。生而为赢，是人类精神内核中不可泯灭的一道光芒，斩断阻碍，为个体与社会向上攀登供给着源源不断的能量。

然而，博弈角逐间，强强相争，体育的竞技场上必有成败之分，这又恰好是体育另一种魅力所在。固化的观念中，胜者为王，败者食尘——体育的精神则重重击碎了成败的障壁，赋予了失败与胜利同等的意义。失败者的形象并不只能是失魂落魄、黯然退场，他们以另一种方式被铭记与赞颂。每一次向更强者发起的冲击，每一次战胜旧我的勇气，都是一位真正的斗士伟岸身姿的记录。英雄的脊背不会因失利而弯折分毫，被强者战胜不是耻辱，因为那超越自我的一切同样值得尊敬，每一位燃烧自己的勇者都应受喝彩。在竞技输赢的背后，体面与尊严不是独属胜者的奖励，它也是为败者授予的勋章。

这是体育之魂所承载的精神昭示，由体育场上转移到体育场下，理应成为每一个时代人们面对生活的范本。追求胜利，是一个人生命的火种与光源，是一代人前进的终极本源，面对如山如海的挑战，去俯瞰那仿佛不可逾越的艰难，全力以赴去赢的向往当扎根于我们坚如磐石的信念；面对不可逃避的落败，不要畏缩手脚、自染阴霾，要有傲然无悔、尽力而为的尊严和利刃回鞘、静待翻盘的体面。

让体育精神在一代人幼小、空旷的生命中生长，这一代人便拥有足够强大的精神内核去直面未知的风险，以一颗从容不迫的心去体味、接纳跌宕起伏的人生境遇。当他们终于可以成为中流砥柱去支撑起社会的屋檐，强大的信念已然更加坚固，一个更为强大坚韧的社会将屹立不倒。

体育如何影响一代人？成败之间坦然坚韧，拥有不丧失热血、拼搏过后无怨无悔的尊严，他就是无冕之王。这份高贵且不可磨灭的信念，将永远推着我们的航船在汹涌的时间之海中乘风破浪！

——摘自满分作文网 https://www.zuowenwang.net/gaosanzuowen/296601.html。

实践与训练

1. 积极参加学校田径运动会，培养集体荣誉感。

2. 欣赏全国或世界田径运动单项赛事，鼓励有条件的同学现场观看，培养学生爱国主义思想。

3. 利用互联网了解奥林匹克运动，把“更高、更快、更强、更团结”的奥林匹克格言运用到日常的学习和今后的工作中。

第五章 体操运动

学习目标

- 掌握体操运动的基本技术和技能。
- 增强身体各部分肌肉力量和柔韧、灵敏、协调平衡等身体素质。
- 培养勇敢、果断、克服困难和团结友爱等优良品质。

第一节 技巧运动

技巧运动是体操项目之一，是徒手完成身体造型的体育运动竞赛项目，由翻腾、抛接、平衡、舞蹈等动力性、静力性单个动作组成，也可以按照规则组成成套动作。在成套动作比赛过程中，要在音乐伴奏下协调、连贯、优美地完成翻腾、徒手体操或舞蹈等动作，极富艺术性、观赏性，深受大家的喜爱，也非常适合青少年学习。

一、技巧运动的产生与发展

技巧运动中的“技巧”一词源于希腊语“伶俐”，即指完善掌握纵跳、平衡和力量的人，它恰当地概括了技巧动作的特征。这项古老的运动可追溯到大约4000年前的古埃及，18世纪末欧洲盛行马戏，在许多马戏节目中，技巧是表演内容之一，后来被引入体操中。1932年，在美国洛杉矶举行的第10届奥运会上，技巧运动被列为比赛项目。1973年，国际技巧联合会成立。第1届世界技巧锦标赛于1974年在苏联举行。

知识链接
新时代杂技
博采众长续写
辉煌

中国古代的技巧运动，源于史前人类自身的活动和生产劳动实践，盛行于汉代的杂技，当时就有倒立、翻筋斗等技巧动作。后来又成了元代戏剧等文艺形式的表演手段。技巧运动在我国不仅具有悠久的历史，而且在现代技巧发展史上占有重要的地位。技巧运动在我国有着广泛的群众基础，1956年被列为我国正式竞赛项目，是我国竞技体育项目中的优势项目。1979年中国技巧协会加入国际技联后，我国的技巧运动不仅在20世纪80年代跻身于“世界三强”，而且在20世纪90年代两度荣登团体总分第一（1994年和1999年），并在1980—2000年的世界技巧大赛（世锦赛、世界杯）上共获得328枚奖牌，其中金牌128枚、银牌103枚、铜牌97枚；在世界运动会技巧比赛中共获21枚奖牌，其中金牌9枚、银牌4枚、铜牌8枚。中国技巧运动员的精湛表演在海内外享有盛誉。

二、技巧运动的基本技术

技巧是以翻腾、平衡、抛接等动作为主要内容的体操项目，其中技巧中的滚动、翻滚等动作练习是人类日常生活中必不可少的自我保护性的使用技能，下面主要介绍滚翻、平衡、倒立等基础动作。

（一）滚翻类

1. 鱼跃前滚翻（男生）

（1）动作要领：两臂前摆，同时双腿蹬地跃起稍提臀，双手撑地后头部、颈部、背部、臀部依次着地屈膝缓冲顺势前滚翻，滚动要圆滑，如图5–1–1所示。

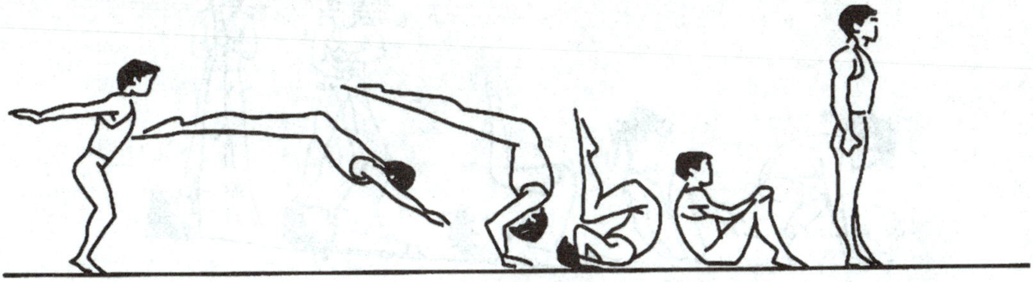

图5–1–1　鱼跃前滚翻

（2）训练方法：① 远撑前滚翻，在垫上用醒目的标志物提示每次远撑的距离。② 在①练习的基础上，加上两臂前摆做蹬摆练习，后增加难度蹬摆之后做远撑前滚翻，逐步加大摆臂与蹬地的力量，直至跃起。③ 在①练习的基础上，将标志换为适宜高度的障碍物，并逐步增大障碍物的远度和高度。④ 在保护和帮助下完成动作。

（3）保护和帮助的方法：保护者站在练习者前侧方，在其跃起时，一手托其腹部，一手托其大腿，顺势前送并助其屈臂缓冲。

2. 经单肩后滚翻成跪撑平衡—跪跳起（女生）

（1）动作要领（以经右肩为例）：由直角坐（蹲撑）开始，上体后倒，举腿翻臀，头部在要着垫子时，头左倒右转，左手肩上撑垫，右臂侧举压垫，经右肩向后滚翻；同时左腿后上举，右腿伸直以脚尖先着垫后屈膝成跪撑，头部翻转抬起，两臂向前撑直，上体抬起成单膝跪撑平衡，变双膝跪立，两臂后摆，臀部微后坐，接着迅速向前上方摆臂同时向上伸髋、立腰，以脚背及小腿用力压地使身体向上腾起，收腹，向前上方提膝，双脚落地成半蹲姿势，如图5–1–2所示。

图5–1–2　经单肩后滚翻成跪撑平衡—跪跳起

（2）训练方法：① 在斜面垫上由高处向低处做后滚翻。② 原地模仿练习向左倒头，左手后撑，右臂伸直动作。③ 原地模仿在上一个练习的基础上，加上放右腿动作。④ 在体操垫上由直角坐开始，后倒举腿并做头部的左倒右转练习。⑤ 练习左腿后举的单腿跪撑。⑥ 在帮助下由肩肘倒立开始，经单肩后滚翻成单腿跪撑平衡。⑦ 在保护和帮助下完成动作。

（3）保护和帮助的方法：练习者从蹲撑开始向后滚动至肩部着垫时，保护者站在练习者右侧（后举腿一侧），一手托肩，另一手托后举腿或两手握其后举腿向后上提拉，如图5–1–3（a）所示。然后保护者换方向，用膝顶其背部，帮助体会肩肘倒立动作，如图5–1–3（b）所示。

（a）

（b）

图5–1–3　肩肘倒立的保护和帮助

3. 后滚翻（男生）

（1）动作要领：由蹲撑开始，低头含胸，快速后倒，团身经臀、腰、背、颈、后脑依次向后滚动。当滚动至后脑着垫时，臀部上翻，两手同时用力推垫成蹲撑，身体叠紧用力推撑成站立，如图5–1–4所示。

图5–1–4　后滚翻

（2）训练方法（直腿后滚翻）：① 原地模仿双手推、撑练习。② 由直角坐开始，后倒举腿翻臀，两手肩上撑垫，直腿头后脚触垫。③ 从体前屈开始，完成后倒举腿翻臀，两手肩上撑垫，直腿头后脚触垫。④ 从体前屈开始，完成直腿后滚翻成分腿立撑。⑤ 在保护和帮助下完成动作。

（3）保护和帮助的方法：① 保护者单腿跪于练习者侧面，一手托练习者肩，一手推练习者臀，助练习者翻转。② 保护者站在练习者后侧方，在其翻臀时，两手扶练习者髋上提。

（二）倒立类

体操的很多动作都是要经过倒立姿势来完成的，因此倒立是体操的基本功。

1. 肩肘倒立（女生）

（1）动作要领：由体前屈开始，上体后倒，收腹举腿升髋，翻臀，当脚尖至头上方时，两臂在体侧下压，两腿上升，上升至最高点时，髋关节充分挺开，臀部收紧，两肘内夹，手撑腰背部，静立，如图5-1-5所示。

图5-1-5　肩肘倒立

（2）训练方法：① 直腿坐，后倒举腿翻臀，两臂压垫，稍停。② 在前一个练习的基础上翻臀举腿后双手撑腰背。③ 在保护和帮助下完成动作。

（3）保护和帮助的方法：保护者站在练习者体侧，当其伸腿时，两手握其小腿上提。必要时，可用膝盖顶其腰背部，使其充分展髋。

2. 头手倒立前滚翻（男生）

（1）动作要领：由蹲撑开始，上体前倾，双手撑垫，与肩同宽；前额上部着垫，与双手形成正三角形支撑；一脚蹬地，一脚后摆，当重心移至垂直直面时，并腿，伸髋，形成头手倒立，如图5-1-6（a）所示。头手倒立稳定后，用双手推撑，重心前移，直体前倒，并随之低头含胸，接着颈部、背部着垫，快速收腿团身，上体前跟抱腿起立，如图5-1-6（b）所示。

图5-1-6（a）　头手倒立

图5-1-6（b） 头手倒立接前滚翻

（2）训练方法：① 腿架肘支撑练习，体会手臂维持平衡的感觉，如图5-1-7所示。② 提臀团身支撑练习，体会人体倒置的感觉，如图5-1-8所示。③ 俯撑练习，体会紧腰夹臀的感觉，如图5-1-9所示。④ 在保护和帮助下，前臂支撑、肩臂支撑倒立，体会顶伸的感觉，如图5-1-10所示。⑤ 练习头手倒立，在帮助下做头手倒立前翻屈髋屈腿成蹲立。

图5-1-7 腿架肘支撑练习

图5-1-8 提臀团身支撑练习

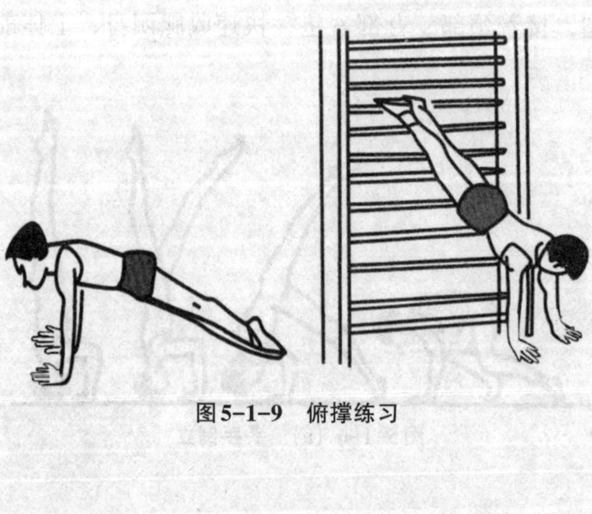

图5-1-9 俯撑练习

图5-1-10　前臂支撑、肩臂支撑倒立练习

（3）保护和帮助的方法：保护者站在练习者侧前方，手握其小腿并随之前移，当其低头含胸加速前滚时，立即放手，下蹲再帮助推其背部成蹲立。

3. 手倒立前滚翻（男生）

（1）动作要领：手倒立开始，以脚尖前伸带动重心前移，也可在重心前移同时屈臂降低重心，同时两肩前移缩小肩角，接近地面时低头含胸，顺势通过颈、背、腰、臀向前滚动，上体跟上动作向前滚动，完成手倒立前滚翻，如图5-1-11所示。

图5-1-11　手倒立

（2）训练方法：① 面对墙壁反复做摆手倒立，体会蹬摆、顶肩及回落技术。② 面对墙壁做靠倒立，训练肩、臂、腰的力量。③ 背对墙壁距离墙壁20厘米左右做手倒立，练习自我控制。④ 在低倒立架上练习。⑤ 练习手倒立前倒时，一手离地顺势转体两脚依次落地。⑥ 练习有人扶持的手倒立，前倒屈臂缓冲低头前滚翻。⑦ 练习有人扶持的手倒立，前倒移肩缓冲低头前滚翻。

（3）保护和帮助的方法：站在练习者前侧方，两手扶练习者倒立时的两腿，助其前移重心和缓冲低头前滚翻。

（三）简单手翻动作及平衡

1. 侧手翻

（1）动作要领（以向左为例）：分腿站立，两臂侧举，左腿侧屈，上体左倒，右腿快速后摆，左手撑地，左脚用力蹬地，同时向左转体90°，右臂从头上向左摆并撑地，向左翻转，左、右手依次推地，右脚靠近右手后落地成分腿站，如图5-1-12所示。

图5-1-12 侧手翻

（2）训练方法：① 借助辅助教具——跳箱盖练习。依照侧手翻过程，两手依次撑跳箱盖两侧，两腿踢蹬越过跳箱盖成分腿站。并逐步提出两腿踢蹬充分、伸直腿、升高重心等要求（可在地上画两条平行线代替跳箱盖）。② 在帮助下练习侧起成分腿倒立，再侧倒成分腿站。③ 在地上画一条直线，在帮助下练习侧手翻，要求手脚在直线上。④ 在保护和帮助下完成动作。

（3）保护和帮助的方法：保护者站在练习者侧后方，两臂交叉（左手在上），在其踢腿时两手扶其腰部帮助侧翻倒立，侧倒落地时，两手顺势交叉上托助其起立成分腿站。

2. 俯平衡（燕式平衡）

（1）动作要领：由站立开始，一腿向前迈出一步，同时上体前倾，另一腿尽量后举，抬头、挺胸、挺髋，两臂侧举成俯平衡姿势，如图5-1-13所示。

图5-1-13 燕式平衡

（2）训练方法：① 原地徒手模仿练习。② 有人扶持或练习者手扶器械小幅度进行练习。③ 在保护和帮助下完成动作。④ 独立完成动作。

（3）保护和帮助的方法：练习者双手扶器械，做一腿支撑、另一腿后举的俯平衡。保护者站在练习者侧面，一手扶其肩，一手扶其后举腿，助其维持正确的平衡姿势。

第二节 体操

一、体操运动简介

体操是对人体姿态和造型有特定要求的一种身体操练。体操内容丰富、动作多样，对增强人体机能、培养意志品质有良好的作用。

1896年，第1届奥运会将体操列为正式比赛项目，但当时只有男子体操项目。1928年，在荷兰阿姆斯特丹举行的第9届奥运会首次将女子体操列为正式比赛项目。1932年，第10届奥运会增设了自由体操项目，使竞技体操初具规模。1984年，第23届奥运会将艺术体操列为正式比赛项目。2000年，第27届奥运会将蹦床列为正式比赛项目。

微课
自由体操

目前，奥运会的体操项目包括竞技体操、艺术体操和蹦床三大类别，其具体比赛项目，如表5-2-1所示。

表5-2-1　奥运会体操项目

类别	项目	
	男子	女子
体操（竞技体操）	团体、个人全能、自由体操、鞍马、吊环、跳马、双杠、单杠	团体、个人全能、自由体操、跳马、高低杠、平衡木
艺术体操	无	团体全能：相同器械、不同器械 个人全能：绳、圈、球、棒、带
蹦床	男子网上项目	女子网上项目

二、单杠

单杠是男子竞技体操项目之一。单杠运动的技术是非常多样化的，但主要是摆动身体。利用身体摆动的惯性，使摆动轻松自如，是单杠运动的特色。

下面选用的动作主要是低单杠上的练习动作，同学们熟练了也可在高单杠上练习。

（一）简单的支撑与悬垂动作

1. 支撑

各种支撑动作，如图5-2-1所示。

骑撑　　正撑　　后撑

图5-2-1　支撑动作

2. 悬垂

各种悬垂动作，如图5-2-2所示。

图5-2-2　悬垂动作

（二）上下杠法

1. 单脚蹬地翻上成支撑

（1）动作要领（以右脚撑地为例）：由站立悬垂开始，双手正握单杠，与肩同宽；左腿分别向后、向下、向前上方摆起，屈臂引体倒肩，使腹部贴杠向后翻转；同时右腿迅速蹬地，与左腿并拢；当身体翻转至杠上时，翻腕，抬头，挺胸，伸髋，形成直臂支撑，如图5-2-3所示。

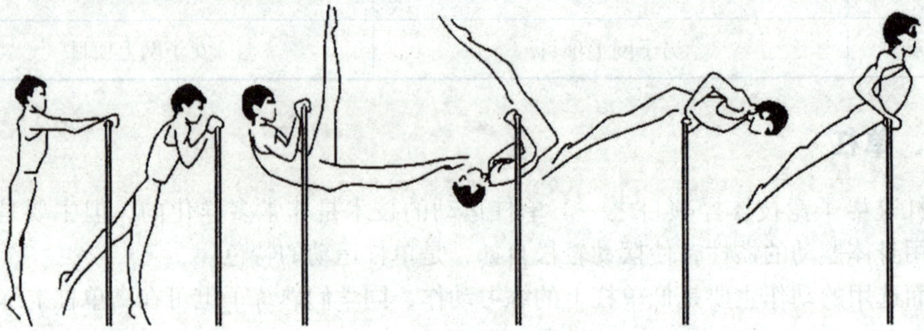

图5-2-3　单脚蹬地翻上

（2）技术要点：蹬地摆腿，引体倒肩，翻腕抬头，动作要协调配合。

（3）学法指导：① 在帮助下练习。② 蹬地点加高做翻上动作，如图5-2-4所示。

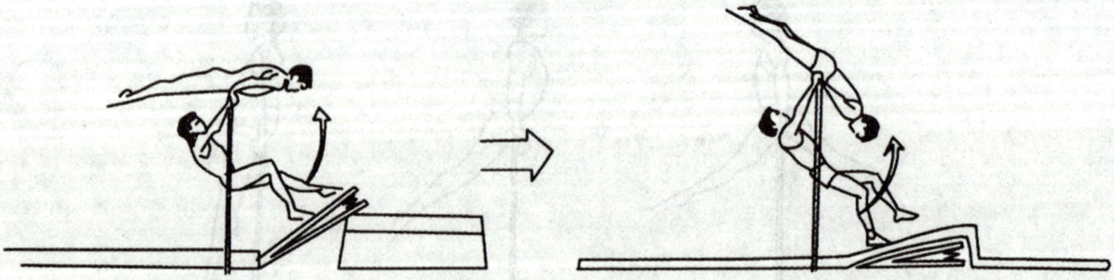

图5-2-4　蹬地加高翻上

2. 支撑前翻下

（1）动作要领：杠前正立，双手正握杠，两臂伸直约与肩宽；两腿微屈跳起，两臂用力压杠成直臂支撑，顶起，身体挺直，大腿上部贴紧杠，两腿伸直并拢，绷脚面，腿与杠下垂直线约45°，支撑停2～3秒；上体前倒，低头含胸收腹，大腿贴杠，屈臂翻腕，折体臀部慢慢落下，屈膝成蹲悬垂，如图5-2-5所示。

（2）技术要点：前倒时重心上提，收腹屈髋；下翻时手臂用力拉引，慢慢落下。

图 5-2-5　支撑前翻下

（3）学法指导：① 复习翻上动作，进一步体会拉杠、腹部贴杠的肌肉感觉。② 在帮助下做低头前倒体，顺势翻下动作。③ 独立完成动作。

（4）动作变化：练习者熟练掌握支撑前翻下后，还可尝试做支撑前回环动作，如图5-2-6所示。

图 5-2-6　支撑前回环

3. 跳起弧形下

（1）动作要领：直臂撑杠，上体后倒，同时微收腹，腿向前上方举起。当肩部接近杠下垂直部位时，两手顺势向头后带杠，拉开肩角，使腿、髋部向前上方伸出，挥臂挺身下，如图5-2-7所示。

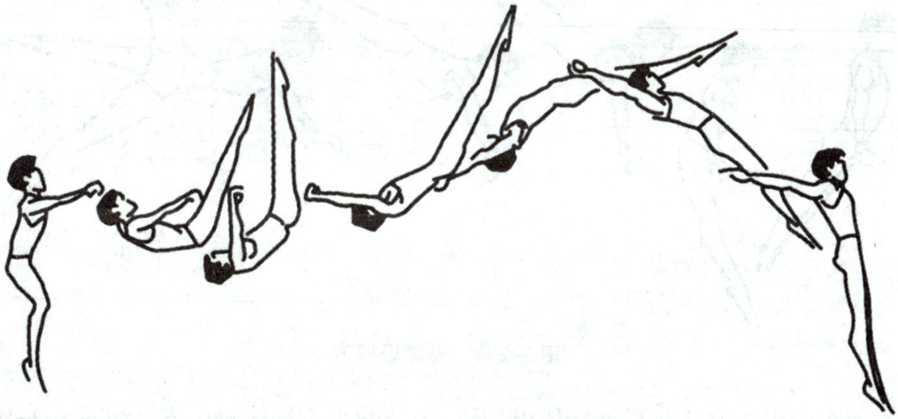

图 5-2-7　跳起弧形下

（2）技术要点：蹬地起跳时举腿翻臀，快速倒肩，弧线伸髋、展体，利用手腕的反弹抖动脱离单杠。注意：平杠约1秒后上体后倒使头部的运动轨迹为最大半径的圆，这里不要低头也不要抬头，手臂伸直推向大腿中央，使身体转动的速度达到最大，而后射出一条美丽的弧线。

（3）学法指导：① 先做单脚蹬地跳起弧形下。② 在低杠前放一根橡皮筋，让练习者弧形越过橡皮筋下。

（4）动作变化：地面跳起弧形下熟练之后，可在杠上做支撑后倒弧形下，如图5-2-8所示。

图5-2-8　支撑后倒弧形下

4. 支撑后摆下

（1）动作要领：由支撑开始，肩稍前倾，双腿向前预摆，然后迅速用力后摆，直臂顶肩成腾身姿势撑杠；当后摆身体重心上升接近最高点时含胸，双腿制动，同时直臂顶肩推杠，抬上体挺身跳下，双臂斜向上举，屈膝缓冲落地，如图5-2-9所示。

（2）技术要点：后摆前肩稍前倾，腿稍前摆，随后用力向后上方摆腿，然后制动摆腿，用力顶肩，推手后积极抬起上体。

图5-2-9　支撑后摆下

（3）动作变化：① 支撑后摆转体90°下。② 支撑后摆转体180°下。如图5-2-10所示。

图5-2-10 支撑后摆转体下

（三）回环

1. 骑撑前回环

（1）动作要领（以右腿骑撑为例）：由双手反握骑撑开始，直臂顶肩撑杠，重心前移，右腿上举向前跨出，上体前倒，左大腿贴杠回环；当上体回环过杠下垂直位置时，右腿向前积极压杠；当回环至杠后水平位置时，直臂压杠，挺胸，抬头，翻腕，形成骑撑，如图5-2-11所示。

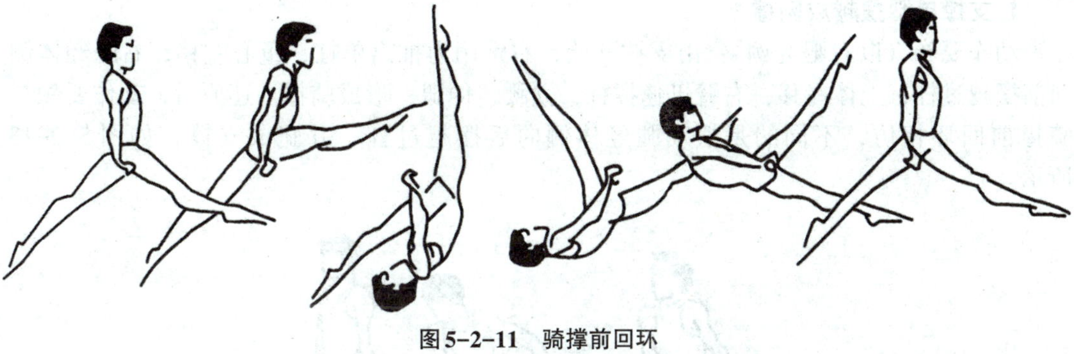

图5-2-11 骑撑前回环

（2）技术要点：反握单杠，提撑重心，前腿远跨。重心过垂直面后，前腿伸髋压杠。过杠水平面时，翻腕，制动腿抬上体成骑撑。

（3）学法指导：① 在帮助下体会提撑重心，前跨、前倒技术。② 低杠前放标志物，在帮助下前腿触及标志物后做完整动作。③ 在帮助下完成骑撑前回环。④ 独立完成骑撑前回环。

（4）动作变化：在熟练掌握骑撑前回环动作的前提下，可尝试做骑撑后回环动作。

2. 支撑后回环

（1）动作要领：由支撑开始，直臂顶肩撑杠，上体前倾，双腿后摆高于肩水平；身体下落至腹部贴近杠时，屈髋，双腿前摆，直臂压杠，上体后倒，腹部贴杠回环；当双腿回环至杠后水平位置时腿制动，伸髋，翻腕，挺胸，抬头，形成支撑，如图5-2-12所示。

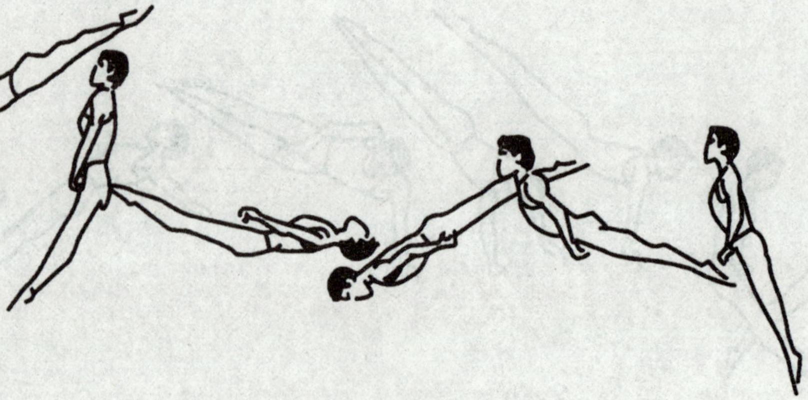

图5-2-12　支撑后回环

（2）技术要点：快速倒肩，腹部靠杠回环。回环至杠前水平时，制动腿抬上体。

（3）学法指导：① 在帮助下练习支撑后摆下成支撑动作。② 练习快速翻上成支撑，体会翻腕抬上体的感觉。③ 借助跳箱高度上杠做向后回环，体会翻转的感觉。④ 在帮助下逐步过渡到独立完成动作。

（4）动作变化：① 学会了向后回环，试试向前回环。② 后回环一周后，试试连续回环两周。③ 学会腹部贴杠回环，试试腹部不贴杠腾身回环。

（四）摆越和转体

1. 支撑单腿摆越成骑撑

动作要领（以右腿为例）：由支撑开始，右臂用力推离单杠，重心左移，右腿经体侧向前摆越过杠；上体右移，右臂迅速撑杠，立腰，伸腿，形成骑撑。还原时，动作要领与骑撑前回环相仿，不同的是摆动腿经体侧向后摆越过杠，并腿成支撑，如图5-2-13所示。

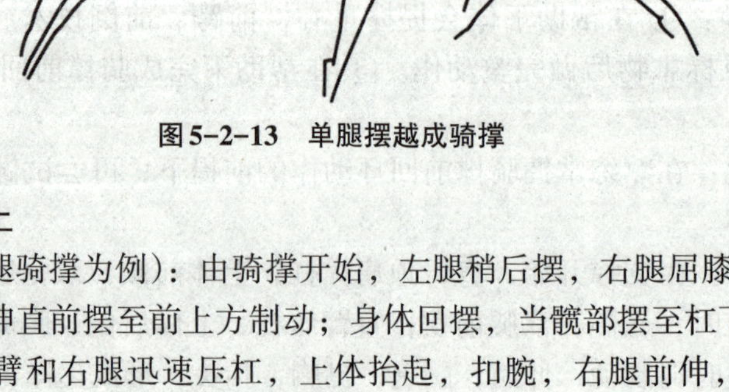

图5-2-13　单腿摆越成骑撑

2. 骑撑后倒挂膝上

动作要领（以右腿骑撑为例）：由骑撑开始，左腿稍后摆，右腿屈膝挂杠；上体后倒，挂膝悬垂前摆，左腿伸直前摆至前上方制动；身体回摆，当髋部摆至杠下垂直位置时，左腿加速后摆，同时双臂和右腿迅速压杠，上体抬起，扣腕，右腿前伸，形成骑撑，如图5-2-14所示。

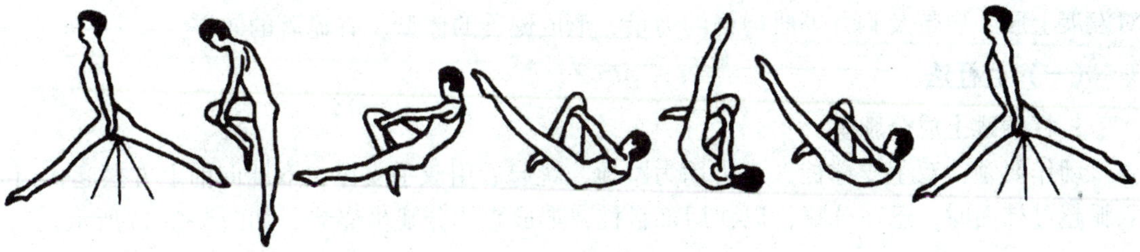

图 5-2-14　骑撑后倒挂膝上

3. 骑撑单腿摆越转体 90°下

动作要领（以右腿骑撑为例）：由骑撑开始，右手在距身体 20 ~ 30 厘米处反握撑杠，左臂推杠，上体右倾，重心右移至支撑手；左腿向侧上方摆越过杠，右腿向下压杠弹起，身体顺势向侧上方腾起；右臂直臂压杠，右腿向左腿并拢，同时向右转体 90° 挺身跳下，如图 5-2-15 所示。

图 5-2-15　骑撑单腿摆越转体 90°下

4. 后撑转体 180°成正撑

动作要领：左手向左上方挥手，同时摆头目视左手；上体向右后倾倒，重心右移至右臂，同时伸直身体左侧；以头、左肩带动身体向右转 180°，以右腿外侧滚杠，同时左腿伸直随上体转动摆越过杠与右腿相并，左手迅速握杠成正撑，如图 5-2-16 所示。

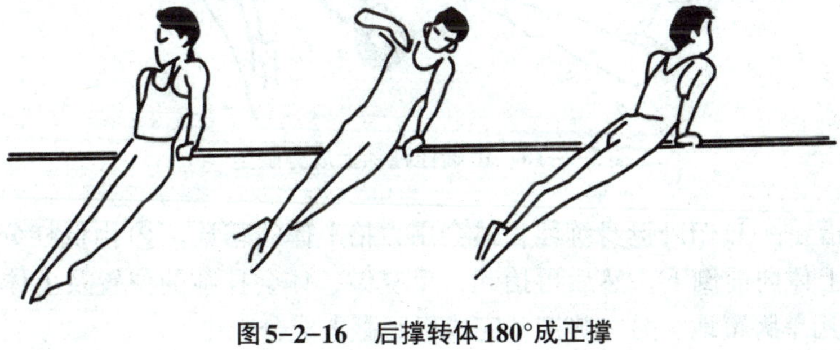

图 5-2-16　后撑转体 180°成正撑

练习单杠，可以培养学生勇敢顽强的意志，增强上肢、肩带、躯干肌肉的力量和柔韧性，提高身体的协调性及前庭器官的平衡能力。

三、双杠

双杠是竞技体操比赛项目之一，也是锻炼身体、增强体质的一个有效手段。双杠的动作内容很多，但双杠运动的主要特点是通过支撑摆动来变化和完成动作，经常练习双杠，对发展上肢、肩带及胸背等肌肉群的力量，形成健美的体型，有显著的效果。

（一）上杠法

1. 杠端跳上成分腿坐

动作要领：双手支撑杠，双脚用力蹬地，跳起后用双手支撑，双腿向前上方摆起，当双腿超过杠面时，迅速分腿，以腿后部触杠，形成直体分腿坐姿势，如图5-2-17所示。

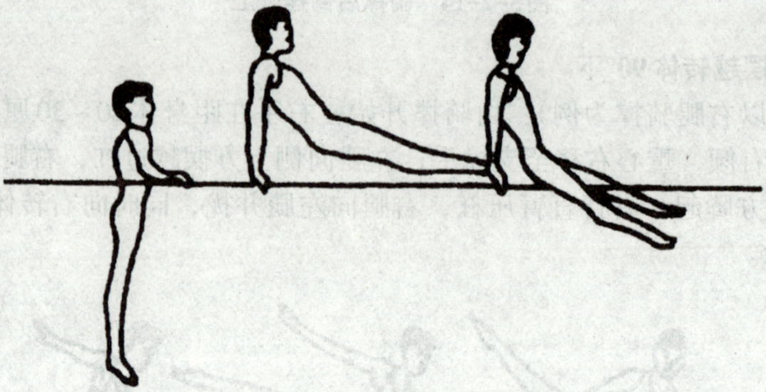

图5-2-17 杠端跳上成分腿坐

2. 远端挂踵翻上成分腿坐

（1）动作要领：两手向外握杠，屈臂引体，翻臀分腿，两脚踵外侧挂在杠下。上体用力向上抬起，接着两手握杠成分腿骑撑，如图5-2-18所示。

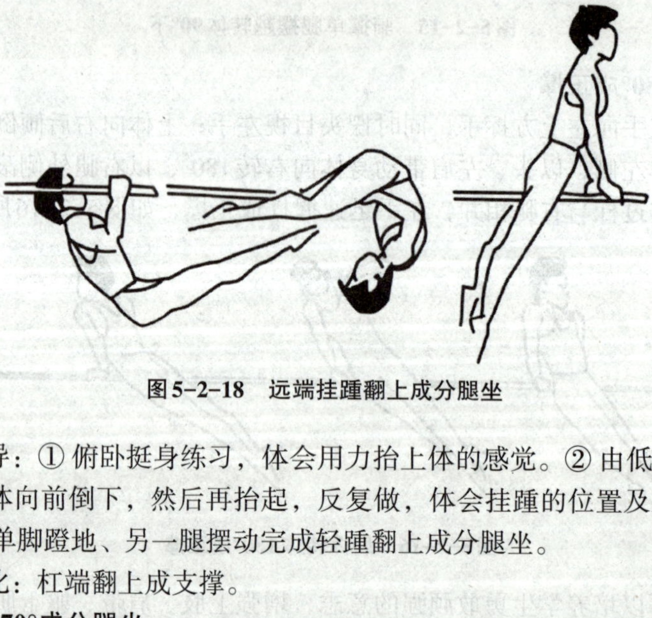

图5-2-18 远端挂踵翻上成分腿坐

（2）学法指导：① 俯卧挺身练习，体会用力抬上体的感觉。② 由低杠分腿骑撑开始，先屈膝挂踵，上体向前倒下，然后再抬起，反复做，体会挂踵的位置及上体抬起的感觉。③ 在帮助下先用单脚蹬地、另一腿摆动完成轻踵翻上成分腿坐。

（3）动作变化：杠端翻上成支撑。

3. 穿杠转体270°成分腿坐

（1）动作要领：双手握住双杠，向前上弧形穿腿时稍向右斜，触杠的部位要准确（骶骨处），转体时要固定右腿跨左腿，如图5-2-19所示。

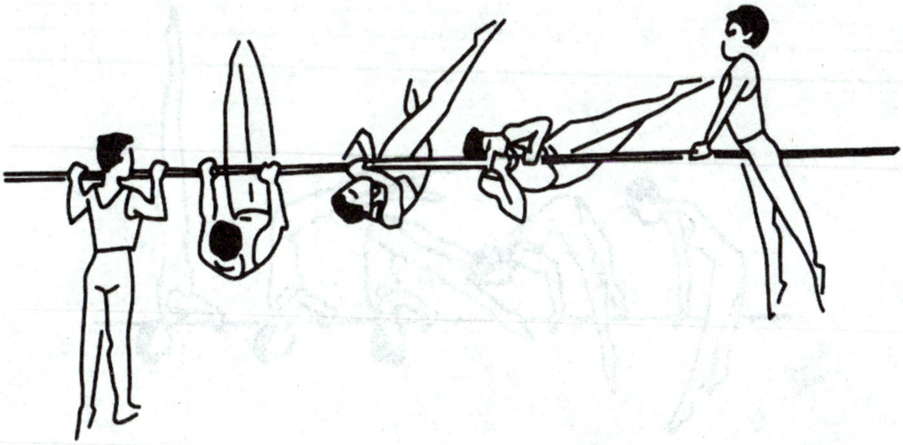

图5-2-19 穿杠转体270°成分腿坐

（2）学法指导：① 慢做，双手反手、双手正手推近杠，一腿蹬远杠，慢慢从杠中间穿上成远杠仰卧，再慢慢转体成分腿骑撑。② 练习跳起两腿穿远杠成杠上仰卧姿势，体会收腹举腿和引臂穿腿的协调配合。③ 在帮助下，练习翻转成分腿挂臂。

（3）动作变化：滚杠。

（二）杠上动作

1. 分腿前滚翻

（1）动作要领：由分腿坐开始，双手在体前靠近大腿处撑杠，上体前倒，低头，屈臂，提臀；当肩触杠时，两肘外展，以肩或上臂撑杠，并腿前滚翻；当臀部前移过垂直位置时，双手迅速向前换握杠；当臀部接近杠面时，分腿压杠，直臂撑杠，抬上体，形成分腿坐姿势，如图5-2-20所示。

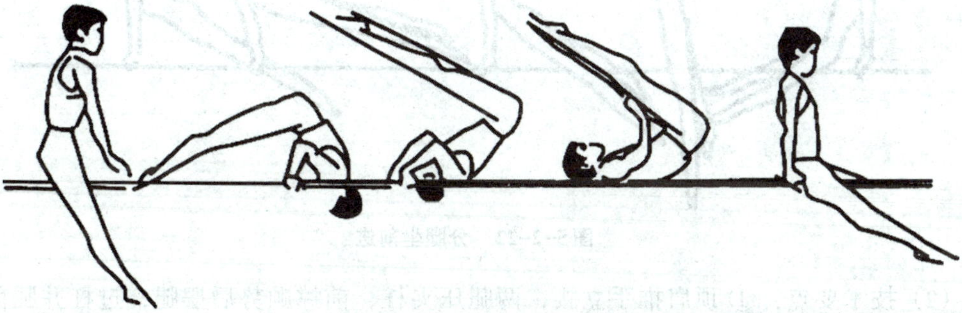

图5-2-20 分腿前滚翻

（2）技术要点：收腹提臀，肘外展，臂部过肩要及时换手。

（3）学法指导：① 垫上练习前滚翻成分腿坐，体会屈体前滚的动作。② 在低杠上分腿坐，练习收腹提臀、肘外展支撑的技术。③ 在帮助下完成动作练习。

（4）动作变化：① 前滚翻成外侧坐。② 前滚翻成挂臂撑。

2. 分腿坐慢起成肩倒立

（1）动作要领：由分腿坐开始，双手于腿前撑杠；上体前倒，屈臂，提臀，两肩在手前顶杠，两肘外展；当臀部提至垂直位置时，伸髋，并腿成肩倒立，如图5-2-21所示。

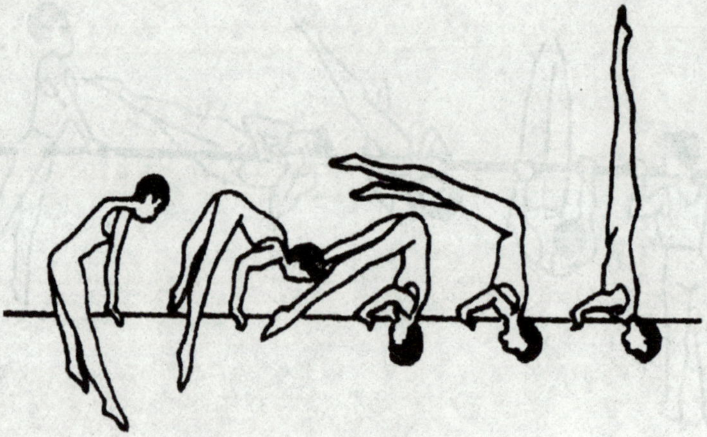

图 5-2-21　分腿坐慢起成肩倒立

（2）技术要点：靠近大腿内侧推杠，屈髋提臀，分腿起倒立时，肘稍内夹；成肩倒立时，肘要外展，重心落在肩与手之间。

（3）学法指导：① 在垫上做分腿立撑慢起头手倒立。② 在两单层跳箱盖上做肩倒立。③ 在低双杠上做分腿慢起肩倒立。

（4）动作变化：① 分腿坐并腿慢起成肩倒立。② 肩倒立前滚翻成分腿坐。

3. 分腿坐前进

（1）动作要领：由分腿坐开始，双手推杠，上体前移，伸髋压杠，双臂经侧举至体前30～40厘米处撑杠；同时两腿伸直压杠弹起后摆，并腿进杠，如图5-2-22所示。

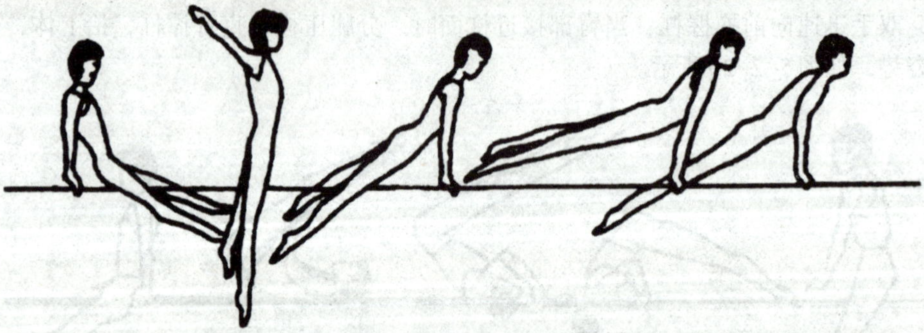

图 5-2-22　分腿坐前进

（2）技术要点：① 顶肩推手立腰，两腿压夹杠，前撑顺势后摆腿，过杠并腿前摆。② 直臂支撑，两腿始终伸直，后摆进杠有腾起，分腿坐不砸杠。

（3）学法指导：① 支撑前进练习。② 支撑摆动练习。③ 分腿骑坐前进完整动作练习。

4. 支撑摆动

（1）动作要领：由支撑开始，举腿前伸获得自然的摆动；前摆时，从后摆最高点直体自然下摆，当摆过垂直位置时，用力向前上方摆腿，带动髋部前送，直臂顶肩，低头，含胸，拉开肩角，如图5-2-23所示；后摆时，从前摆最高点直体自然下摆，展髋，远伸脚尖，当摆过垂直位置时，用力向后上方甩腿，直臂顶肩，含胸，拉开肩角。

（2）技术要点：直臂顶肩，以肩为轴摆动。

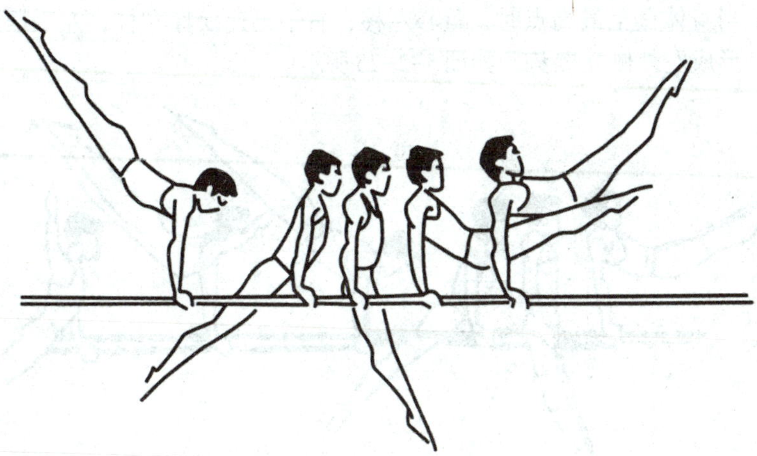

图 5-2-23　向前支撑摆动

（3）学法指导：① 由低双杠上俯撑开始，前摆成仰撑，体会以肩为轴前后摆动时肌肉的感觉。② 低双杠上，在保护帮助下做小幅度支撑摆动练习。③ 摆得较高以后，可加些变化，如摆至极点时，迅速做分腿并腿动作。

（4）动作变化：① 支撑摆动臂屈伸。② 单腿向前摆越。

（三）下杠法

1. 支撑前摆下

（1）动作要领：由支撑后摆最高点开始，直体自然下摆；当摆过垂直位置后，用力向前上方摆腿；当身体摆至最高点时，重心左移，向下展体伸髋；双手依次顶肩推杠，左手迅速换撑右杠，手离杠侧举越杠挺身落下，形成外右侧站立姿势，如图 5-2-24 所示。

（2）技术要点：移重心推手换握要及时。

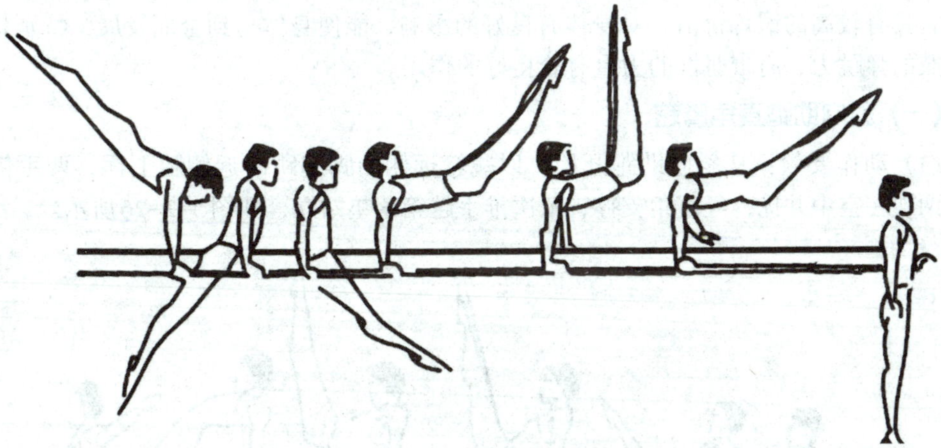

图 5-2-24　支撑前摆下

（3）学法指导：① 外侧坐前摆挺身下，体会换手挺身技术。② 在低杠上反复练习支撑屈髋举腿。③ 先在杠端做跳起支撑前摆下，体会推手换握技术。

（4）动作变化：① 支撑前摆向内转体 90°下。② 支撑前摆向内或向外转体 180°下。

2. 支撑后摆下

（1）动作要领：由支撑前摆最高点开始，直体自然下摆；当摆过垂直位置后，用力向后上方甩腿；当身体摆至最高点时，重心左移，右手迅速换撑左杠，左手摆至侧上举，越杠挺身落下，形成左外侧立姿势，如图5-2-25所示。

图5-2-25　支撑后摆下

（2）技术要点：后摆向左移重心，右手换握左杠。摆至最高点时脱开左手挺身落下。

（3）学法指导：① 反复练习支撑摆动。② 由双手撑杠单腿跪杠开始，另一腿在杠中后摆做挺身下。③ 在近端做后摆挺身下。可在下杠的一侧沿杠水平线拉一根长绳，使练习者越绳后摆下。

（4）动作变化：① 支撑后摆向内转体180°下。② 支撑后摆“绕杠”下。

双杠练习可以发展学生上肢、躯干和韧带肌肉群的力量和柔韧性，提高身体的灵敏和协调能力，培养勇敢、果断、坚毅和克服困难的意志品质。

四、支撑跳跃

支撑跳跃是在跳跃过程中借助两臂的支撑，腾越各种器械，如跳马、跳山羊、跳箱等。它具有较高的锻炼价值，对身体有良好的影响，能使身体得到全面发展，特别是对增强下肢的弹跳力、肩带肌群的力量有着良好的作用。

（一）斜向助跑直角腾越

（1）动作要领：从斜向助跑开始，以跳箱远侧的脚起跳，近侧腿上摆，两手依次撑箱，两腿在空中并拢，经直角支撑，依次推手越箱落垫站立，如图5-2-26所示。

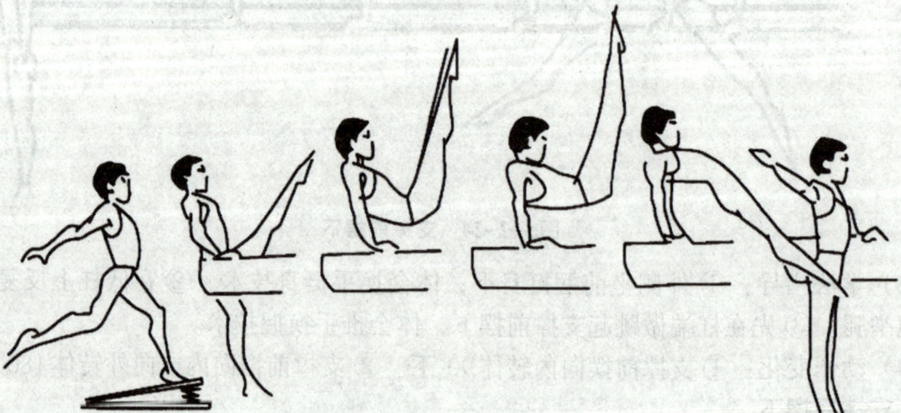

图5-2-26　斜向助跑直角腾越

（2）技术要点：起跳时上体要后倒，右手撑箱要早，左手换撑要快。摆至最高点前要并腿，拉开肩膀，挺身落地。

（3）学法指导：① 助跑2～3步，右手撑箱，右腿上摆，上体稍后倒，练习起跳动作。② 起跳后并腿直角坐箱。保护人站在箱右侧，右手托练习者的腿，左手托其背。③ 在帮助下做完整的动作练习。

（4）动作变化：正向助跑直角腾越，如图5–2–27所示。

图5–2–27　正向助跑直角腾越

（二）分腿腾越

（1）动作要领（不要求预先后摆）：由助跑起跳开始，双臂由后向下，再迅速前伸，含胸，手撑器械，同时提腰，分腿；手推离器械瞬间，身体腾起，以分腿姿势向前越过器械，双臂经体侧上摆，抬头挺身，并腿前伸落地。

（2）技术要点：积极踏跳，顶肩推手。

（3）学法指导：① 在30～50厘米的高处挺身跳下，体会挺身动作。② 短距离助跑起跳后，两手向前撑箱，提臀，分腿再落回踏板前，体会起跳动作。③ 先做山羊分腿腾越，然后再做跳箱分腿腾越。④ 熟练后，逐步把踏板拉远，将器械适当加高。

（4）动作变化：山羊—横箱—纵箱，逐步提高分腿腾越水平。

（三）屈腿腾越

（1）动作要领（不要求预先后摆）：由助跑起跳开始，双臂由后向下和向前伸，含胸，手撑器械，同时提腰，提臀，屈膝靠近胸部；用力向前下顶肩，快速推手，身体腾空成“蹲”的姿势，双臂上举，起肩，立腰，伸腿，展体落地，如图5–2–28所示。

图5–2–28　屈腿腾跃

微课
跳马的由来

（2）技术要点：提臀屈腿，推手展髋。

（3）学法指导：① 俯撑跳成蹲撑或蹲立，体会团身屈腿技术。② 跳上成蹲立，紧接着前跳下。③在保护下做完整的动作练习。

（4）动作变化：该腾越动作熟练后，可试练屈体腾越。

支撑跳跃练习可以发展学生下肢的弹跳力和肩带肌群的力量，培养学生勇敢、果断和克服困难的意志品质。

情境感悟

情景： 6岁时，管晨辰第一次接触体操。凭借着天赋、热爱和努力，2012年，年仅8岁的她便进入了浙江省体操队。管晨辰也曾因训练辛苦疲累而感到苦恼，每当自己坚持不下去的时候，便想起教练的教导，她最终选择咬牙坚持。“放弃不难，但坚持一定很酷”。在东京奥运会的体操女子平衡木项目上，管晨辰以14.633分的好成绩为中国队赢得一枚金牌。“现在，我并没有把奥运冠军的光环加在身上。我们体育人有句话：走下领奖台，一切从零开始。我还是会一步一个脚印，走好接下来的每一步。”管晨辰坚定地说。

思想感悟： 管晨辰深知体操运动员将一个个动作完美地呈现在观众面前，这并不只是自己的功劳，还有教练、心理疏导员、队医、队友的支持。

第三节　韵律操

韵律操是一种在场地内，使用球、棍、圈、绳、棒、带进行比赛的体操项目，参加的人数比较灵活，可以是单人、双人或者三人及以上。韵律操融合了芭蕾、体操、舞蹈等项目的特点。韵律操以基本体操为主体，配合各种类型的风格动作、基本难度动作、特殊规定动作，按照一定的方式要求，在音乐伴奏下进行。

韵律操同舞蹈一样是肢体运动的一种艺术表现形式。头和躯干部分的动作姿态是韵律操的主要组成部分，而臂和腿的动作姿态则是韵律操这一艺术形式的集中体现。做韵律操会使人的性格也富有韵律感，富有韵律感的性格是美好的、强大的，能够温和地顺应自然法则。本节重点介绍健美操的相关知识。

一、健美操

（一）健美操简介

健美操是一项融体操、舞蹈、音乐为一体，以有氧练习为基础，以健、力、美为特征的体育健身运动。健美操运动可以全面活动身体，提高有氧代谢水平，增强体质，陶冶情操，促进人体美的形成，是一种以健身为目的的大众运动。

现代健美操热传入中国是在20世纪70年代末80年代初，开始是引入扭动全身各关节的非洲民间舞蹈与基本体操相结合的迪斯科健美操，后来加以改编，加入中国元素，创造了具有中国特色的徒手健美操。1982年2月中国青年出版社出版了《美·怎样才算美》一书，选登了陈德易创编的“女青年健美操”和牛乾元创编的“男青年哑铃操”，从此“健美操”一词迅速被广大体育工作者采用。随着健美操的普及，健美操分为大众健美操和竞技健美操两大类。健美操分类见表5-3-1。

表5-3-1　健美操分类

大众健美操		竞技健美操
徒手健美操	轻器械健美操	
有氧健美操	踏板操	男子单人
形体健美操	哑铃操	女子单人
拉丁健美操	杠铃操	混合双人
搏击健美操	皮筋操	三人（混合或同性别）
舞蹈健美操	健身球操	集体六人（混合或同性别）
健身街舞	花球操	

大众健美操也称健身健美操，是一种有氧运动，其主要目的是“锻炼身体、保持健康”。大众健美操的动作简单，实用性强，为了保证一定的运动负荷和锻炼的全面性，动作多有重复，并多以对称的形式出现，还可使用轻器械或在特殊场地进行锻炼以增强锻炼效果，音乐速度较慢，一般为每10秒20～24拍。大众健美操的练习时间可长可短，练习要求可以根据个体情况而变化，并且严格遵循健康、安全的原则，在保证安全的基础上，达到锻炼身体的目的。它满足不同年龄、性别、职业的人群锻炼需求，受到广大群众的喜爱，已在世界范围内得到广泛的普及与开展。

竞技健美操是以竞技为主要目的的运动形式，对身体素质、技术能力和艺术表现力有较高的要求。竞技健美操以成套动作为表现形式，在成套动作中必须展示连续的动作组合、柔韧性、力量与七种基本步伐的综合使用，并结合难度动作的完美完成，是展示人体健、力、美和全面素质的竞赛项目。竞技健美操有特定的竞赛规则和评分办法，在参赛人数、比赛场地和成套动作的时间等方面都有严格规定。竞技健美操音乐速度为每10秒26拍以上，在动作的设计上也要求更加多样化。

（二）健美操运动的价值

1. 健身价值

健美操是以人体解剖学、人体生理学、体育美学、体育心理学等多学科理论为基础，以健康、健美为目的而创立与编排的。与其他体育项目相比，讲究健美舒展，强调力度和弹性，趋向不停顿地连续走、跑、跳，使练习者消耗过剩的脂肪，增强肌肉力量，提高协调性、灵敏性。经常进行健美操锻炼可以达到增强体质、提高身体素质的效果。长期参加健美操锻炼可以增强人体运动系统功能；促进心血管系统机能提高，提高呼吸系统机能水平，改善消化系统与神经系统机能，使人的心肺耐力、肌肉力量、平衡性、灵敏性、柔韧性和协调性等身体素质得到提高。健美操是目前增进健康、增强体质较为理想的运动。

2. 教育价值

健美操锻炼能使人在接受美和享受美的过程中提高对美的鉴赏能力，陶冶美的情操。健美操动作具有独特的表现力和感染力，音乐激昂，具有强烈的韵律感，能使人很快地进入角色，全身心地投入锻炼中，健美操的集体配合以及队列、队形的变化更加富有艺术欣赏价值，练习者不仅在锻炼中强健了身体，还受到了美的熏陶，提高了艺术素养，从而缓解精神压力，使人保持更强的活力和最佳的心态。

（三）科学的健美操锻炼

有运动经验的人都知道，体育活动一般由热身练习、正式练习和放松练习三个部分组成。正式练习是运动的关键部分，但是，正式练习前必须做热身活动，正式练习后则要做放松整理活动，三者缺一不可，参加健美操锻炼是一样的。

1. 热身练习

运动前的热身有两个重要作用：一是为运动做好心脏和肌肉的准备；二是伸展骨骼、肌肉和韧带。为使心脏和肌肉做好准备，可以选择一些走、慢跑或其他强度不大的练习。为了伸展骨骼、肌肉和韧带，应选择一些静力性的拉伸练习，如压腿、体前屈等。实验表明，运动前做热身练习的人很少出现心电图异常，且有助于减少肌肉拉伤。

2. 正式练习

正式的练习必须有一定的量和强度。剧烈的健美操属于无氧运动，中小强度的低冲击力健美操则是较好的有氧练习。一定的时间、一定的运动量和一定的运动强度的刺激，可以使神经系统对运动系统、心血管和呼吸系统及其他器官进行反复多次调节，形成适应性反应，使人体的结构发生改变，提高运动能力。这是一个长期的练习过程，只有循序渐进、持之以恒、遵守科学的锻炼方法才能达到良好的效果。

3. 放松练习

放松练习和热身练习一样，也包括静力性肌肉拉伸和心血管系统的放松练习。静力性肌肉拉伸可以避免疲劳引起的肌肉充血、僵硬，且此时肌肉温度升高，做伸展练习时幅度比平时大很多，更易改善身体的柔韧性，还能加速乳酸的消解。

（四）健美操的基本动作

掌握健美操的基本动作，可以为尽快地掌握其复杂动作和成套动作打下良好的基础。

1. 站立的基本姿态

头正直，肩下沉，胸挺起，背直立，腹收回，膀提起，臀夹紧，腿上收。

2. 基本手形

健美操中有多种手形，是从爵士舞、芭蕾舞、西班牙舞、迪斯科、武术等中吸收和发展而来的。手形的选用可以使两臂动作更加丰富多样、生动活泼。如图5-3-1所示，下面介绍几种常见的手形。

（1）五指并拢式：五指伸直，并拢。

（2）五指分开式：五指用力伸直，充分张开。

（3）西班牙舞手势：手指用力伸直，小指、无名指、中指自掌指关节处依次内旋，拇指稍内扣。

（4）芭蕾手势：五指微屈，后三指并拢，稍内收，拇指内扣。

（5）拳式：握拳，拇指在外。

（6）推掌式：手掌用力上翘，五指自然弯曲。

（7）一指式：握拳，食指伸直或拇指伸直。

（8）响指式：拇指与中指摩擦，做打响指状，无名指、小指屈握。

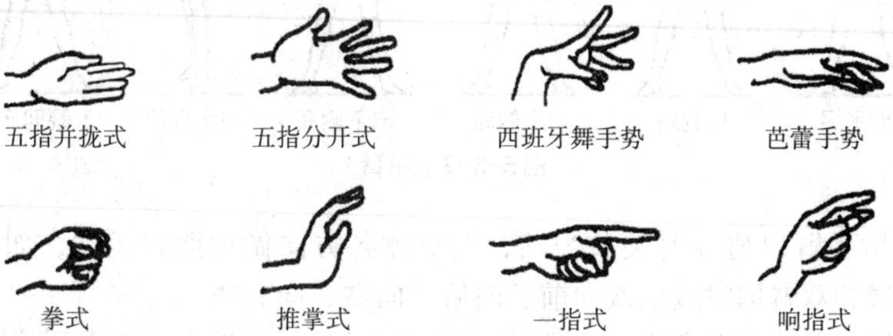

图5-3-1 健美操基本手形

3. 头颈动作

头、颈部动作由屈、转、绕和绕环等动作组成。

（1）屈：头颈关节做前后、左右的弯曲动作。

（2）转：头颈部绕身体垂直轴做转动动作。

（3）绕和绕环：以头颈部为轴做弧形或圆形运动的动作。

动作要求：做各种形式的头、颈部动作时，速度要慢，上体端正，头、颈移动的方向要准确，颈部被动肌群充分伸展。

4. 肩部动作

肩部动作由提肩、沉肩、绕肩、肩绕环、振肩等动作组成。

（1）提肩：指肩胛骨向上运动，包括单肩提肩、双肩同时提肩和依次提肩。

（2）沉肩：指肩胛骨向下运动，包括单肩沉肩、双肩同时沉肩和依次沉肩。

（3）绕肩：指以肩关节为轴做小于360°的弧形运动，包括单肩向前、后绕，双肩同时或依次向前、后绕。

（4）肩绕环：指以肩关节为轴做360°及360°以上的圆形运动，包括单肩向前、向后绕环，双肩同时或依次向前、向后绕环。

（5）振肩：指固定上体，肩急速向前或向后摆动，包括双肩同时前、后振和依次前、后振。

动作要求：

（1）提肩时尽力向上，沉肩时尽力向下，动作幅度要大且动作有力。

（2）绕肩时，上体不能摆动，双臂放松，头、颈不能前探；绕肩动作应连贯，速度均匀，幅度大。

（3）振肩动作要有速度、力度和弹性。

5. 手臂动作

手臂动作由举、屈、摆、绕、绕环、振、旋等动作组成。

（1）举：指以肩为轴，臂的活动范围不超过180°并停止在某一位置的动作，包括单臂和双臂的前举、后举和侧举，以及其他不同方向的举（如侧上举、侧下举等）。

（2）屈：指肘关节产生一定的弯曲角度，包括胸前屈、胸前平屈、肩侧屈、肩上侧屈、肩下侧屈、肩上前屈、腰间屈和头后屈等，如图5-3-2所示。

图5-3-2 屈臂

（3）摆：指手臂以肩或肘关节为轴，向身体各方向做钟摆式运动，如图5-3-3（a）所示，包括单臂和双臂同时或依次向前、向后、向左、向右摆。

（4）绕：指双臂或单臂向内、向外、向前、向后做180°以上360°以下的弧形运动。图5-3-3（b）所示为双臂向内、向外绕。

（5）绕环：指双臂或单臂以肩关节为轴，做360°及以上的圆形运动，包括向前、向后、向内的绕环。如图5-3-3（c）和图5-3-3（d）所示为单臂前后绕环和双臂前后绕环。

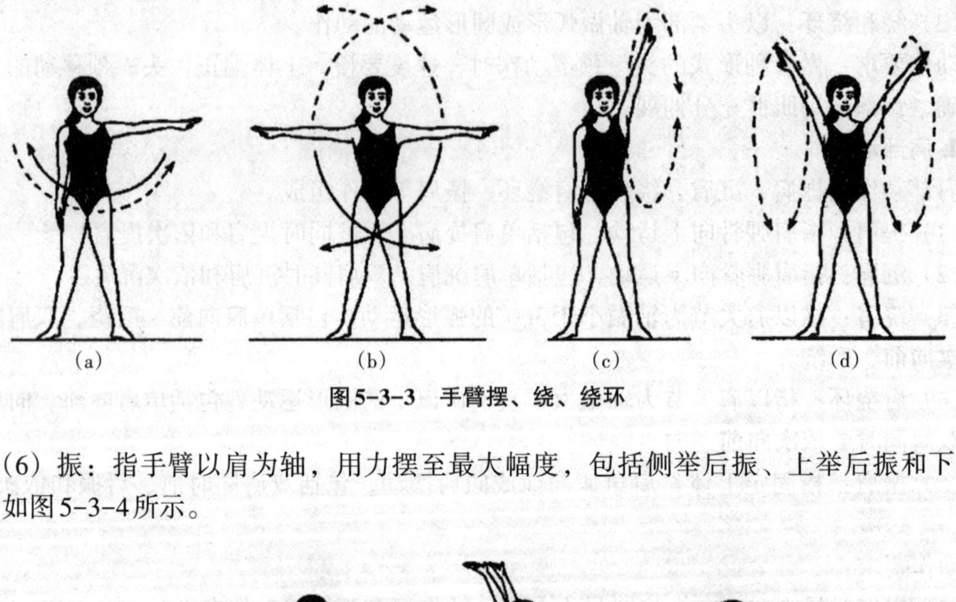

图5-3-3 手臂摆、绕、绕环

（6）振：指手臂以肩为轴，用力摆至最大幅度，包括侧举后振、上举后振和下举后振，如图5-3-4所示。

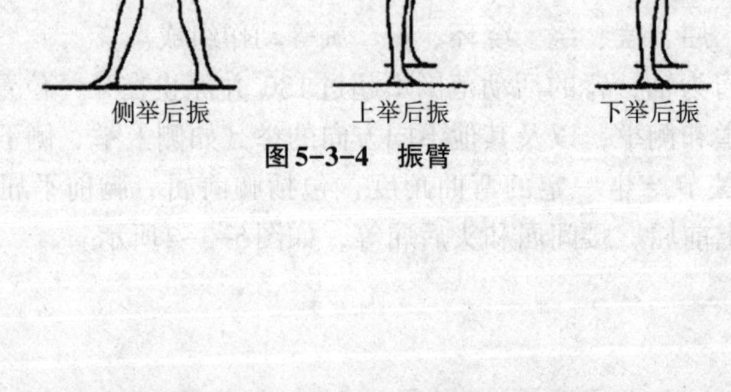

图5-3-4 振臂

（7）旋：指手臂以肩或肘为轴，做内旋或外旋动作，如图5-3-5所示。

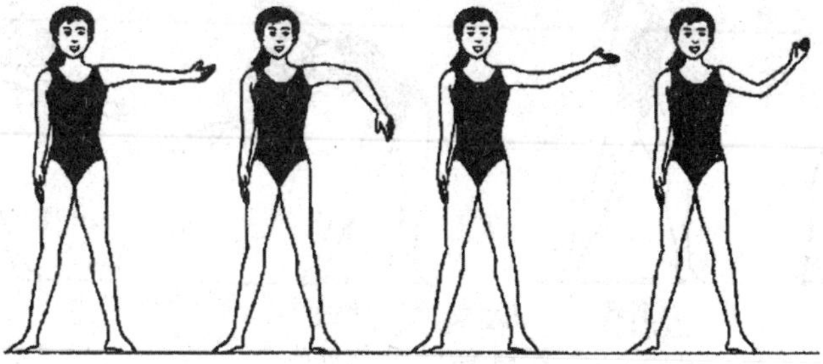

图5-3-5　旋臂

动作要求：

（1）手臂做举、屈伸动作时，肩应下沉。

（2）手臂摆动时，起与落的动作要连贯，手掌的移动路线为弧形。

（3）上体端正，手臂到达的位置应准确，动作幅度要大，力达身体最远端。

6. 胸部动作

胸部动作由含胸、展胸和移胸等动作组成，如图5-3-6所示。

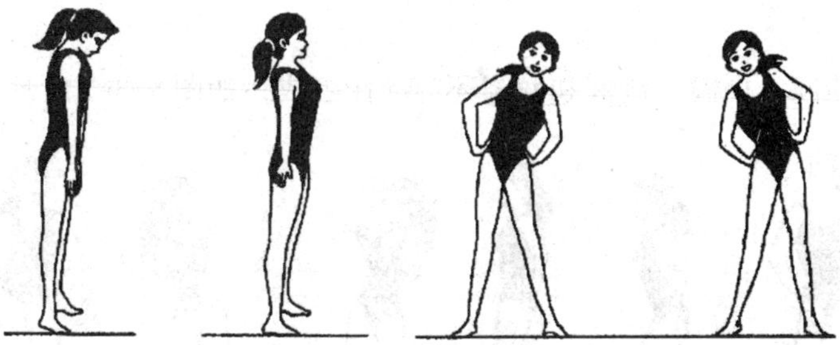

图5-3-6　胸部动作

（1）含胸：指两肩内合，缩小胸腔。

（2）展胸：指两肩外展，扩大胸腔。

（3）移胸：指髋部固定，胸部向左、向右水平移动。

动作要求：练习时应收腹，立腰。含、展、移胸的幅度要达到自身极限。

7. 腰部动作

腰部动作由屈、转、绕和绕环等动作组成，如图5-3-7所示。

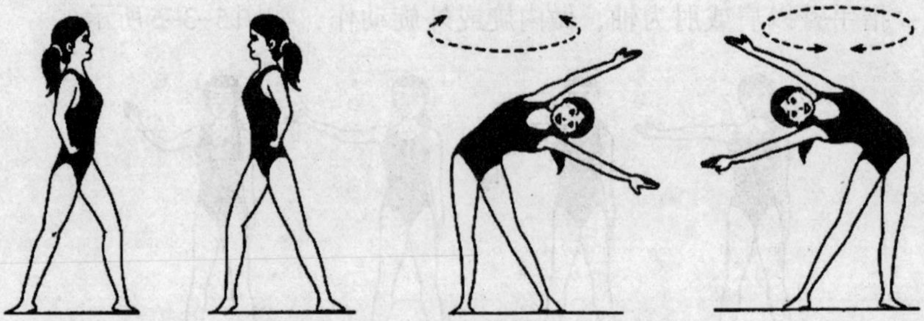

图 5-3-7　腰部动作

（1）屈：指下肢固定，上体沿矢状轴和水平轴运动，包括前屈、后屈、左屈和右屈。

（2）转：指下肢固定，上体沿垂直轴扭转，包括左转和右转。

（3）绕和绕环：指下肢固定，上体沿垂直轴做弧形和圆形运动，包括左绕、右绕和绕环。

动作要求：

（1）做腰部动作练习时，身体远端尽力向外延伸，绕环幅度要大，动作应充分而连贯，速度可放慢。

（2）腰部前屈和扭转时，上体应挺直。

8. 髋部动作

髋部动作由顶髋、提髋、绕髋和髋绕环等动作组成，如图 5-3-8 所示。

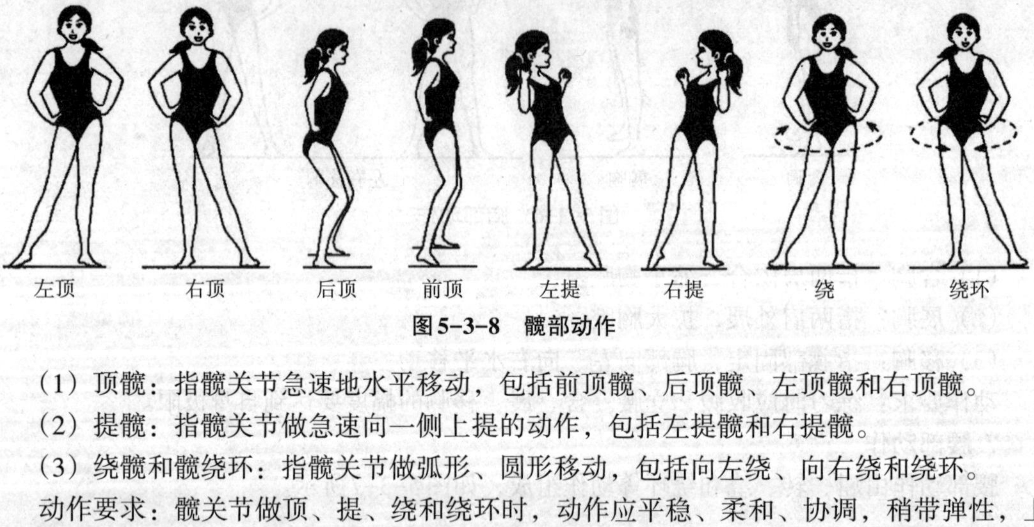

图 5-3-8　髋部动作

（1）顶髋：指髋关节急速地水平移动，包括前顶髋、后顶髋、左顶髋和右顶髋。

（2）提髋：指髋关节做急速向一侧上提的动作，包括左提髋和右提髋。

（3）绕髋和髋绕环：指髋关节做弧形、圆形移动，包括向左绕、向右绕和绕环。

动作要求：髋关节做顶、提、绕和绕环时，动作应平稳、柔和、协调，稍带弹性，上体要放松。

9. 下肢动作

下肢动作由基本姿势和基本步伐组成。

（1）脚与腿的基本位置与基本姿态：脚与腿的基本位置包括直立、开立、点地立、提踵立、蹲、跪等；脚与腿的基本姿态有坐（直角坐、分腿坐、跪坐、盘腿坐）、卧（仰卧、俯卧、侧卧）、撑（仰撑、俯撑、跪撑）等。

（2）基本步伐。

① 踏步类：要求脚落地时膝关节自然弯曲，有弹性，由前脚掌落地过渡到全脚掌落

地，同时躯干伸直，髋微收，两臂自然前后摆动。踏步种类很多，有踏步、踏点地、并步、交叉步、"V"字步、恰恰步、弓步、移重心等。

② 跑跳类：跑跳动作运动强度适中，在一个周期中有双脚腾空的过程，练习中应轻松自然有弹性，落地时膝关节自然屈膝缓冲，脚跟有落地动作，同时上体不能含胸屈体。跑跳有前踢腿跑、后踢腿跑、吸腿跳、钟摆跳、蹬摆跳、弹踢腿跳、踢腿跳、弓步跳、开合跳、并足跳、点地跳等。

二、竞技健美操

竞技健美操是健美操运动的延伸。竞技健美操是在音乐伴奏下，通过难度动作的完美完成，展示运动员连续表演复杂和高难度动作的能力。成套动作必须通过所有动作、音乐和表现的完美融合体现创造性。

（一）竞技健美操的起源及分类

竞技健美操起源于传统的有氧健身操。作为竞技运动，它有以下几个项目：男子单人、女子单人、混合双人、三人（三名运动员性别任选）、六人（六名运动员性别任选）。单人比赛时间限制在1分30秒，混双、三人操、六人操的时间为1分45秒，上下浮动5秒。

（二）竞技健美操的场地、服装要求

竞技健美操单人比赛场地为7×7平方米，混双、三人、六人的都为10×10平方米。另外，竞技健美操的比赛服装也有专门的规定，一般为紧身的专业健美操服装。

（三）竞技健美操的动作要求

竞技健美操的成套动作必须表现出健美操动作类型（高和低动作的组合）、风格和难度动作的均衡性。健美操动作的姿态要求是躯干直、呈一直线，臂腿动作有力、外形清晰。动作编排要合理利用全部空间、地面及空中动作。

1. 艺术性

成套动作艺术性的要求是充满活力，有创造性，以健美操方式表现动作设计和流畅的过渡动作。成套动作必须显示身体双侧的力量和柔韧性而不重复同一动作。

2. 完整性

任何未按竞技健美操定义完成的动作都将被扣分。混双和三人（六人）成套中最多允许3次托举或支撑配合动作（包括开始和结束）。

3. 难度系数要求

至少每类难度动作各1个，成套难度加起来最少12个，最多不超过16个。难度分将是12个最高难度动作的总分（成套动作的各类难度包括动力性力量、静力性力量、跳与跃、柔韧与平衡）

（四）竞技健美操的步伐要求

国际体操联合会健美操委员会制定的《竞技健美操竞赛规则》把健美操的步法分为七大类：踏步、开合跳、吸腿跳、踢腿跳、弓步跳、弹踢腿跳和后踢腿跳，如图5-3-9所示。

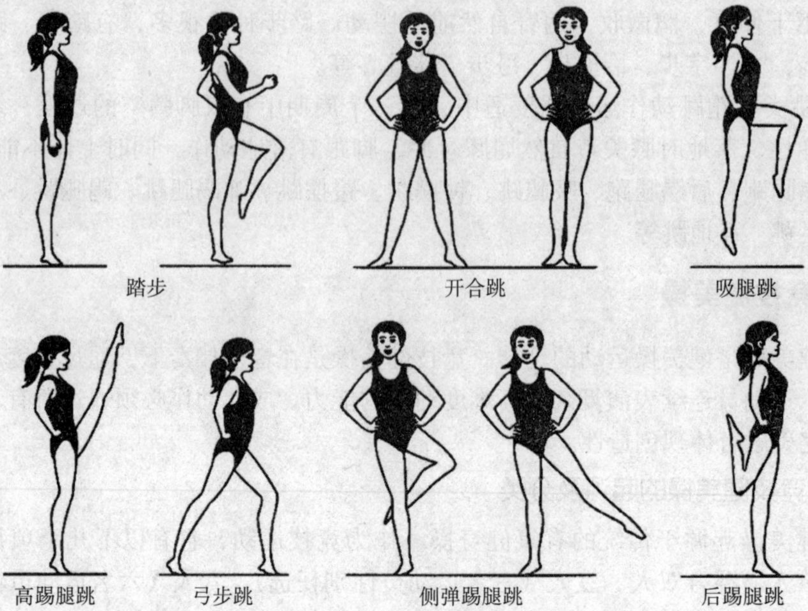

图5-3-9　健美操基本步伐

（1）踏步：指两脚交替不间断地做屈膝上提然后踏地的动作，包括脚尖不离地的踏步、脚离地的踏步和高抬腿的大幅度踏步。

（2）开合跳：指并腿跳至开立，分腿跳至并立。

（3）吸腿跳：指单腿跳起时，另一条腿屈膝向前或侧方上提。

（4）踢腿跳：指单腿跳起时，另一条腿直腿向前方或侧方踢出，包括小幅度踢腿跳与大幅度踢腿跳。

（5）弓步跳：指并腿跳起，落地时形成前（侧、后）弓步。

（6）弹踢腿跳：先选取一条腿作为动力腿，动力腿屈膝后摆，两膝并拢，前弹时不能过分用力，膝关节、髋关节运动伸展时要对其进行控制，落地后换另外一条腿做。

（7）后踢腿跳：指两脚交替有短暂腾空过程（类似跑步），小腿向后屈。

动作要求：

（1）踏步。脚落地时，由脚尖着地过渡到脚跟着地；屈膝时，髋微收；两臂前后自然摆动。

（2）开合跳。分腿时，两腿自然外开，膝关节沿脚尖方向弯曲；跳起与落地时，屈膝缓冲。

（3）吸腿跳。大腿用力上提，小腿自然下垂。

（4）踢腿跳。踢腿时加速用力，保持上体端正，同时立腰。

（5）弓步跳。跳成弓步时，应控制好身体重心。

（6）弹踢腿跳。大腿抬起至一定高度后，小腿自然伸直，膝关节稍加控制。

（7）后踢腿跳。髋和膝在一条线上，小腿叠于大腿。

健美操深受青少年喜爱，它可以有效地增强体质，提高力量、协调、灵敏等身体素质，塑造健美的身姿，对培养大方、向上、自信的心理素质具有良好的作用。

精彩分享

“体操精神”感召中国

中国男、女体操队分获第29届奥运会体操团体金牌后，“体操精神”呼之而出，成为激励中国人向世界一流搏击的新的精神元素，无论在体育、文化还是在科技、经济上。

男、女体操团体赛中，中国运动员在世界瞩目的强大压力下所表现的全力以赴、波澜不惊、顽强拼搏、团结一致的精神状态，不仅赢得了金牌，更震动了世界。他们用日积月累的真功夫，把体育、艺术和勇敢的心优雅地展示给全世界，让人们在力和美的享受中感念当代蓬勃中国。

鞍马上的舞蹈，吊环上的力量，双杠上的特技，跳马时的翱翔，平衡木上的玄妙，高低杠上的惊险，自由体操中的抒怀，体育中的所有素质和要求，都似乎集合其中，艰难程度可想而知。但是他们踏着荆棘走了过来，留给人们一连串美的享受和眼花缭乱的跳跃、旋转、腾空、落地，用力量把体育和艺术编织为震撼人心的交响乐。一些挑剔的西方媒体人，在直播男子体操比赛时禁不住大赞中国运动员：“看，这就是名将！轻轻松松地，世界上最难的动作之一，就那么漂亮地完成了，他们拿到金牌毫无争议。”

是的，只要是硬功夫就不怕被别人挑剔，就会得到世界的“脱帽致敬”，无论在政治、经济、科技上，还是在艺术表演、文化教育、学术研究上。体操健儿卓越的表现，让人想起电影《勇敢的心》中一句经典的台词：“每个人都会死，但是并非每个人都曾真正地活过。”他们在如此年轻的时候就体验着“真正地活着”的滋味，将昭示中国人以怎样的姿态在全球化时代做人行事。

从多年前的“女排精神”到“体操精神”，体操健儿表现得更加镇定自若、处变不惊。女子体操平衡木比赛中，老将程菲不幸落木，她依然精心地完成了以后的动作，似乎像《勇敢的心》中的主人公一样发出召唤：“只有那么一线希望可以取胜，难道你们就不愿意争取吗?”小将邓琳琳和李珊珊则以积极的行动回应，用自己完美的表现横扫队友失误的阴霾。而胸有成竹的男子体操队更是潇洒，美国NBC的评论员把中国“军团”描述为：他们就像下棋一样，上桌之后，就把所有的对手横扫一旁，然后自己玩自己的。这是何等大气，何等风度！

我们还看到，无论是帅小伙还是靓女孩，无论在创佳绩还是遇挫折的时候，他们始终充满信心地微笑着，没有气馁，没有抱怨，没有眼泪。这种舒展的心态和勇敢的笑意，是一个大国面对世界应有的气概。最重要的是，中国体操健儿和当年的女排队员一样，凭着“艰难中的承担”给人带来无限希望。中国男、女体操队不仅实现了中国几代体操队员的梦想，并且掀开了一个新的时代。能够领军的人，不仅能夺得金牌，更是那些承前启后、让人看到未来希望的人。

“体操精神”将感召中国人在各个领域向世界一流冲刺，秘诀是“真金不怕火炼”，途径是“拧成一股劲”。只要像体操健儿一样有敢于和世界最强者较劲的勇气，在“日常训练”求真务实练真功，那么我们在任何领域、任何重大“世界级竞技场”上都能胜出，都能获得世界无可争议的尊重。

——选自中国新闻网 https://www.chinanews.com/gn/news/2008/08-14/1347075.shtml

实践与训练

活动：侧手翻练习（男生）。

活动目标：通过实训掌握背侧手翻技术。

活动内容：在一位同伴的帮助下练习侧手翻。

活动场地：体操房。

活动器材：海绵垫。

活动实施：

（1）背对墙侧起倒立（分腿）。

（2）背对帮助者侧起分腿倒立。帮助者顺势扶起练习者的腿、髋，稍停后再扶其腿、髋向侧翻转，或帮助者两手交叉扶其腰以助翻转。

（3）在帮助下练习侧手翻。帮助者站于练习者背面，当练习者侧倒时，帮助者两手交叉扶其腰部两侧，在练习者完成蹬摆后，帮助其完成身体翻转至开立姿势。

（4）在地上画一条醒目的直线，约束自己的手、脚落在线上。

（5）采用从正面开始的侧手翻或做连续侧手翻，熟练和巩固动作。

第六章　球类运动

学习目标

·掌握足球、篮球、排球、乒乓球、羽毛球和网球运动项目的基本动作技术及练习方法。

·训练各类球类项目的简单战术配合能力。

·掌握各类球类运动的竞赛规则，懂得遵守规则文明竞技。

·培养判断、反应能力和团结互助、默契协作的意识。

·提高欣赏球类比赛的水平。

第一节　足球

足球运动是一项以脚为主来支配球，两队按照一定的规则要求互相对抗，以射球入门多少判决胜负的球类运动。了解足球运动的产生与发展情况，掌握足球运动的基本技术、战术是非常有必要的。

一、足球运动的产生与发展

足球运动是一项古老的体育活动，古代足球起源于我国战国时代，被称为蹴鞠，如图6-1-1所示，已有2000多年的历史。现代足球起源于19世纪的英国，并在全球广泛传播，并蓬勃发展，呈现出多元化的发展格局，出现了欧洲派、南美派和欧洲拉丁派三大流派。

图6-1-1　蹴鞠

我国在战国时期就有的蹴鞠运动在唐宋时期最盛行，但是到了清代，统治者多提倡摔跤、狩猎等体育活动，阻碍了蹴鞠运动的发展。现代足球运动在我国发展相对迅速。

国际足联（FIFA）组织的世界性足球比赛有世界杯足球赛、奥运会足球赛、世界青年足球锦标赛、世界俱乐部足球锦标赛等，这些比赛推动了世界足球运动的普及、发展与提高。

二、足球运动的基本技术

足球技术是运用身体的有效部位合理完成各种动作的总称，是进行比赛活动的基本手段和能力，是完成战术配合的前提和保证。

足球运动是以球为核心开展比赛的，根据是否获得、控制和处理球分为有球技术和无球技术两大类。这里主要介绍足球运动中常运用的动作技术。

（一）运球及运球过人

运球是在跑动中为将球控制在自身范围内而用脚进行拨离球的动作。在运球过程中，撑、蹬、摆、送动作是有序的统一体，整个动作的协调连贯是掌握运球技术的核心和关键。一次运球动作包括支撑脚踏地蹬送、运球脚前摆触球和运球脚踏地支撑三个阶段。利用运球技术突破防守队员，称为运球过人。运球过人是在控制球的基础上，根据临场情况，利用自身运动速度、方向等突破防守的一种技术手段。运球过人分为逼近调动、运球超越和跟进保护三个阶段。

掌握常用的运球技术是运球过人的基础。

1. 脚背正面运球

自然跑动，上体稍前倾，步幅较小，运球腿屈膝提起前摆，将髋关节前送，提踵，脚尖下指，用脚背正面触球的后中部，将球推进后自然落步，如图6–1–2所示。

图6–1–2　脚背正面运球

2. 脚背内侧运球

身体稍侧转并自然协调放松，步幅小，上体前倾，运球腿屈膝提起，脚尖外转并前摆，用脚背内侧向侧前方推拨球，如图6–1–3所示。

图6–1–3　脚背内侧运球

3. 脚背外侧运球

运球时身体正常跑动，上体前倾，步幅偏小，运球腿屈膝提起前摆，髋关节前送，提踵，脚尖向内侧旋，以脚背外侧正对运球方向，推拨球的后中部，身体重心随球跟进，如图6-1-4所示。

图6-1-4 脚背外侧运球

4. 强行突破

强行突破是一种利用自身速度优势，突然快速和爆发式起动，加速超越防守队员的过人技术。

5. 假动作突破

假动作突破是一种利用各种虚晃动作迷惑对手，如假射、假传、假停等，趁机突破防守队员的方法。

6. 变向突破

变向突破是一种利用灵活的步伐和娴熟的运球技术不断改变球路，使对手防守重心出现错位，利用出现的位置差趁机突破过人的技术方法。

7. 运球及运球过人动作技术的专门性练习

（1）先用较慢的速度进行单脚推送或拨球前进练习，熟练掌握后两脚交替做推拨球练习。

（2）过障碍物运球练习。练习者排成纵队，从排头开始由起点线运球绕过障碍标志物。

（3）弧形运球。站在圈外的左、右两侧，顺中圈的弧线运球。

（4）换位运球和运球过人练习。两人为一组，轮换分别做运球和运球过人技术练习。

（二）踢球

踢球是有目的地用脚把球击向预定目标的动作。踢球是足球技术中重要的技术之一，主要用于传球和射门。完整的踢球动作由助跑、支撑、摆腿、击球和随前动作五个环节组成。

1. 脚背正面踢球

踢定位球时，采用直线助跑，支撑脚踏在球侧约15厘米处，脚尖直指出球方向，膝稍屈；同时踢球腿向后摆起，屈膝。踢球腿前摆时大腿带动小腿，当大腿前摆至垂直地面位置时，小腿加速前摆，在触球瞬间，将脚背绷直，用脚背正面触球的后中部，踢球后身体继续随前跟进，如图6-1-5所示。

图6-1-5　脚背正面踢球动作示意

2. 脚背内侧踢球

沿与球成45°的斜线助跑，支撑脚踏在球的侧后方约25厘米处，屈膝，用脚掌外侧着地来支撑身体重心，上体稍向支撑脚侧倾斜，踢球脚自然后摆。踢球时，以大腿带动小腿呈弧形前摆，脚稍向外转，脚面绷直，脚尖斜指向前下方，用脚背内侧击球的后中部，踢球后踢球腿顺势前摆着地，如图6-1-6所示。

图6-1-6　脚背内侧踢球动作示意

3. 脚背外侧踢球

脚背外侧踢球方法类似于脚背正面踢球，只是用脚背外侧触球，在击球刹那，绷直脚背，脚趾用力下扣，脚尖内转，踢球的后中部，如图6-1-7所示。

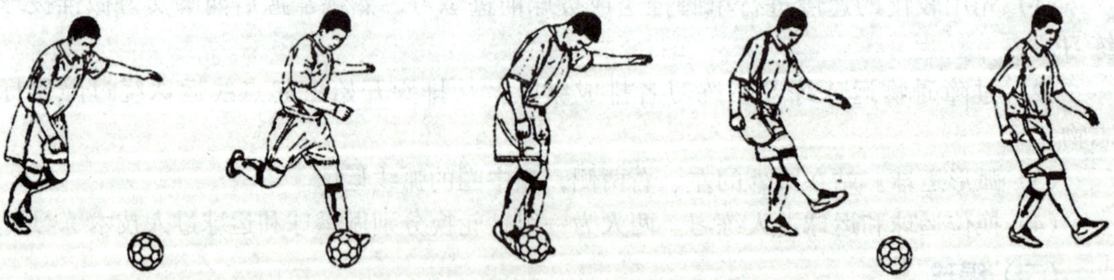

图6-1-7　脚背外侧踢球动作示意

4. 踢球动作技术的专门性练习

（1）二人轮换进行踢球和挡球练习。一人用脚挡球，另一人做助跑踢球练习。

（2）对墙踢球练习。开始时离墙稍近，用力偏小，后逐渐加大与墙距离和踢球力量。

（3）接力踢球练习。相距15米分两路纵队相对站立，从其中一组第一人开始进行跑动中踢球，踢球后跑到对方排尾，另一组第一人接球后回踢给对方组第二人，并跑至对方排尾，如此接力踢球，循环练习。

（三）接球

接球也称停球，是运用身体的有效部位有意识地使球停下，从而将球控制在身体活动范围内，以便更好地处理球。一个完整的接球技术动作包括判断选位、支撑、触球和接球后跟进四个环节。接球部位可为头部、胸部、腹部、腿部和脚部。

1. 胸部接球

胸部接球又分为挺胸接球和收胸接球。

挺胸接球用于停接有一定弧度的高球。接球时，身体正对来球，两脚自然开立，屈膝，两臂在体侧自然抬起，上体稍后仰与来球成一定角度，在接球瞬间，胸部主动挺送，使球触胸后向前上方弹起，落于胸前，如图6–1–8所示。

图6–1–8　挺胸接球动作示意

收胸接球用于接齐胸的平直球，其准备姿势同挺胸接球，在胸部接球瞬间，迅速收胸收腹以缓冲来球力量，使球直接落于体前。

2. 大腿接球

身体正对来球方向，支撑脚固定支撑，接球腿屈膝上提，以大腿前中部迎接来球。在接球瞬间，接球腿积极下放回收，肌肉保持紧张以缓冲来球力量，如图6–1–9所示。

图6–1–9　大腿接球动作示意

3. 脚部接球

（1）脚背正面接球。身体正对来球，接球腿屈膝提起，以脚背对准来球。在球与脚接触瞬间，小腿和脚踝同步下撤，肌肉保持紧张以缓和来球力量，使球落在身前，如图6–1–10所示。

图6-1-10　脚背正面接球动作示意

（2）脚背内侧接球。在判断好来球方向和速度后，将身体正对来球，支撑脚固定，屈膝，用脚内侧对准来球，在接球瞬间，接球部位做相应回收引撤动作，将球控制在身体范围内，如图6-1-11所示。

图6-1-11　脚背内侧接球动作示意

（3）脚背外侧接球。将身体重心先放在支撑脚上，支撑腿稍屈，同时接球腿屈膝提起，放在支撑脚的侧前方，用脚背外侧对准来球方向，在球与脚接触瞬间，接球脚轻轻下压，将球接于身前，如图6-1-12所示。

图6-1-12　脚背外侧接球动作示意

（4）脚掌接球。判断来球路线和落点，选好支撑点，接球腿屈膝提起，脚掌与地面形成一定角度，在球落地刹那，接球脚有控制地下放，用前脚掌触压球的后中部，将球控在脚下，如图6-1-13所示。

图6-1-13 脚掌接球动作示意

4. 接球动作技术的专门性练习

（1）二人轮换进行踢球和停球练习。

（2）面对墙壁分别做踢球和停球练习。

（3）自抛自停反弹球。自己抛球，待球落地停反弹球，或向墙掷、踢高球，再上前停反弹球。

（四）抢断球

抢断球是有目的地运用身体的某一部位将对手控制或传递中的球抢夺过来、踢出去或破坏掉的技术方法，是主动获球、转守为攻的突破方法。完整的抢断球技术包括抢球和断球两种技术，由判断选位、上步抢断、衔接动作等环节构成。抢断球主要有正面抢球和侧面抢球。

1. 正面抢球

两脚前后开立，两膝稍屈，上体前倾，身体重心下降。在对手触球的瞬间，自己的支撑脚前跨将球控住，触球后顺势向上提拉，使球从对方脚背滚过，身体迅速跟上控制住球。

2. 侧面抢球

当与对方平行跑动争球时，身体重心略低，两臂贴紧身体。在对方靠近自己一侧的脚离地时，用肩和上臂做合理的冲撞动作，使对方身体失去平衡，趁机抢球。

3. 抢断球动作技术的专门性练习

（1）二人轮换做运球—抢断球动作练习。一人带球运动，另一人上前做抢断球练习。熟练后可交替轮换练习。

（2）二人交替练习。两人相距7～8米，一人直线运球，另一人做正面跨步或侧面冲撞抢球练习。

（五）射门

射门是足球运动主要的得分技术动作之一。

1. 脚背正面射门

轻松助跑，支撑脚立在足球侧方，自然向后提起踢球腿小腿，挥动踢球腿小腿猛踢向足球中央点，击球后，身体顺势追前完成整个射门动作。

2. 脚内侧射门

轻松跑向足球，在射球前保持身体平衡，当支撑脚立在足球侧方时，轻扭身体，将膝关节向外转，锁紧立足脚脚跟，用踢球腿的脚内侧触击足球中央，将球射出，射门后顺势收腿完成射门动作。

3. 脚外侧射门

沿斜线碎步跑向足球，当支撑脚立于足球侧方时，提腿扭摆身体，用脚外侧触击足球偏外1/3处，射门后顺势收腿完成射门动作。

4. 射门动作技术的专门性练习

（1）对墙射门练习。面对墙壁做射门动作练习。

（2）对球门射门练习。在面对墙壁射门动作技术熟练后，可对球门做射门技术练习。

三、足球运动的基本战术

足球战术是在比赛攻守过程中，为战胜对手，根据赛场上的情况采取的个人行动和集体配合的方法。足球战术的灵活运用是以体能、技术和良好的心理智能水平为前提与基础的。足球战术可分为进攻战术和防守战术，下面主要介绍足球运动中的进攻战术。

进攻战术是比赛中为战胜对手而采取的个人进攻行为和集体配合的方法。

（一）个人进攻战术

个人进攻战术是为了战胜对手而采取的符合整体进攻目的的个人行动，包括传球、射门、运球突破和摆脱跑位。

1. 传球

传球是集体配合战术的基础，也是组织进攻、变换战术、迅速逼近对方球门、创造射门机会的主要战术方法。选择传球目标、掌握传球时机和控制传球力度成为影响传球质量的关键因素。

（1）传球目标。传球目标一般分为向同伴脚下传和向空当传两种。

（2）传球时机。它涉及时间、空间、接球同伴、防守等多种因素，一般有两种，即传球指挥在先、跑动在后和跑位在先、传球在后。

（3）传球力度。传球力度应适中，以利于同伴控制、支配来球。

（4）传球注意事项。尽可能隐蔽自己的传球意图，动作快速简练、灵活多变，力争向前传球，在对手逼迫较紧时直接采用中传手段传球，传球时避开对方抢断球的可能区域。

2. 射门

射门是战术配合的最终目的，准确快速、突然有力的射门是保证进球得分的关键。射门在战术上要求快、准、狠、巧、变，选择最佳的射门角度果断射门。

3. 运球突破

运球突破是调动、扰乱对方防线，造成以少打多，制造传球空当，突破密集防守，获得射门机会的有效手段。运球突破时需控制好球，掌握最佳的突破距离和时机，运球采取多元组合，紧密衔接，可根据对手的特点机动灵活地选择运球突破技术。

4. 摆脱跑位

在对手紧逼的情况下，有目的地采取摆脱动作，跑向对自己有利的位置即为摆脱跑位。

摆脱对手紧逼可采用突然起动、冲刺跑、急停、变向、变速、假动作等方法拉出空当，制造有利的传球位置。赛场上需要采取有插有拉、有左有右、有前有后、纵横交错的攻击队形。

（二）局部进攻战术

局部进攻战术是比赛中两个或几个队员间通过摆脱防守与交叉跑位在局部区域形成默契配合的进攻战术方法，可分为两人间或三人间的局部进攻战术。

1. 两人间局部进攻战术

两人间局部配合在赛场上经常运用，也是集体配合的基础。

（1）传切配合。控球队员向防守队员空隙传球，同时另一队员超越防守，切入得球。

（2）两次传球。控球队员将球传给迎球同伴，同时迅速起动摆脱防守队员切入空当，接应同伴再次传向防守队员身后的球。

（3）交叉掩护配合。控球队员侧向运球以吸引防守队员为同伴制造空当，同伴在其身后与其交叉跑动，在同伴贴近时将球传向自己身后，接应同伴迅速切入得球。

2. 三人间局部进攻战术

三人间局部进攻是三个进攻队员在局部区域通过跑位传球摆脱防守的配合行动。

（1）传空当配合。一名队员利用跑空当方式牵制一名防守队员，其他两名进攻队员利用传球突破另一名防守队员，如边拉传中、中拉传边、回拉向前直传等战术。

（2）三名队员通过传球进行一次或连续两次的交叉掩护，二过一突破两名防守队员。

（三）整体进攻战术

整体进攻战术是进攻面较广、投入人数较多的进攻战术配合。

1. 边路进攻战术

边路进攻战术是在对方半场两侧地区发展的进攻战术。进攻形式为通过边锋或交叉到边路的中锋、前卫或插上来的后卫，运用传球配合或运球过人技术突破对方防线，下底线传中或切底回扣传中，中间包抄射门或跟进射门。

2. 中路进攻战术

中路进攻战术是在对方半场内发展的进攻战术。进攻形式为通过中锋、内切的边锋或插上的前卫运用传球配合或运球过人技术将进攻推向罚球区附近，在罚球区外远射或通过运球过人突破完成射门。

四、足球运动竞赛规则

（一）比赛时间

比赛分为两个时间相等的半场，每半场为45分钟。每半场中由于替补、处理伤员延误的时间及其他原因延长的时间均应补足，时间由裁判员决定。

每半场时间终了时或全场比赛结束后，如果执行罚球点球，应延长时间至罚完为止。

上、下半场间的休息时间一般不得超过15分钟。

微课

足球比赛的基本规则

（二）比赛开始

在比赛开始前，用投币方式选定开球或场地，猜掷币得胜的一方有开球或场地选择权，比赛在裁判员发出信号后由开球队一名队员将球踢入（踢动放在比赛场地中央的球）对方半场开始。在球被踢出前，每个队员都应在本方半场内，开球队的对方队员应保持距球不小于9.15米。球被踢出后，须等球滚动一周的圆周距离才正式开始比赛。开球队员在球经其他队员触或踢及前不得再次触球。

当一方进一球后，由另一方一名队员以同样的方式重新开球继续比赛。

当下半场比赛开始时，两队应互换场地，并由上半场开球队的对方开球。

（三）比赛进行及死球

在球全部越过球门线或边线（不论在地面或空中）或比赛已被裁判员停止两种情况下，比赛成死球，其中边线及球门线均属于比赛场地。

自比赛开始至比赛终了，比赛均应在进行中，包括以下情况：球从球门柱、横木或角旗杆弹回场内，球从场上的裁判员或助理裁判员身上弹落于场内，场上队员犯规而裁判员并未判罚。

（四）计胜方法

整个球体越过门柱间及横木下的球门线，而进球队在进球之前没有犯规行为，则算进球。

在比赛中，进球数较多的队为得胜队。如果两队进球数相等或均未进球，则比赛为平局。

（五）越位

凡进攻队员比球更接近对方球门线者，即处于越位位置。而该队员在本方半场内或至少有两名对方队员比该队员更接近对方的球门线的情况除外。

当队员踢或触及球的瞬间，同队队员处于越位位置时，裁判员认为该队员有下列行为时判为越位：干扰比赛或干扰对方球员行为，利用越位位置获得利益。

下列情况时不应判为越位：队员仅仅处在越位位置，队员直接接得球门球、角球或界外掷球。

队员被判罚越位，裁判员应判由对方队员在越位地点踢间接任意球。如果该队员在对方球门区内越位，那么这个任意球可以在越位时所在球门区内任何地点执行。

（六）犯规与不正当行为

1. 直接任意球

队员故意违反下列九项中的任何一项，判由对方在犯规地点踢直接任意球。

（1）踢或企图踢对方队员。

（2）绊摔或企图绊摔对方队员。

（3）跳到对方队员身上。

（4）猛烈地或带有危险性地冲撞对方队员。

（5）除对方正在阻挡外，从背后冲撞对方队员。

（6）打或企图打对方队员，或向对方吐口水。

（7）拉扯对方队员。

（8）推对方队员。

(9) 故意用手触球，如用手或臂部携带、推击球。

如果犯规地点在对方球门区内，该任意球可在球门区内任何地点执行。如果守方队员在本方罚球区内故意违反上述九项中的任何一项，应判罚球点球。

2. 间接任意球

队员违反下列五项中的任何一项，判由对方在犯规地点踢间接任意球。

(1) 裁判员认为其动作带有危险性，如企图去踢守门员已接住的球。

(2) 当球并不在有关队员控制范围之内时，队员不是为争球而用肩部做所谓合理冲撞。

(3) 队员不去踢球而故意阻挡对方，如在球与对方之间跑动或用身体阻挡对方。

(4) 冲撞守门员，但当守门员抓住球、阻挡对方队员或在本方球门区以外时除外。

(5) 在比赛中，守门员在本方罚球区内时，以手控制球后向任何方向持球、拍球或向空中抛球再接住，行走四步以上而未使球进入比赛状态。

3. 黄牌警告

队员出现下列情况时，应被警告并出示黄牌。

(1) 队员连续违反规则。

(2) 用言语或行动对裁判员的判决表示不满。

(3) 有不正当行为。

除发生更严重的犯规外，队员的行为属上述三项中的任何一项，应给予黄牌警告，并判由对方在犯规地点踢间接任意球。

4. 红牌罚令出场

裁判员认为队员出现下列情况时，应罚令其出场并出示红牌。

(1) 犯有暴力行为。

(2) 严重犯规。

(3) 用污言秽语或进行辱骂。

(4) 经黄牌警告后，因犯规被给予第二次黄牌警告。

因罚令队员出场使比赛暂停，如果该队员并未违反其他规则，应判由对方在犯规地点踢间接任意球。

情境感悟

情景：2022年卡塔尔世界杯足球赛，有许多激动人心、感人肺腑的瞬间，而最令人感动的是这样的一幕：足球场上，比赛进行得异常激烈，33号球员与38号球员为争夺一球，两人重重地撞到了一起，38号球员由于争抢头球高高跃起，却不慎头朝下，在这千钧一发之际，33号球员用尽全力托起了对手，惊魂过后，两人紧紧相拥。如果33号球员松手的话，对方将被重重地摔出去，那么38号球员肯定头部猛烈着地，其后果不堪设想！这救命的一托，避免了悲剧的发生，还对手生命的奇迹，也挽救一个家庭的悲痛。这一幕，确实令人感动得泪目。救命一托，体现了人性向善的一面和友谊第一、比赛第二的体育竞技精神。足球不只有竞争，还有温度！

思想感悟：卡塔尔世界杯足球赛赛事既残酷又总能涌现出温情，你还知道哪些感人瞬间？

第二节 篮球

篮球运动是一项由两队参与的、同场对抗的集体运动项目。它是运用多种技战术手段力求将球投进对方篮筐，并极力阻止对方投篮，而展开激烈的攻守对抗的体育项目。

一、篮球运动的产生与发展

现代篮球运动起源于美国，篮球运动于1896年前后传入我国，随着篮球运动的不断推广与普及，篮球运动在国内已得到蓬勃发展。

现代篮球运动不仅是一项体育运动比赛，还是一种社会文化现象、一种综合艺术、一项高度运转的竞技活动，在人类社会的文明进步、文化发展过程中不断发展和完善，成为一项大众喜闻乐见的，集健身、娱乐、教育等功能于一体的体育活动，同时以其自身独特的魅力、顽强的战斗力和蓬勃发展的生命力展示着人类的拼搏进取精神与聪颖睿智的和谐统一。

目前，国际上的重大篮球竞赛活动主要有奥运会篮球赛、世界篮球锦标赛、各大洲篮球赛、世界大学生和中学生运动会篮球赛、世界俱乐部篮球锦标赛。

二、篮球运动的基本技术

根据技术动作的攻防属性、技术动作在比赛中的作用及技术动作的结构相似性，可将篮球运动的基本技术分为进攻技术和防守技术两类。其中，进攻技术主要有移动、传接球、运球、投篮、抢篮板球、持球突破等；防守技术有防守基本动作、移动、抢球、打球、断球、封盖、抢篮板球等。下面主要介绍经常用到的动作技术要领。

(一) 移动

移动是篮球运动的基础，为将球投入对方篮筐并阻止对方投中本方篮筐，队员必须不停地在球场上进行徒手和持球两种状态的移动。下面主要介绍篮球运动中的移动步法。

1. 起动

起动是队员在球场上由静止状态变为运动状态的一种起始动作，在进攻中突然快速起动是摆脱防守的有效手段，可以保持或抢占有利位置。

动作要领：从基本站立姿势开始，起动时用异侧脚掌短促有力地蹬地，同时上体迅速前倾或侧转，向跑动方向移动身体重心，手臂协调摆动，两脚连续交替蹬地，利用蹬地的反作用力在最短的距离内充分提高速度。

2. 跑

篮球中的跑不仅要求速度快，还要求经常变换速度和方向，做出急停、转身、起跳及在跑中有效控球等动作。

动作要领：篮球比赛中的跑要求两膝自然弯曲，身体重心略降低，用前脚掌或全脚掌着地，上体微向前倾，两臂自然摆动，眼睛注意观察场上情况，随时准备接球。比赛中常用到变速跑、变向跑、侧身跑和后退跑等形式。

（1）变速跑。加速时，脚突然蹬地，且短促有力，上体前倾；减速时，上体直立，步幅放大并缓冲抵地。

（2）变向跑。同时脚下内侧蹬地、屈膝、脚尖稍向内扣、转移身体重心，左（右）脚迈步，上体前倾，同侧方向的脚迅速跨出，蹬地脚及时跟上。

（3）侧身跑。上体侧身转肩，脚尖向前，看球跑动。

（4）后退跑。用两脚的前脚掌交替蹬地，小腿积极后收向后跑动，同时提踵，两臂屈肘相应摆动，保持身体平衡，并抬头注意场上情况。慢跑时稍向后倾，随着速度的加快而加大后倾角度。

3. 转身

转身是队员以一只脚做中枢脚，另一只脚进行旋转来改变身体方向的动作方法，包括前转身和后转身。

（1）前转身。前转身是移动脚向中枢脚前方跨出以改变身体位置与方向。

（2）后转身。后转身是移动脚向中枢脚后方撤步以改变身体位置与方向。

4. 滑步

滑步属于防守的基本步法，可分为侧滑步、前滑步和后滑步三种。

（1）侧滑步。两脚平行站立，向左侧滑步时，在左脚向左（移动方向）迈出的同时，右脚蹬地滑动，跟随左脚移动，并保持屈膝降低身体重心的姿势，上体微向前倾，两臂张开，抬头注视对手。注意两脚不要前后交叉，身体重心要保持在两脚之间。

（2）前滑步。由前后站立姿势开始，向前滑步时，前脚向前迈出一步，在着地的同时，后脚紧随着向前滑动，保持开立姿势，注意屈膝以降低身体重心。

（3）后滑步。后滑步动作方法与侧滑步相同，只是向后滑动。在滑步练习时，应谨记脚的蹬跨要协同有力，滑动时身体要平稳，两臂尽量伸展。

5. 跨步

跨步是以一只脚为中枢脚，另一只脚向前或侧方跨出，以衔接其他动作的一种动作方法，分为前跨步和后撤步。

（1）前跨步。利用后脚蹬地，前脚迅速向前跨出，以逼近对手。

（2）后撤步。中枢脚前脚掌内侧蹬地，另一只脚后撤，同时用后撤脚的前脚掌扒地。后撤脚着地后紧接滑步，保持身体平衡与防守姿势。

6. 急停

急停是队员在跑动中突然制动的一种动作方法，也是各种脚步动作衔接和变化的过渡动作。急停包括跨步急停和跳步急停。

（1）跨步急停。在快速跑动中采用急停时，先向前跨出一大步，用全脚掌撑紧地面，迅速屈膝，同时身体稍后倾，转移身体重心，减缓向前的冲力，然后连贯地跨出第二步。脚着地时，脚尖稍向内转，用前脚掌内侧蹬地，两膝弯曲，身体侧转，微向前倾，身体重心落在两脚之间，两臂自然张开，协助维持身体平衡。

（2）跳步急停。在跑动中，单脚或双脚起跳，上体稍后仰，两臂自然摆动，两脚同时平行落地。落地时用全脚掌着地，两膝弯曲，两臂屈肘微张，保持身体平衡。

7. 移动动作技术的专门性练习

（1）跑类动作的练习。听信号指令后循环练习起动—急停—后退跑—变向跑—变速跑。

（2）转身类动作的练习。听信号指令后做转身—侧滑步—后转身—侧滑步的反复练习。

（3）滑步类动作的练习。左脚提踵，身体重心落在前脚掌上，在左脚压脚跟后右脚伸直向后滑行一足之距，接着脚尖离地后，屈腿向前移行至原位，右脚提踵，同时右脚压脚跟，接着完成右脚为支撑脚、左脚向后滑行的动作 。两脚交替进行原地滑步。

练习提示：原地滑步结合单臂、双臂向前波浪和上下波浪等进行练习。平时应该加强徒步或负重提踵训练，以提高踝关节及脚趾的力量。

（4）跨步类动作的练习。一只脚用力蹬地，另一只脚向来球方向跨出一大步，同时膝部弯曲，上体前倾，身体重心下降，并移到跨出的腿上。来球比较低，距离身体一米左右时采用跨步。

（5）急停类动作的练习。反复做起动—急停练习。

（二）传接球

传球技术是进攻队员间有目的地转移球的方法；接球技术则是获得球的动作，亦是抢篮板球和抢断球的基础。

1. 传球

传球动作有双手传球和单手传球两种。双手传球能控制球的稳定性和准确性；单手传球时球飞行速度快，动作简洁灵活。这里介绍常用的双手胸前传球、双手头上传球和单手肩上传球。

（1）双手胸前传球。两手五指自然分开，拇指相对成八字形，用指根以上部位握球的侧后方，掌心空出，两肘自然弯曲于体侧，将球置于胸前。肩、臂、腕肌肉放松，两眼注视传球目标。传球时后脚蹬地，身体重心前移，同时两臂前伸，手腕由下向上翻转，拇指用力下压，食指、中指用力弹拨，将球传出。出球后，手心和拇指向下，其余手指向前，如图6-2-1所示。

图6-2-1　双手胸前传球动作示意

（2）双手头上传球。持球方法同双手胸前传球，双手举球于头顶，两肘弯曲。近距离传球时，前臂内旋，手腕弯曲，拇指、食指和中指用力拨球，将球传出；远距离传球时，脚蹬地，腰腹用力，前臂迅速前摆，手腕弯曲，手指用力拨球，将球传出，如图6-2-2所示。

图6-2-2 双手头上传球动作示意

（3）单手肩上传球。以右手持球为例，两脚平行开立，右手传球时，右脚向传球方向跨出半步，同时双手将球引至右肩侧上方，右手上臂与地面平行，前臂与地面垂直，手腕后屈，右手持球的后下方，身体重心落在右脚尖上。出球时，在右脚蹬地的同时转体带动上臂，前臂迅速前甩，手腕前扣，最后通过食指、中指、无名指的弹拨下压动作将球传出，如图6-2-3所示。

图6-2-3 单手肩上传球动作示意

2. 接球

接球是篮球运动中转移、获得球的重要技术，可通过接同伴传球、抢篮板球和抢断球来获得，有双手接球和单手接球两种方法。

（1）双手接球。接球时，双眼注视来球，两臂伸出迎球，手指自然分开，拇指相对呈八字形，手指向前上方，两手呈一个半圆形；当手指触球后，两臂顺势屈肘随球后引，缓冲来球惯性，两手握球于胸腹间，成基本站立姿势。当来球高度不同时，双手前伸接球高度随之做相应变化。

（2）单手接球。以右手接球为例，右手接球时，右脚向来球方向迈出，双眼注视来球；接球时手掌成勺形，手指自然分开，右臂向来球方向伸出；当手指触球后，手臂顺势将球向后引，左手立即握住球，双手将球握于胸腹间，成基本站立姿势。

3. 传接球动作技术专门性练习

（1）原地两人传接球练习。两人面对面站立，相距3～7米，做各种传接球练习。

（2）行进间传接球练习。5人或多人以“8”字移动方式进行传接球练习。

（3）攻防情况下传接球练习。可在场地上设置一定的攻防格局，如2对2传接球练习。

（三）运球

运球是篮球比赛中的持球队员携带球在原地或行进中，单手连续拍打由地面反弹起的球，并在场上移动的动作方法。

运球有高运球、低运球、转身运球、体前变向运球、胯下运球等。交替运用不同运球动作组合，可使运球更具突破性、攻击性和实效性。

1. 高运球

运球时抬头目视前方，上体稍前倾，两腿微屈。以肘关节为轴，用手拍打球的后侧上方，将球的落点控制在身体侧前方，球反弹高度在胸腰之间，如图6–2–4所示。

图6–2–4　高运球动作示意

2. 低运球

运球时抬头目视前方，两腿迅速弯曲，降低身体重心，上体前倾，在靠近防守队员的一侧用身体和腿保护球。同时，用手短促地按拍球，控制球从地面反弹的高度在膝部以下，以便摆脱防守队员继续前进，如图6–2–5所示。

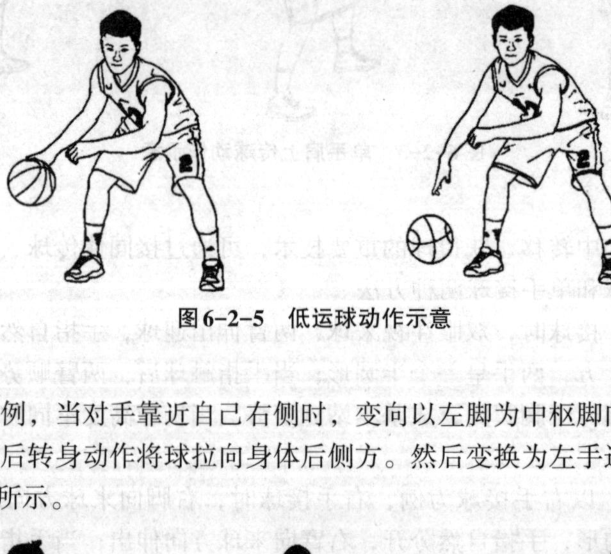

图6–2–5　低运球动作示意

3. 转身运球

以右手运球为例，当对手靠近自己右侧时，变向以左脚为中枢脚向后转身，右手按住球的前上方，随着后转身动作将球拉向身体后侧方。然后变换为左手运球，从对手的右侧突破，如图6–2–6所示。

图6–2–6　转身运球动作示意

4. 体前变向运球

从对手右手侧突破时，先向对手左手侧运球，当对手向左手侧移动时，突然向其右手侧方变向。变向时，右手拍打球的右后上方，将球从自己身体右侧拍向左侧前方，同时右脚向左前方跨出，上体向左转，用肩挡住对手，然后换左手拍球的后上方，左脚跨出，从对手右侧突破，如图6-2-7所示。

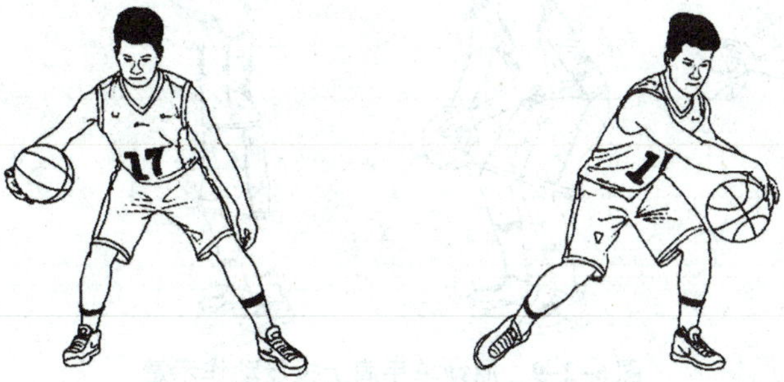

图6-2-7 体前变向运球动作示意

5. 胯下运球

以右手运球为例，变向时左脚在前，右手拍打球的右侧上方，使球从两腿间穿过，右脚向左前方跨出，换左手运球继续前进，如图6-2-8所示。

图6-2-8 胯下运球动作示意

6. 运球动作技术专门性练习

（1）快速运球折返跑练习。右手快速运球到罚球线，转身运球回到端线，再继续运球到罚球线，循环进行运球练习。

（2）急停急起运球练习。听到信号指令后，快速起动向前运球，听到哨声后，运球急停，原地运球；再次听到哨声后，再次起动向前运球，循环进行运球—急停练习。

（3）全场“8”字绕环运球投篮练习。持球绕“8”字运球，到达底线篮筐时投篮，折回对侧方向继续运球—投篮动作，循环进行练习。

（四）投篮

投篮是将球投进篮筐而采用的各种专门性的投篮方法的总称，是篮球比赛中唯一的得分手段，也是所有进攻技战术的最终目的和攻守矛盾的焦点。投篮的方法可分为单手和双手，胸前、肩上和头上，原地、行进间和跳起投篮。

1. 原地单手肩上投篮

以右手持球为例，右脚在前，左脚稍后，两膝微屈，身体重心落在两脚掌上。右手五指自然分开，翻腕持球的后稍下部位，左手扶球的侧下方，将球举到头部右侧上方，上臂与肩关节平行，与前臂弯曲约成90°，肘关节内收。投篮时下肢蹬腿发力，身体随之向前上方伸展，抬肘向篮筐方向伸臂，手腕前屈，手指拨球，从食指、中指端线将球投出，如图6-2-9所示。

图6-2-9 原地单手肩上投篮动作示意

2. 原地双手胸前投篮

将球置于胸前，两脚前后或左右开立，两膝微屈，身体重心落在两脚掌上。投篮时两脚蹬地，腰腹伸展，两臂向前上方伸出，两手腕同时外翻，拇指稍用力压球，使球通过拇指、食指、中指指端投出。

3. 跳起单手投篮

以右手持球为例，双手持球于胸腹间，两脚左右或前后开立，两膝微屈，身体重心落在两脚间，上体放松；起跳时两膝适当弯曲，脚掌蹬地发力，提腹伸腰，向上迅速摆臂举球并起跳，球高度为在肩上或头上，持球方法同原地单手肩上投篮；当身体升至最高点或接近最高点时，用突出性力量屈腕、压指，将球投出，在球离手后身体自然落地，屈膝缓冲，如图6-2-10所示。

图6-2-10 跳起单手投篮动作示意

4. 行进间单手投篮

行进间单手投篮又称“三步上篮”，是比赛中常采用的投篮方法之一，它可分为行进间单手肩上投篮和行进间单手低手投篮。

(1) 行进间单手肩上投篮。以右手持球为例，右脚向前跨出时接球，迅速上左脚起跳，右腿屈膝上抬，同时举球至头右侧，腾空后上体稍后仰，当身体跳到最高点时，伸直右手臂，用手腕前屈和手指力量将球投出。即一要跨大步接球牢，二要跨小步用力跳，三要翻腕托球举球高，四要指腕柔和用力巧，如图6-2-11所示。

图6-2-11　行进间单手肩上投篮动作示意

（2）行进间单手低手投篮。以右手持球为例，跑动步法与行进间单手肩上投篮基本相同，只是在接球后的第二步要继续加快速度，向前上方起跳，腾空时间要短。投篮时，五指自然分开，托球的下部，手心朝上，手臂向上伸展；接近篮筐时，用手指上挑的动作使球向前旋转投向篮筐。注意：第二步用力蹬地向前方起跳，在球出手前要保持单手低手托球稳定性，用指腕上挑的力量使球向前旋转投出。如图6-2-12所示。

图6-2-12　行进间单手低手投篮动作示意

5. 投篮动作技术专门性练习

（1）原地投篮练习。站在罚球线处进行投篮练习。

（2）半场运球上篮练习。从半场进行慢速运球上篮练习。

（五）持球突破

持球突破是运用脚步动作结合运球，快速超过对手的技术方法。

1. 交叉步突破

以右脚为中枢脚为例，突破前两脚左右开立，两膝微屈，身体重心在两脚之间，持球于胸腹前。突破时，用左脚前脚掌内侧用力蹬地，上体稍右转，左肩下压，将身体重心向右前方移动。接着左脚向右侧前方跨出，将球引至身体右侧并用右手运球，右脚用力蹬地加速运球。

2. 同侧步突破

以左脚为中枢脚为例，突破前两脚开立，两膝微屈，身体重心在两脚间，持球于胸腹前。突破时，右脚向右前方跨出一大步，同时转体探肩，身体重心前移，右手运球于右脚侧前方，左脚迅速蹬地并向右前方跨出，加速运球超越对手。

3. 持球突破动作技术专门性练习

（1）原地蹬地、转体、探肩、迈步的徒手练习。根据信号指令做交叉步或同侧步的蹬、转、探、迈的徒手动作练习。

（2）持球突破练习。一人一球，持球于身体右侧，做持球突破练习。

（3）半场2对2、3对3或5对5攻守练习。半场以2攻2守、3攻3守或5攻5守阵形，采取突破上篮和突破分球的组合技术进攻练习。

三、篮球运动的基本战术

篮球战术是队员间相互协调配合，有效运用技术的组织形式。其目的是充分发挥自身优势，掌握比赛主动权，制约对方，争取获得比赛胜利。赛场中包括人球移动路线、技术动作的选择配合、配合的连贯紧密性等，都需要队员之间有意识、有组织、有步骤地采取攻与守的行动方案。篮球运动基本战术分为进攻和防守两部分，这里主要介绍进攻型的战术。

（一）战术基本配合

战术基本配合是两三人间有目的、有组织的协同作战配合方法。进攻的战术基本配合有传切、突分、掩护和策应四种配合形式，基本信息与要求见表6-2-1。

表6-2-1　篮球战术基本配合形式及要求

战术基本配合形式	基本信息	要求
传切配合	持球者利用传球和切入技术超越防守，并接应同伴回传球进行投篮的一种配合方法	切入队员要根据情况掌握切入时机，利用假动作与速度结合，快速摆脱防守，攻入篮下；而传球队员要利用突破、运球、假动作等吸引、牵制对手
突分配合	进攻队员在运用运球技术突破对手后，遇对手其他队员补防时，主动传球给同伴的配合方法	队员突破时动作要快速、有力，保护好球，突破时随时观察场上攻守队员行动变化；其他进攻队员需把握时机，迅速抢占有利位置接球进攻突破
掩护配合	进攻队员间合理运用身体挡住防守同伴的对手的移动路线，使同伴借以摆脱防守的一种配合方法	掩护时需注意同伴间配合的时机和角度，尽可能扩大掩护面；被掩护者积极运用假动作吸引对手，在同伴到达掩护位置时积极、快速地摆脱对手
策应配合	进攻队员背对或侧对篮筐接球后，以自身为中心点，与同伴空切配合或造成各种进攻机会而形成的一种里应外合的配合方法	策应队员需积极抢占有利位置，接球时注意保护好来球；接球后随时观察场上战况，判断好主攻和助攻时机，采用转身、跨步、假动作及时调整策应方位，协助同伴摆脱防守。配合队员根据策应者位置及时传球、绕接球

篮球运动战术基本配合练习方法：三人一组，按照不同战术配合的要求，先进行无球练习，熟悉并掌握正确的跑动路线、动作方法和切入突破时机等，在熟练后进行有球训练。有球训练时，先持球练习每个动作要领，熟练后进行完整训练。

（二）快攻

快攻是由防守转入进攻时，以最快速度、最短时间在对方立足未稳之际果断而合理地进行攻击的一种快速决战的进攻战术。快攻组织形式一般分为长传快攻、短传快攻和运球突破快攻三种。

1. 长传快攻

长传快攻是队员在后场获球后，立即把球传给迅速摆脱对手的前场快攻队员的一种偷袭快攻配合战术。长传快攻由一两个进攻队员利用自己奔跑的速度和同伴长传球的速度超越防守完成。

2. 短传快攻

短传快攻是队员在防守中获球后，立即以快速的短距离传球方式迫近对方篮下进行攻篮的配合战术。此快攻灵活、机动、多变，参与人较多，常与运球突破结合运用。

3. 运球突破快攻

运球突破快攻是指防守队员获球后，在对手回防不及时的情况下快速运球推进，创造个人得分机会或寻找配合机会，以提高快攻的速度和威力。

4. 快攻战术练习方法

（1）在假设防守情况下，掌握快攻配合。可运用标志物或假设对方，按照快攻配合的方法有序进行练习。

（2）在消极防守情况下，掌握快攻配合时机。随时注意观察同伴和对方的行动，根据攻守制约情况及时、准确地采取配合行动。

（3）在积极攻守情况下，提高运用快攻战术配合的能力。攻守队员相互积极制约，通过反复练习熟练运用攻守配合方法，以提高快攻配合能力。

（三）进攻半场人盯人防守

进攻半场人盯人防守是由传切、突分、掩护和策应等基础配合组成的全队战术打法。采用此作战策略时，须合理组织进攻队形，迅速定位，利用基本配合制造机会，且注意内外线结合，扩大攻击面和攻击点，加强攻击性，利用恰当时机拼抢篮板球，做到攻守平衡。

常采用单中锋（2–3、2–2–1、2–1–2）、双中锋（1–2–2、1–3–1、1–4）和无固定中锋（1–2–2）、内外线“8”字掩护进攻法、综合进攻法等作战方法。

（四）进攻全场紧逼人盯人防守

进攻全场紧逼人盯人防守是进攻队在防守队员运用全场紧逼人盯人防守时有针对性地采用的进攻方法。进攻全场紧逼人盯人防守分前场、中场和后场进攻方法，主要采用运球突破、传切、策应、掩护等战术配合进攻。

（五）进攻区域联防

区域联防是由攻转守时，防守队员退回后场，每名队员负责一定区域，严密防守进入自己防区的球和进攻队员，并与同伴密切协同防守，积极移动补位，用一定的队形有机联系每一个防守区域，形成一种集体联合防守的战术。进攻区域联防是针对区域联防的队形变换所采用的进攻战术。进攻区域联防时，需利用快速传接球、积极穿插移动的战术来打乱对方的防守，充分运用传切、策应、掩护、突分等配合方法，内外结合，以最快速度积极快攻。

常用的进攻区域联防阵形有1-3-1、2-1-2、1-2-2、2-2-1等。

技术是战术的基础，任何战术意图和先进的战术配合都以队员掌握动作技术的质量为先导，没技术就谈不上战术。因此，全面熟练、扎实稳定、先进灵活的技术水平成为引领战术配合发展的先决条件，而战术的不断演变和完善也在无形中影响技术的发展与提高，两者之间形成了互相影响、互相联系、互相促进和共同发展的二维辩证关系。

情境感悟

情景：在对抗异常激烈的NBA赛场上，球员容易受伤的部位是脚踝，受伤形式一般是崴脚。球员在运动中踩在别人脚上，一旦别人抽脚，自己就会崴脚，这时很容易伤到韧带甚至会骨折，这都是常见的篮球伤病，严重的是跟腱断裂。跟腱断裂几乎是一种极端的伤病，即便运动员可以从这类伤病中恢复，也基本上不可能回到之前的巅峰状态。

思想感悟：常见的篮球伤病有哪些？我们在打篮球时应该注意哪些方面的安全防护？

四、篮球运动竞赛规则

篮球运动竞赛规则是为充分保证各种篮球竞赛能在要求的时间和地点内有计划、有组织地完成而制定的规则、章程。根据国际篮球联合会2008年通过的篮球规则，下面简要介绍篮球运动基本的竞赛规程。

1. 赛时及比分裁定

比赛由4节组成，每节比赛时间为10分钟。在第1节与第2节（前半场）之间，第3节与第4节（后半场）之间及每个决胜期之前有2分钟比赛休息期。而半场比赛休息期应为15分钟。在预定比赛开始之前，应有20分钟比赛休息期。

微课
篮球运动比赛规则

如果在第4节比赛时间结束时比分相等，为打破平局，需要一个或多个5分钟的决胜期（加时节）继续比赛。如果在结束比赛时间的比赛计时钟信号响时或恰好之前发生了犯规，在比赛时间结束之前应执行最后的罚球。如果作为此罚球的结果需要一个决胜期，那么在比赛时间结束后发生的所有犯规被视为在比赛休息期间发生，在决胜期开始之前应执行罚球。

2. 得分

在比赛中，球只能用手打，并且球可向任何方向传、投、拍、滚或运，但受篮球得分规则的限制，队员不能带球跑，故意踢或用腿的任何部分阻挡或用拳击球是违例。

当活球从上方进入球篮并停留在球篮内或穿过球篮是球中篮。

球已进入球篮，对投篮的队按此规则计得分：一次罚球中篮计1分；从2分投篮区域中篮计2分；从3分投篮区域中篮计3分；在最后一次或仅有一次的罚球中，在球已触及篮圈，球进入球篮之前被一名进攻队员或防守队员合法触及，中篮计2分。

如果队员意外地将球投入该队的本方球篮，中篮计2分，记入对方球队得分。如果队员故意将球投入该队的本方球篮，是违例，中篮不计得分。如果队员使整个球从下方穿过球篮，是违例。

3. 暂停

教练员或助理教练员请求中断比赛时是暂停。

每次暂停持续时间为1分钟。一次暂停可在一次暂停机会期间被准予。在第一半时的任何时间，每队可准予2次暂停；在第二半时的任何时间每队可准予3次暂停，以及在每个决胜期的任何时间每队可准予1次暂停。未用过的暂停不得遗留给下一个半时或决胜期。在第4节的最后2分钟或每个决胜期的最后2分钟内，在一次成功的投篮后比赛计时钟停止时，不允许得分队暂停，除非裁判员已停止了比赛。

4. 替换

替换是指替补队员请求中断比赛。

在替换机会期间可替换队员。当球成死球且比赛计时钟停止，以及裁判员报告犯规或违例已结束了和记录台联系时，或者在第4节最后2分钟或每个决胜期的最后2分钟内，投篮得分时，对于非得分队是一次替换机会。

5. 违例

违例指违反规则。违例时将球判给对方队员和在最靠近发生违例的地点掷球入界，正好在篮板后面的地点除外，除非规则另有规定。发生违例的队失去球权，由对方在最靠近违例的地点掷界外球，直接位于篮板后面的地方除外；如果球进入球篮但投中无效，随之而来的掷界外球应在罚球线延长线界外进行。

篮球比赛中常见的违例有球出界违例、两次运球违例、带球走违例、3秒违例、8秒违例、24秒违例和球回后场违例等。

6. 犯规

犯规是指球员违反比赛规则，含有与对方队员的非法身体接触和违反体育道德的举止。篮球比赛中常见的犯规有撞人、阻挡、拉人、推人等侵人犯规。

技术犯规是包含行为性质的队员非接触犯规，如队员没有礼貌地触犯裁判员、技术代表、记录台人员、球队席人员，或使用很可能冒犯或煽动观众的语言和举止等。

队员犯规和全队犯规主要包括下面两种情形。

（1）一名队员已发生侵人犯规或技术犯规累计达到5次，主裁判员应通知本人，并要求其立即离开比赛。犯规队员必须在30秒内被替换。

（2）在一节比赛中某队已发生了4次全队犯规时，该队处于全队犯规处罚状态。当某队处于全队犯规处罚状态时，所有随后发生的对未做投篮动作队员的侵人犯规应被判2次罚球，代替掷球入界。如果控制活球的队员或拥有球权队的队员发生了侵人犯规，应判对方队员掷球入界。

第三节 排球

排球运动是由两支相等人数构成的球队，在被球网（男子网高2.43米，女子网高2.24米）隔开的两个均等的场地内（长18米，宽9米）进行集体性攻防对抗的体育项目。随着现代排球运动内涵和外延不断拓展，排球比赛的技术性与观赏性不断提高，排球赛事不断向社会化、职业化和商业化的方向发展。

一、排球运动的产生与发展

排球运动1895年起源于美国，是威廉姆·G·摩根受到网球运动和篮球运动的启示而发明的，目的是寻求一种较为缓和且运动量适当、充满乐趣、男女老少皆宜的室内娱乐性运动项目。排球运动被命名为“volleyball”，即“空中截击”之意。排球运动自创立后，先后传入加拿大、英国、法国等国，发展非常迅速，且不断繁衍分化，形成不同的风格。21世纪，世界排球运动不断创新发展，并向着快速度、高空优势、高超技巧、技术全面、激烈对抗的方向发展。而高、智、快、准、全、变、巧，积极主动拼搏，攻守兼备全面，高度和速度齐备，个体与群体统一，智力、意志与技战术的统一是其发展的主要趋势和特点。

1905年，排球运动传入我国沿海城市，我国自20世纪50年代初开始学习、推广排球运动；1954年，我国加入国际排球联合会，技战术水平得到迅猛发展，不断向着全面、快速、高深、立体的方向发展。

世界排球公认的三大赛事有世界排球锦标赛、奥运会排球赛和世界杯排球赛。这三大比赛对排球运动的开展和普及推广都起到了良好的宣传、导引作用。此外，对排球事业发展影响较大的赛事还有世界青年排球锦标赛、世界男排联赛、世界女排大奖赛、国际排联四强对抗赛、国际排联世界冠军杯赛及世界沙滩排球赛等。

二、排球运动的基本技术

排球技术是在比赛规则允许的条件下采用各种合理的击球动作和配合动作的总称。合理的排球动作技术符合人体解剖学、运动生物学等原理及个人运动特点，使运动员能够协调、轻松完成，从而充分发挥个人的体能、潜能及专长，运用赛场时空上的立体变化格局创造出多彩变幻的排球比赛。

（一）准备姿势与移动

准备姿势是排球技术的基础，便于迅速完成移动、及时起跳、倒地等各种动作。

准备姿势的基本动作要领：两脚左右开立略比肩宽，膝稍屈，上体稍前倾，两臂自然弯曲于腰腹或胸前，整个身体处于较灵活的平稳状态，随时准备起动。准备姿势根据身体重心的高低可分为稍蹲、半蹲和低蹲三种。稍蹲准备姿势是不需快速反应、起动的姿势，如扣球助跑前准备姿势；半蹲准备姿势主要为防守较低来球做准备；低蹲准备姿势用于后场防守和前场保护等。

移动的目的是接近球，从而调整人与球之间的距离以便迅速击球，同时迅速占据场上有利位置。在一传、防守、拦网等动作技术中，移动是否及时到位往往成为影响动作质量的关键。

移动的基本技术包括以下几种。

1. 滑步

滑步用于接距离较短、弧线较高的来球。以向左滑步为例，左脚先向左迈出一步，右脚迅速跟上，保持好准备姿势。

2. 并步

当来球距身体一步左右时采用并步。与移动方向同侧的脚先向移动方向跨出一步，当跨出脚落地时，另一只脚迅速并上成击球前的准备姿势。

3. 交叉步

来球在体侧或体前且距离较近时用交叉步。若向右交叉移动，上体应稍向右转，右脚自然先向右移动一小步，脚尖指向右前方。左脚从右脚前向右交叉迈出一步，右脚再向右跨出一步，落在左脚的右侧，同时身体转动对准来球方向，保持击球前的准备姿势。

4. 跨步

来球较低时用跨步接球。移动时，一只脚用力蹬地，另一只脚向来球方向跨出一大步，屈膝，上体前倾，臀部下降，将身体重心移至跨出腿上，这是防守时的主要技术动作。

5. 跑步

来球远时可采用跑步迅速抢占来球位置。在跑步移动的同时做好接球准备，到达接球位置时通过制动站稳后做击球动作。

6. 制动

制动是由移动转为停止状态的过程，是移动的结束。

7. 准备姿势与移动动作技术的专门性练习

（1）听口令，采用规定步法做反应练习。

（2）二人轮换做抛球—接球练习。一人持球向不同方向抛球，另一人采用各种基本步法接球，熟练后可轮换练习。

（二）发球

发球是排球比赛的开始，是先发制人的进攻性技术。其攻击性强，变化大，准确率高。

1. 正面上手发球

以右手发球为例，面对球网两脚自然开立，左手托球于胸前，右手扶球，左手或双手将球平稳地向右肩前上方抛起，在抛球的同时右臂抬起，屈肘后振，肘弯曲与肩平，五指自然张开，上体稍向右转动，抬头挺胸，展腹，将身体重心移至右脚上；击球时，利用蹬地转体和迅速收胸、收腹的动作使手臂迅速、猛烈地向上方挥动，身体重心随之移至左脚，右手手臂伸至右肩上方，以全掌击球的后中下部，手触球时手腕向前推压，使球旋转向前飞出，如图6-3-1所示。

图6-3-1 正面上手发球动作示意

2. 正面下手发球

以右手发球为例，面对球网两脚前后开立，左脚在前，右脚在后，两膝弯曲，上体前倾，左手持球于腹前，左手将球垂直抛向右肩前下方，在抛球的同时右臂伸直后摆，身体重心适当后移；以肩为轴，手臂由后经下方向前摆动，身体重心随之前移，在右肩前下方腹前高度用全掌、掌根或虎口击球的后下方，如图6-3-2所示。

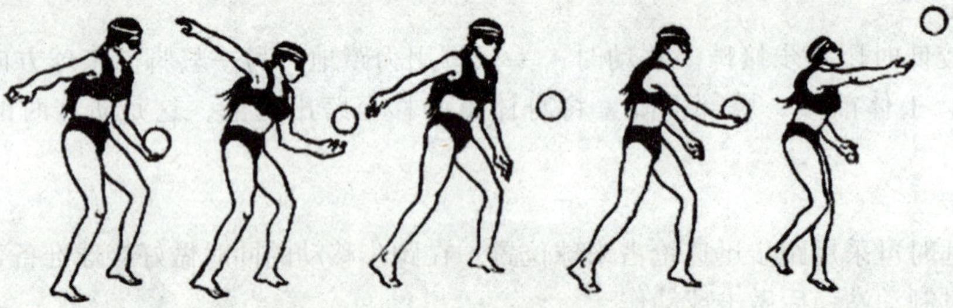

图6-3-2 正面下手发球动作示意

3. 发球动作技术的专门性练习

（1）徒手做发球模仿动作练习。

（2）打固定球练习。体会正确的击球点、挥臂等动作要领。

（3）场内隔网发球练习。

（三）垫球

垫球是将手臂插入球下，利用来球的反弹力向上击球的技术动作。

1. 正面双手垫球

垫球时的击球手型有叠指法和包拳法两种。一般将腹前约一臂距离、腕上10厘米左右两小臂桡骨内侧构成的平面作为击球面。当球飞至腹前一臂距离时，迅速移动到位，两臂夹紧前伸插至球下，腕下压，用平整且稳定的击球面迎球；然后下肢蹬地，提肩、顶肘、压腕迎击来球，身体重心应随球前移，全身协调用力将球送出，如图6-3-3所示。

图6-3-3 正面双手垫球动作示意

2. 跨步垫球

判断来球落点，及时向前或侧方跨出一步，屈膝制动，身体重心落在跨出腿上，上体前倾，臀部下降，两臂夹紧前插至球下，用前臂击球的后下部。

3. 单手垫球

当来球飞至右侧较远处时，迅速跑动接近球，右脚跨出一大步，上体向右倾斜，右臂伸直，自右向前摆动，用前臂内侧、掌根或虎口处垫球的后下部。

4. 垫球动作技术的专门性练习

（1）徒手模仿练习。先原地模仿垫球练习，再移动模仿垫球动作练习。

（2）垫击固定球练习。两人一组，一人固定不动，另一人原地或移动做垫球练习。

（3）对墙练习。

（四）传球

传球是用手指、手腕的动作完成击球，是串联各项基本技术的媒介，便于准确控制球，是组织比赛与组织进攻战术的基础。

1. 正面双手传球

判断来球点，迅速移动正对落球点。当球飞至额前时，迅速蹬地、伸膝、手臂前迎，两拇指相对，两手自然张开呈半球形。触球时，手指、手腕紧张，以拇指、食指和中指承担来球的惯性，于额前击球的后下方，将球传出，如图6-3-4所示。

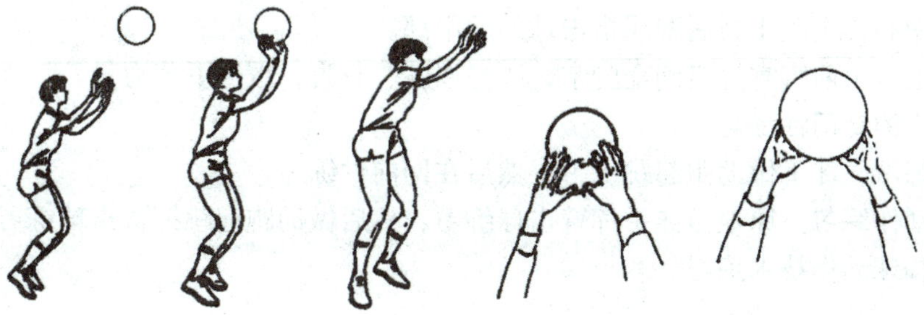

图6-3-4 正面双手传球动作示意

微课
正面双手传球

2. 跳传

双臂向上摆动帮助起跳后顺势举在额前，身体在空中保持平衡，跳至最高点时迅速伸臂，利用手指和手腕的力量将球传出。

3. 传球动作技术的专门性练习

（1）徒手模仿传球动作练习。徒手做好准备姿势、蹬地、伸臂，模仿传球动作。

（2）自抛自传练习。自己将球抛起后将球传出。

（3）两人一抛一传轮换练习。一人抛球，另一人传球，轮换练习。

（五）扣球

扣球是一种跳起将高于球网的球有力地击入对方场地的击球方法。扣球是排球比赛中积极有效的进攻方式，也是完成进攻战术的关键环节。完整的扣球技术包括准备姿势、助跑、起跳、空中击球和落地五个环节。

1. 正面扣球的步骤

以右手扣球为例，如图6-3-5所示。

图 6-3-5　正面扣球动作示意

（1）准备姿势。助跑前采用稍蹲姿势，两臂自然下垂，判断来球方向，为助跑和起跳做准备。

（2）助跑。左脚向前跨出一步，右脚迅速跨出一大步，左脚及时并上，踏在右脚前，脚尖稍向右转。

（3）起跳。在助跑跨出最后一步的同时，两臂绕体侧向后引，在左脚踏地制动过程中，随着双腿蹬地向上起跳，两臂积极向前摆动。

（4）空中击球。起跳后挺胸收腹，上体稍右转，右臂向右上方抬起，身体呈反弓形，依次带动肩、肘、腕各关节鞭打向前上方挥出。击球时，五指微张保持紧张，全手掌包满球，以掌心为击球中心，主动用力屈腕屈指击球的后中部。

（5）落地。落地时由前脚掌过渡到全脚掌，顺势屈膝、收腹，缓冲下落力量。

2. 扣球动作技术的专门性练习

（1）助跑起跳练习。徒手做助跑起跳练习，然后在网前做练习。

（2）挥臂击球动作练习。原地做徒手挥臂击球练习，然后做助跑起跳挥臂击球练习。

（3）做完整的扣球动作技术练习。

（六）拦网

拦网是第一道防线，也是反攻的重要环节和得分的重要手段，具有强烈的攻击色彩。拦网技术包括准备姿势、移动、起跳、空中动作和落地几个环节。

1. 单人拦网战术

（1）准备姿势。面对球网两脚自然开立，与肩同宽，距离球网30～40厘米，两膝微屈，两臂在胸前自然屈肘。

（2）移动。移动时控制身体重心，合理运用制动技术，以免触网犯规。

（3）起跳。两脚用力蹬地，两臂在身体侧前方屈臂向上摆动，身体垂直上跳，腾空后收腹。

（4）空中动作。当身体腾空至最高点时，两臂伸直，两肩上提，手指自然张开，在手触球瞬间，手腕用力盖住球的前上方。

（5）落地。身体自然下落，屈膝以前脚掌着地缓冲下落力量，如图6-3-6所示。

微课
排球拦网技术

图6-3-6 单人拦网技术动作示意

2. 集体拦网战术

根据对方攻击，在单人拦网的基础上，前排相邻的2~3人迅速移动，起跳配合，完成空中拦网技术。

3. 拦网动作技术的专门性练习

（1）徒手原地模仿拦网技术练习。

（2）网前原地起跳拦网练习。

（3）隔网一抛一拦网练习。网前两人隔网站立，做一人抛球、一人拦网练习。

三、排球运动的基本战术

排球战术是比赛双方在比赛中根据比赛规则、排球运动规律和双方的具体情况，合理运用各项技术，有目的、有意识、有组织地进行团队配合的行动。排球战术分为个人战术和集体战术两类。下面主要介绍进攻战术。

（一）个人进攻战术

个人进攻战术是集体进攻战术的基础，包括发球、一传、二传、扣球等。

1. 发球

发球前需根据观察、分析到的现场情况，有针对性地采用不同的发球战术，灵活、准确地发球。

2. 一传

一传是组织场上进攻的基础，一传的方向、弧度、速度及落点关系到组织战术的格局。例如，实施快攻战术时，一传弧度要低平，速度要快，以提高进攻节奏。

3. 二传

二传是灵活运用场上的时空和动作、战局变化有效地组织进攻，创造有利的进攻条件。

4. 扣球

根据对方拦网和防守情况，选择合理有效的扣球方法和变换击球路线，以达到突破对方防守的目的。

（二）集体进攻战术

集体进攻战术是在接对方来球后，有组织、有目的地采取反攻配合行动。

1. 强攻

强攻是指在没有同伴掩护且对方有准备的拦网情况下强行突破进攻。

2. 快攻

快攻是指扣二传传出的各种平快球，利用这些球做掩护组成各种战术配合，常用的有前快、短平快、单脚起跳快等。

3. 两次球快攻

两次球快攻是指当一传来球较高，且处在网前适合扣球的位置时，前排队员跳起来直接进行扣球。

4. 集体进攻战术的专门性练习

（1）集体作战演练练习。先确定战术形式，再根据战术需要，不断提高符合战术要求的技术。

（2）全队战术练习。在掌握技术与配合的基础上进行全队战术配合练习。

四、排球运动竞赛规则

（一）场上位置与轮换次序

发球队员击球时，双方队员必须在本场区内按轮转次序站位。靠近球网的3名队员为前排队员，其位置为4号位（左）、3号位（中）、2号位（右），另外3名队员为后排队员，其位置为5号位（左）、6号位（中）和1号位（右）。每名后排队员的位置必须比其相应的前排队员距离中线更远，每名前排队员至少有一只脚的部分比同列后排队员的双脚距中线更近，每名右（左）边队员至少有一只脚的部分比同排中间队员的双脚距右（左）边线更近。发球击球后，队员可以在本场区和无障碍区的任何位置。

微课
排球运动比赛规则

轮换次序包括发球队员及其他队员的站位。接发球队获得发球权后，该队队员需按顺时针方向轮换一个位置。

（二）暂停与替换

在比赛过程中，教练可以提出暂停和换人的请求。在每局比赛中，每队最多有两次普通暂停机会，暂停时间为30秒，在比赛成死球、裁判员鸣哨发球前可以请求暂停。在国际性比赛第1局至第4局内，每局另外有两次技术暂停，时间为60秒，在领先队达到8分和16分时自动执行；第5局决胜局没有技术暂停，每队在该局可请求两次30秒的普通暂停。

在每局比赛中，每队最多可请求6人次换人，可同时替换1人或多人。每局开始上场阵容的队员在同一局中可换下和换上各1次，且只能回到原阵容位置上。替补队员每局只能上场比赛1次，替补开始上场阵容的队员。

（三）比赛细则

1. 比赛状态

（1）比赛开始。裁判员鸣哨允许发球，发球队员击球表示比赛开始。

（2）比赛中断。裁判员鸣哨中断比赛。

（3）界内球。球触及比赛场区的地面（包括界限）视为界内球。

（4）界外球。以下几种情况视为界外球：球的落点整体在场地界线以外，球触及场外物体、天花板或非场上比赛成员等，球触及标志杆、网绳、网柱或球网标志带以外部分，球的整体或部分从过网区以外过网，球的整体从网下穿过。

2. 比赛中击球

比赛球队必须在本场地及其空间内进行比赛，但允许队员跃出无障碍区进行救球。

（1）击球。每队最多击球3次（拦网除外），将球从球网上回击给对方。1名队员不得连续击球2次。2~3名队员可同时触球，且同队的2~3名队员同时触到球时被记为2~3次击球（拦网除外）。2名不同队的队员在网上同时触球，比赛继续进行，获得球的一方仍可击球3次。如果球落在某方场区外，则判对方击球出界；如果双方队员同时击球造成持球，则判双方犯规，该球重新开始。

击球限制：球可接触身体的任何部位；球必须被击出，不可接住或抛出；球可向任何方向弹出；球可同时触及身体的不同部位。

下面4种情况中的任何一种均属于犯规：① 4次击球，即一个队连续触球4次。② 借助击球，即队员在比赛场地内借助同伴或任何物体的支持进行击球。③ 持球，即没有将球击出，造成将球接住或抛出。④ 连击，即同一名队员连续击球2次或球连续触及身体的不同部位。

（2）发球。发球队员必须在裁判员鸣哨后8秒内将球击出。鸣哨前发球无效，需重新发球。球被抛起或持球手撤离后，必须在球落地前，用一只手或手臂的任何部位将球击出。发球队员在击球或击球起跳时不得踏及场区或发球区以外的地面。

出现以下情况应判为发球犯规，进行换发球：发球队发球次序错误，没有遵循发球规定，球触及发球队队员，球的整体没有从过网区通过球网的垂直平面，界外球，球越过发球掩护的个人或集体。如果发球犯规与对方位置错误同时发生，判发球犯规；如果发球后犯规，而对方出现位置错误，判位置错误犯规。

（3）进攻性击球。所有直接向对方的击球都是进攻性击球（发球和拦网除外）。在进攻性击球时，吊球是被允许的，但击球必须清晰并且无接住或抛出动作。球的整体通过球网垂直平面或触及对方球员，被认为完成进攻性击球。

进攻性击球限制：前排队员可以对任何高度的球完成进攻性击球，但触球时必须在本方空间；后排队员可以在进攻线后对任何高度的球完成进攻性击球，但是起跳时脚不得踏及或越过进攻线，击球后可以落在前场区；后排队员也可以在前场区完成进攻性击球，但触球时球的一部分必须低于球网上沿；接发球队队员不能对处于前场区内高于球网上沿的对方发球完成进攻性击球。

进攻性击球犯规（下列6种情况中的任意一种均属于进攻性击球犯规）：在对方空间击球；击球出界；后排队员在前场区完成进攻性击球，并且击球时球的整体高于球网上沿；接发球队队员对处于前场区内高于球网上沿的对方发球完成进攻性击球；队员在高于球网处对同队自由防守队员在前场区用上手传的球完成进攻性击球。

（4）拦网。拦网是队员靠近球网，将手伸向高于球网处阻挡对方来球的动作。只有前排队员可以完成拦网。没有触及球的拦网行动为试图拦网；触及球的拦网行动为完成拦网；2名或3名队员彼此靠近进行拦网为集体拦网，其中一人触球则完成拦网。在一个动作中，球可以连续（迅速而连贯地）触及1名或更多名拦网队员。拦网时，队员可以将手或手臂伸过球网，但不得妨碍对方击球。过网拦网的触球必须在对方进攻性击球之后。拦网的触球不算作球队3次击球中的1次；拦网后可以由任何一名队员进行第一次击球，包括拦网时已经触球的队员。拦对方的发球被禁止。

下列几种情况中的任意一种均属于拦网犯规：对方进攻性击球前或击球的同时，在对方空间完成拦网；后排队员或自由防守队员试图拦网、完成拦网或参加集体拦网；拦对方的发球；拦网出界；从标志杆以外伸入对方空间拦网。

（5）比赛结果。① 胜1分，即某队得1分。如果发球队获胜，则得1分，继续发球；如果接发球队获胜，则获得发球权，同时得1分。② 胜1局，从第1局至第4局先得25分并同时超出对方2分的队胜1局。③ 胜1场，胜3局的队胜1场。当2∶2平局时，第5局得至15分并领先对方2分的队获胜。

第四节　乒乓球

乒乓球被誉为中国的“国球”，具有丰富的文化底蕴，有着雄厚的群众基础和物质基础。

一、乒乓球运动的产生与发展

乒乓球运动19世纪末由英国人的一种休闲方式演变而来。他们在室内以餐桌做球台，书做球网，软木或橡胶做球，羔皮纸做球拍，在台子上来回推打，并称此为“弗利姆-弗拉姆”。

据史料记载，清初我国四川、云南交界地区的苗族人民用晒干的梧桐树或柑树的果子做球，用带柄的长板做拍，用门板做球台，两边对打，称为“臭柑子”游戏。现代乒乓球运动于1904年由日本传入中国上海，并在全国推广普及开来。随着中国在第28届世界乒乓球锦标赛上取得全面胜利，国际舆论开始宣称中国为“世界头号乒乓国家”，并将乒乓球誉为中国的“国球”。几十年来，乒乓球运动深深扎根于中国人民心中，成为人们的一种精神寄托和爱国情结。20世纪70年代震惊世界的中国“乒乓外交”使小球带动大球，不仅打开了中美外交关系的那层坚冰，使中美关系出现巨大转机，还使世界战略格局发生了新的转变。

二、乒乓球运动的基本技术

（一）握拍法

握拍是打乒乓球首先需要解决的问题，对掌握技术影响很大。世界优秀运动员的技术优缺点与握拍法有密切关系。乒乓球握拍法主要有直拍和横拍两种。

1. 直握拍法

拇指的第一指节压住球拍左肩，食指第二指节压住球拍右肩，食指第一指节自然向内弯曲，虎口贴于拍柄后，中指、无名指和小拇指自然弯曲托于球拍后面。此种握拍法出手快，正手攻球快速有力，攻斜线球、直线球时拍面变化不大，对手难以判断。直握拍法动作示意，如图6-4-1所示。

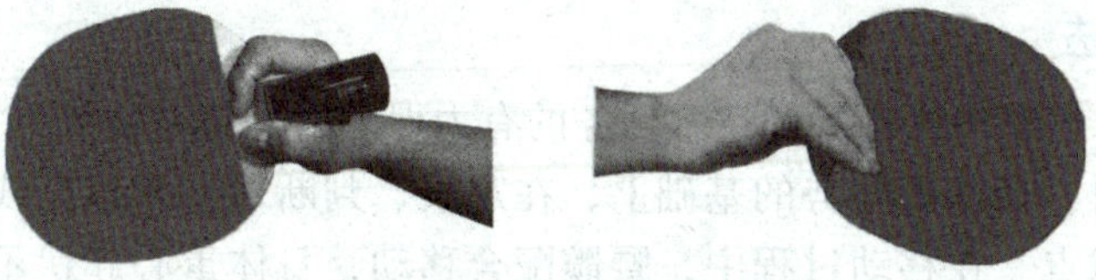

图6-4-1 直握拍法动作示意

2. 横握拍法

中指、无名指和小指自然弯曲握于拍柄，拇指放在球拍正面，食指自然伸直斜放在球拍反面，虎口轻贴于拍，注意虎口不宜过紧、过死地贴在球拍上，以免影响手腕的灵活性。横握拍法的特点是正反手攻球力量大，攻削球时握法变化小；反手攻球容易发力，便于拉弧圈；但正反手交替击球时，需变换击球拍面，攻斜线球、直线球时调节拍形的幅度大，易被对方识破。横握拍法动作示意，如图6-4-2所示。

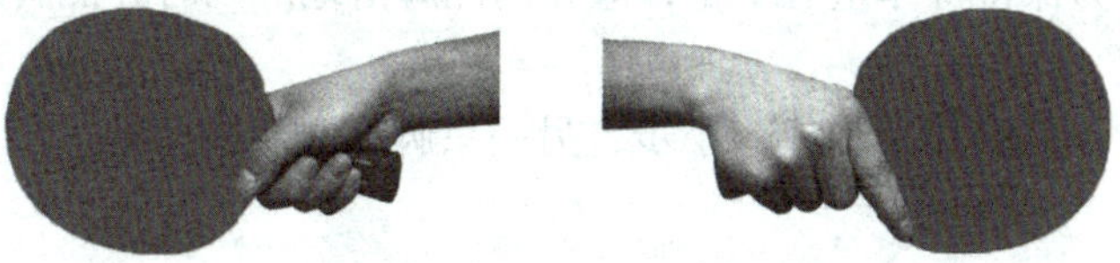

图6-4-2 横握拍法动作示意

(二) 站位与准备姿势

运动员为便于回击各种不同落点和性能的来球，在每次击球前，要根据个人的打法及身体特点使自己处于一个相对固定的有利于接、发球的位置，即基本站位。保持这个相对稳定的姿势称为准备姿势。

1. 站位

站位是一个相对灵活的大概范围空间，并非局限在某个点位，且不同类型打法的基本站位有所不同。

(1) 进攻型打法的基本站位。采取进攻型打法的选手在距离球台端线约50厘米处站位。擅长左、右推攻型选手可站得离台近些，约40厘米；擅长中近台进攻的选手站位可稍靠后些，距球台端线60 ~ 65厘米；擅长正手侧身强攻的选手可站在球台偏左侧，左脚站在左边延长线外25厘米处。

(2) 削攻型打法的基本站位。采取削攻型打法的选手在距离球台端线100 ~ 150厘米处站位，多在球台中间偏反手位置。进攻能力强的选手站位可稍近些，以防守为主的选手站位可稍远些。

2. 准备姿势

准备姿势便于运动员迅速起动，有利于其发挥技术。每个人的准备姿势会依其自身条件和技术特点来定，做到“注视来球、上体前倾、屈膝提踵、重心居中”。

(1) 进攻型打法的准备姿势。两脚开立，比肩略宽，左脚稍前，右脚稍后，用前脚掌内侧着地，脚后跟微起，两膝微屈，身体重心在两脚掌之间；含胸收腹，身体前倾；肩关节和手臂放松，持拍于腹前偏右位置，略高于台面。

(2) 削攻型打法的准备姿势。两脚开立，距离较宽，身体重心稍低，右脚在左脚前，上体前倾幅度较小，握拍手位于胸腹前。

（三）基本步法

步法是乒乓球运动中执行各种技术任务的有力保障，是技术发展的关键性因素。基本步法要求起动及时，在准备姿势的基础上，在观察、判断对方来球路线的瞬间及时起动，迅速到达有利击球点。在移动过程中，腰髋配合移动，身体重心起伏不应过大；击球后，及时调整身体重心，不影响下次击球。

1. 单步

以一只脚为轴，另一只脚向前、后、左、右等不同方向移动，身体重心随之落在移动脚上。支撑脚向移动脚方向蹬地，移动幅度可大可小，但要做到脚落地、移重心、引拍击球同时进行。

2. 跨步

一只脚蹬地，另一只脚向移动方向跨一大步，蹬地脚随后跟上半步或一小步，身体重心移到跨步脚上。为保持身体重心平稳，应在同侧脚落地的同时异侧脚跟进一小步。

3. 并步

一只脚先向另一只脚并半步或一小步，另一只脚在并步脚落地后随即向来球方向移动一步。

4. 交叉步

以靠近来球方向的脚为支撑脚，该脚的脚尖高速指向移动方向，远离来球方向的脚在体前交叉，向来球方向跨出一大步，身体随之向来球方向转动，支撑脚跟着再向来球方向迈一步，此为前交叉步；后交叉步在体后完成交叉动作。落地后，借助腰和髋关节的力量将靠近来球方向的脚再跟进一大步，在落地瞬间转腰，挥拍击球。

5. 跳步

距来球方向远的一只脚先起动并用力蹬地，将身体重心迅速移至另一只脚，双脚迅速向来球方向同时跳移，先移动的脚先落地，另一只脚后落地。跳步时，两只脚不一定完全离地。

6. 跑动步

步法随意，向来球方向快速跑动即可。

7. 换步

一只脚向来球方向移动一步，另一只脚随即跟上一步，落地后身体重心仍在两脚之间。

8. 基本步法动作技术的专门性练习

（1）听口令或看信号原地做基本步法移动练习。

（2）站于乒乓球台前进行左右移动练习。

（3）结合基本技术进行组合练习。

（四）发球与接发球

1. 发球

发球是一项在比赛每个回合的开始环节可以不受对手限制、任意发挥的技术。当前发球技术有两个特点，即快和旋转。快为出手动作快，快速突击空当；旋转为发出的球可转，可发出不同的旋转角度，如上旋、下旋、侧上旋、侧下旋等。

知识链接
打乒乓球的四个基本要素

（1）正手发平击球。两脚开立，左脚稍前，在持球手持球上抛的同时，持拍手向右后方引拍，在球的下降期，将拍面前倾击球的中上部。

（2）正手位发逆向侧上、下旋球。以右手持拍为例，站于左半台边，左脚在前，右脚在后，身体侧向球台，身体重心稍低。左手将球抛起，将拍略向后引，当球下降至接近网高时向前上方挥动，腿和腰腹用力带动手臂，当球拍前挥时，肘关节向外提起，前臂和手腕内收。球拍横向挥动摩擦球的外侧中部，发出的球为侧上旋；向侧下方挥动摩擦球的外侧中下部，发出的球为侧下旋。击球后球拍顺势挥动并还原。正手位发逆向侧上、下旋球动作示意，如图6-4-3所示。

图6-4-3　正手位发逆向侧上、下旋球动作示意

（3）反手发平击球。采取球台左角站位，左手持球在右臂上方，在向上抛球的同时，右臂向左后方引拍，在球下降至球网高时，持拍手以肘为轴，前臂带动手腕挥拍击球的中上部。

（4）反手位发右侧上、下旋球。以右手持拍为例，站于左半台边，左脚稍前或平站，身体略向左偏斜，左手掌心托球置于身体前方，随即左手抛球，右手手腕稍内旋，使拍面几乎垂直，向左后方引拍，腰部略向左转动。当球下降至接近网高时，右手前臂加速从左后方向右方挥动，直握拍手手腕伸直，横握拍手手腕内收，腰部配合向右转动。击球的中部向右上方摩擦将发出右侧上旋球，击球的中部向右下方用力摩擦则会发出右侧下旋球。将球击出后，手臂继续向右上方随势挥动并迅速还原。反手位发右侧上、下旋球动作示意，如图6-4-4所示。

图6-4-4　反手位发右侧上、下旋球动作示意

2. 接发球

好的接发球不仅可破坏对方的发球意图，为自己创造强攻条件，还可直接接发球抢攻得分。接发球技术有搓、推、摆等方法，也有点、拨、拉等抢攻方法。在比赛中，需要密切关注对方来球的力量、速度、旋转、方向、路线及挥拍幅度等的变化。

（1）接平击发球。采取靠近球台站位，将球拍对准来球弹起方向。在来球刚刚弹起时，用平挡回接，拍与台面垂直，借来球之力将球挡回去。

（2）接下旋球。用拉球方法回接时，击球时间选在球的下降前期，适当用力增加摩擦球动作，拍稍后仰；用推挡回接球时，拍稍后仰，于球的下降前期击球，在接触球的瞬间向上摩擦球时注意转腕。

（3）接侧上、下旋球。注意抵消来球的侧旋，如接左侧上旋球，拍应偏向对方右角并稍前倾，触球时稍向对方右下方用力。

3. 发球与接发球动作技术的专门性练习

（1）原地徒手模仿发球和接发球动作，熟练后与抛球结合进行练习。

（2）正、反手位发固定落点球。

（3）两人一组，一人发球，另一人接发球，交替练习。

（五）推挡球

推挡球是直拍选手常使用的技术之一。其技术特点是站位近，动作小，速度快，线路变化多。

1. 挡球

在击球前，手臂外旋，球拍稍前倾，在球的高点期借助来球力量击球的中上部，将球击出，如图6-4-5所示。

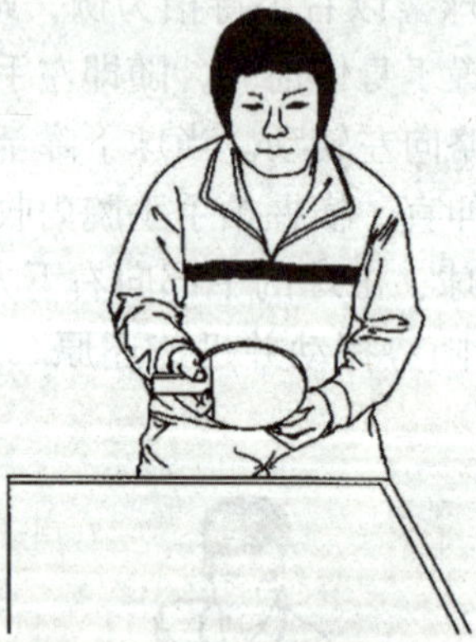

图6-4-5　挡球动作示意

2. 快推

上臂和前臂持拍后引，在击球前上臂带动前臂快速前迎，在击球上升期触球瞬间手腕用力外展，食指稍压拍，拇指放松，击球的中上部。

3. 加力推

加力推的动作幅度比快推大，引拍后，球与拍相距30～40厘米，球拍略高于来球。击球时间选在球的上升后期或高点期。在击球瞬间，在前臂用力向前推击的同时带动手腕，击球的中上部，身体重心随击球动作向前移动。

4. 推挡球动作技术的专门性练习

（1）徒手做推挡球的动作模仿练习。

（2）对墙做推挡球的动作练习。

（六）攻球

正手攻球是快攻运动员重要的技术。正手攻球的技术特点表现在：以快为主，近台为主，并具有一定的中台进攻能力；具有连续进攻能力，能适应不同方向、角度和弧度的来球。

1. 正手攻球

以右手持拍为例，两脚开立，比肩稍宽，屈膝，左脚稍前，含胸，身体稍右转，身体重心落在右脚上，右手持拍向右引拍，球拍稍前倾，手与前臂水平。击球时，右脚蹬地，身体左转，带动手臂向前挥拍迎球。在击球瞬间，前臂发力收缩，在球的高点期击球的中上部，向前上方挥拍发力。将球击出后，把球拍挥至额前停止，随身体重心一起迅速还原到准备姿势。正手攻球动作示意，如图6-4-6所示。

图6-4-6　正手攻球动作示意

2. 正手快攻

正手快攻球动作与正手攻球动作基本一致，只是在球的上升期或高点期击球，击球瞬间以打为主。

3. 正手快拉

引拍时身体重心向右下方稍降，球拍比来球低。在球的下降前期击球的中部，挥拍向前上方用力摩擦球体。

4. 正手扣杀

站位视来球而定。持拍手随身体转动向右后方引拍，引拍幅度大，将整个手臂伸出。击球时以腰、髋为轴带动手臂向前发力，在球拍接触球的瞬间，前臂收缩加力，击球的中上部，将球击出，击球后身体迅速还原。

5. 攻球动作技术的专门性练习

（1）徒手做攻球动作模仿练习。

（2）对墙做攻球动作练习。

（3）一攻一挡练习。

（4）多球练习。

（七）搓球

搓球是一项过渡性技术，用于对付下旋球。

1. 慢搓

右脚在前，左脚稍后，身体配合手臂主动向前迎球。在球的下降期，球拍后仰，摩擦球的中下部，前臂配合手腕动作发力击球。

2. 快搓

采取近台站位。在击球前，前臂带动持拍手迅速前伸，将球拍稍后仰，在球的上升期击球的中下部，用手腕带动球拍向前下方用力击球。

3. 搓球动作技术的练习方法

（1）徒手做搓球动作模仿练习。

（2）自抛自搓练习。自己抛球，在球弹起一定高度后搓球过网。

（3）发球—搓球对拉练习。做一人发球，另一人搓球练习。

（八）削球

削球是一项防御性技术，具有稳健性好和冒险性小的特点。

1. 削球动作要点

（1）正手削球。两脚开立，右脚稍前，左脚在后，屈膝，身体重心在右脚上，引拍至右肩高，将球拍略后仰与台面垂直。在来球下降期，身体向下、向前和向左转动，带动手臂向下、向前挥拍，击球的中下部，击球后身体迅速还原。

（2）反手削球。左脚在前，右脚在后，身体略左转，引拍至右肩高，拍形与台面垂直；身体向下、向前和向右转动，用前臂挥拍，在来球下降前期击球的中下部，摩擦发力向右前方送出球，击球后身体迅速还原。

2. 削球动作技术的专门性练习

（1）徒手模仿做削球动作技术练习。

（2）一人发多球，另一人做削球动作练习。

（3）一人练习发球，另一人用削球技术练习接发球。

三、乒乓球运动的基本战术

乒乓球运动战术是在比赛中为战胜对手采取的计谋和行动。乒乓球运动战术的综合运用是技术在比赛中的完美体现，是练习者智慧和综合素质的精彩展现。

（一）发球抢攻战术

发球抢攻战术需要注意发球与抢攻的配合，发球与自己的技术特点结合，发球抢攻与其他战术配合，并不断提高发球质量。在所有技术中，只有发球是选手可以自己掌控的技术，具有主动性、隐蔽性和威胁性等特点。充分利用发球机会就可为对方制造障碍，为自己创造得分机会。

1. 正手发左侧上、下旋球后抢攻

站位选在球台左侧，正手发左侧上、下旋球的落点为对方中短左、左大角、中左长、中右和右短，配合一个直线球。

2. 反手发右侧上、下旋球后抢攻

一般将球发至对方中右近网、左方或中路，运用发球点交替及上、下旋变化干扰对手。

（二）接发球战术

对对方发出的球可以以抢攻为主，结合抢拉或抢冲。对方发侧下旋球时，只要落点较长即可抢位；对对方发来的侧上旋球，多采用抢攻方式迎击。

（三）对攻战术

1. 紧压反手，伺机正手攻或侧身攻

紧压反手，伺机正手攻或侧身攻战术一般用于对付反手较弱或进攻能力不强的对手。在压住对方反手时，可用推挡、反手攻等技术主动制造机会。

2. 压反手变正手

加大推攻力量，在对方大力反手球出现回球不当时，立即侧身拉攻或打对方中路、左角。

3. 打追身

回球至对方持拍手手腕或前臂上端时，可用追身结合杀左、右两大角或先两大角再追身的打法让对方措手不及。

4. 攻防结合

在进攻过程中可采取挡板、带板或削板技术，打空当、变换落点和节奏，以破坏对方的战术。

（四）拉攻战术

当对方进攻能力较强时，可进行拉攻。运用此战术时，力争主动拉扣或连续拉冲。

1. 变化落点，伺机突击

应用落点的变化，结合球力量的变化，打乱对方步法，使对方在奔波中消耗体能，在其回球过程中等待机会，大力扣杀。

2. 变化节奏，伺机待发

可在击球力量、时间上不断变化，打乱对方的击球节奏，利用节奏的变化给对方制造困难，降低回球质量以求突击。

四、乒乓球运动竞赛规则

（一）赛制

比赛采用每球得分制，先得11分的一方为胜方，若比分为10∶10，则一方须净胜2分才可结束本局比赛。单项比赛采用七局四胜制，团体赛中的单项比赛采用五局三胜制。

（二）计分

乒乓球比赛包括男女单打、男女双打和混合双打。双打比赛以两名运动员为一方，单打比赛以一名运动员为一方。有发球权的一方称为发球方，对方称为接发球方。

1. 得分

除被判重发球的回合以外，在下列情况下，本方运动员得1分。

（1）对方运动员未能合法发球。

（2）对方运动员未能合法还击。

（3）在对方运动员击球前，球触及了除球网装置以外的任何东西。

（4）在对方击球后，该球越过本方端线而没有触及本方台区。

（5）对方阻挡。

（6）对方连击。

（7）对方用不符合规定的球拍拍面击球。

（8）对方运动员或其穿戴的任何东西使球台移动。

（9）对方运动员或其穿戴的任何东西触及球网装置。

（10）对方运动员不执拍手触及比赛台面。

（11）双打时，对方运动员击球次序错误。

（12）在执行轮换发球法时，接发球运动员或其双打同伴，包括接发球一击，完成了13次合法还击。

2. 比赛获胜

（1）一局比赛中，先得11分的一方为胜方；10平后，先多得2分的一方为胜方。

（2）奥运会乒乓球比赛采用五局三胜制，但双打预选赛采用三局两胜制。

（三）比赛规则及说明

1. 比赛次序和方位

单打比赛中，首先由发球员合法发球，再由接发球员合法还击，然后两者交替合法还击。双打比赛中，首先由发球员合法发球，再由接发球员合法还击，然后由发球员的同伴合法还击，再由接发球员的同伴合法还击，此后，运动员按此次序轮流合法还击。

在一局比赛中，首先发球的一方在该场比赛的下一局中应首先接发球。在双打比赛的决胜局中，当一方先得5分后，接发球一方必须交换接发球次序。在一局比赛中，在某一方位比赛的一方在该场比赛的下一局应换到另一方位。在决胜局中，一方先得5分时，双方应交换方位。

2. 发球和击球

（1）合法发球。

① 发球时，球应放在不执拍手的手掌上，手掌张开和伸平。球应是静止的，在发球方的端线之后和台面之上。

② 发球员须用手把球几乎垂直地向上抛起，不得使球旋转，并使球在离开不执拍手的手掌之后上升不少于16厘米。

③ 当球从抛起的最高点下降时，发球员方可击球，使球首先触及本方台区，然后越过或绕过球网装置触及接发球员的台区。在双打比赛中，球应先后触及发球员和接发球员的右半区。

④ 从抛球前球静止的最后一瞬间到击球，球和球拍应在比赛台面的水平面之上。

⑤ 击球时，球应在发球方的端线之后，但不能超过发球员身体（臂、头或腿除外）离端线最远的部分。

⑥ 运动员发球时，有责任让裁判员或副裁判员看清自己是否按照合法发球的规定发球。当裁判员怀疑发球员某个发球动作的正确性并且副裁判员不能确定该发球动作是否合法时，一场比赛中此现象只出现1次，裁判员可以警告发球员而不予判分；在同一场比赛中，运动员发球动作的正确性再次受到怀疑，不管是否出于同样的原因，裁判员不再警告而判失1分。此外，无论任何时候，只要发球员明显没有按照合法发球的规定发球，都将被判失1分，无须警告。

⑦ 运动员因身体伤病而不能严格遵守合法发球的某些规定时，可由裁判员做出决定免予执行，但必须在赛前向裁判员说明。

（2）合法还击。在对方发球或还击球后，本方运动员必须击球，使球越过球网装置或触及球网装置后触及对方台区。

3. 重发球

比赛中如果出现下列情况应判重发球。

（1）发球员发出的球在越过球网装置时触及球网装置，此后成为合法发球或被接发球员（或其同伴）阻挡。

（2）在接发球员或其同伴未准备好时，球已发出，并且接发球员或其同伴均没有企图击球。

（3）由于发生了无法控制的干扰而使运动员未能合法发球、还击或正常进行比赛。

（4）裁判员或副裁判员暂停比赛。

（5）在双打比赛时，运动员错发、错接球。

4. 暂停比赛

在下列情况下可以暂停比赛。

（1）纠正发球、接发球次序或方位错误。

（2）实行轮换发球法。

（3）警告或处罚运动员。

（4）比赛环境受到干扰，有可能影响该回合比赛结果。

（四）休息时间

在局与局之间有不超过1分钟的休息时间。在一场比赛中，双方各有1次不超过1分钟的暂停。在每局比赛中，每得6分球后或决胜局交换方位时有短暂的擦汗时间。

第五节　羽毛球

羽毛球运动是一个相互进行击球对抗的球类体育运动项目。参赛双方以1.524米高的球网为界，在长13.4米、宽6.1米（双打）或5.18米（单打）的长方形羽毛球场地上分处各自半场，用羽毛球拍互相在空中击打羽毛球。每次击球后，球必须从网的上方进入对方场区，参赛双方以球落入对方场地、迫使对手回球未过网或将球击出界外为胜。

羽毛球运动具有自主控制运动量、隔网对抗而没有身体接触、所需器材简便、充满乐趣且能强身健体的特点，吸引了众多爱好者参与。

一、羽毛球运动的产生与发展

羽毛球运动的前身是板羽毛球，即用木板拍打扎着羽毛的球体（类似于毽子），并让它避免落地的游戏，已有近2000年的历史，在古代欧洲、古代中国、古代日本可见此项运动。19世纪，由印度的浦那（Poona）传入英国，并在英国的伯明顿（Badminton）流行起来，此后经过不断改良发展，成为现在正式的羽毛球运动，因此，羽毛球运动也被命名为伯明顿。现代羽毛球运动在1900—1910年传入中国，在中国不断得到发展，中国逐渐成为羽毛球运动强国，涌现出一大批世界级的羽毛球运动员。

二、羽毛球运动的基本技术

羽毛球运动的基本技术包括基本的手法和步法。

（一）握拍

握拍是学习羽毛球技术的基础，正确的握拍能够使手与球拍融为一体，有效提高回球质量。

1. 正手握拍

以右手握拍为例，右手张开，虎口正对拍柄窄面的小棱边，拇指与食指贴于拍柄的两个宽面，食指与中指稍分开，中指、无名指和小指并拢握住拍柄，握拍位置一般以球拍柄端靠近手掌的小鱼际为宜。从正面看，手与球拍呈“V”字形；从侧面看，五指与拍面呈斜形。正手握拍示意，如图6-5-1所示。

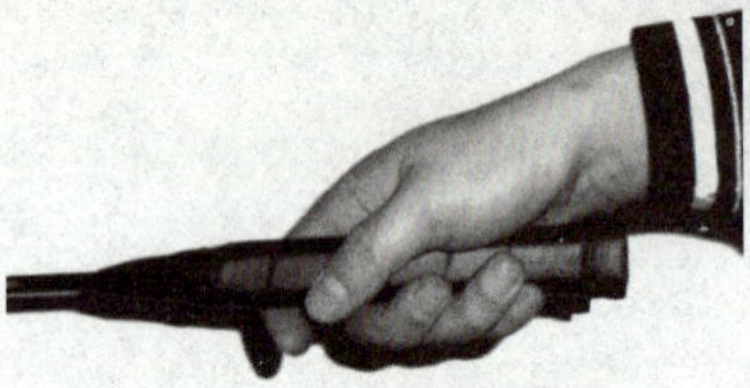

图6-5-1　正手握拍示意

2. 反手握拍

在正手握拍的基础上，拍柄稍向外旋，拇指稍向上提，拇指内侧顶贴于拍柄第一斜棱旁的宽面上，或将拇指放于第一、第二斜棱间的小窄面上，掌心空出，食指稍向下靠，其余三指放松。反手握拍示意，如图6-5-2所示。

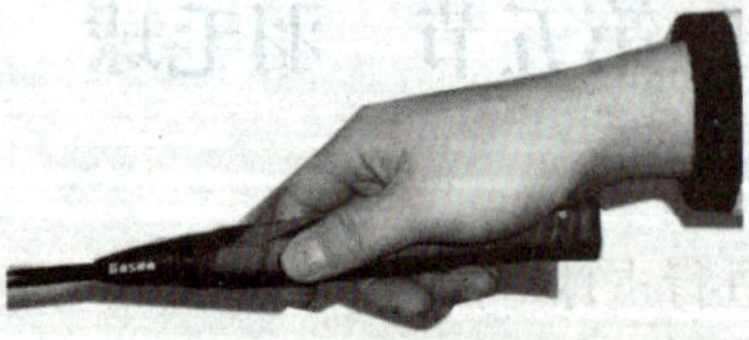

图6-5-2　反手握拍示意

（二）发球

发球质量的高低决定该回合比赛的主动与被动，因此发球是战术的重要组成部分。发球分正手发球和反手发球两种。

1. 正手发高远球

以右手为例。站位点离前发球线1米左右，在中线10～20厘米附近，身体略侧，两脚前后开立，左脚在前，脚尖正对球网，右脚在后，脚尖稍向右侧。右手持拍，自然屈肘，手在身体右后侧；挥拍时右臂后引，自右后方沿身体向前左上方挥动；在触球瞬间紧握球拍，并利用手腕屈收的力量向前上方发力击球，接着顺势向左上方挥动缓冲，击球时身体重心由右脚移至左脚。正手发高远球动作示意，如图6-5-3所示。

图6-5-3 正手发高远球动作示意

2. 反手发球

站位于近发球区中线。面向球网，两脚前后站立，任一只脚均可在前；上体稍前倾，身体重心落于前脚上；右手手臂弯曲，用反手握拍法将球拍横举于腰间，拍面位于身体左侧腰下。用左手拇指与食指捏住球的两三根羽毛，球托向下，球对准拍面；击球时，前臂带动手腕朝前横切推送，使球的飞行弧线略高于网顶，下落至对方前发球线附近。反手发球动作示意，如图6-5-4所示。

图6-5-4 反手发球动作示意

3. 正手发网前球

发网前球时握拍手自然放松，大臂动作小，主要靠小臂带动手腕，球拍依靠手腕和手指的控制力量将球向前切送或平推，使球贴网平飞。

4. 发球动作技术的练习方法

（1）原地持拍模仿发球动作。

（2）原地持拍发球熟练后持球进行发球练习，逐渐过渡至不同发球法和发不同落点的球。

（三）接发球

接发球员站在离前发球线约1.5米处，在右发球区时靠近中线站位，在左发球区时在中线稍偏边线站位。准备接球时，左脚在前，右脚在后，侧身对网，将身体重心落于前脚上，后脚脚跟稍抬起，双膝微屈，收腹含胸，右手持拍自然举放，左手自然屈肘于身体左侧，两眼注视对方，随时准备迎击来球。当球过网后，可根据具体情况采用各种击球法回击来球。

（四）后场技术

1. 正手击高远球

将身体半侧向球网，左脚在前，右脚在后，两脚与肩同宽，使身体重心落在右脚上。屈右臂将球拍举至肩上，使臂与身体成90°角，前伸前臂于肩上，举左手高于头。当球下落至接近击球点高度时，展胸转体带动右臂上臂，将肘关节向前提高。将球拍引至头后，自然伸腕。在右脚蹬地和腰腹协调用力的情况下，右臂上臂带动前臂向上，肘关节上升，前臂前摆，触球时手臂自然伸直，击球点在右肩，手腕下压扇动，前臂内旋，屈指发力将球击出。击球后，右手随惯性继续向左前下方挥动，然后顺势收回至体前，还原至击球前的准备姿势，如图6–5–5所示。

图6–5–5　正手击高远球连续动作示意

2. 头顶击高远球

头顶击高远球的准备姿势与正手击高远球一样，侧身站立，左脚在前，右脚在后，身体左侧稍后仰，将球拍绕至头顶后从左上方向前挥动，注意前臂要带动手腕下压扇动，才能击出快而有力的高远球。

3. 后场吊球

挥动球拍，使拍面偏斜，用较小的力，将击球点选在右肩的前上方，主要靠手腕、手指来控制力量。击球时，手腕由伸腕到屈收带动手指发力，用斜面的削切动作要小，在击球瞬间以斜拍面击球的后部右侧位置，并向前下方切压击球。

4. 头顶吊球

击球点在头顶上方，在击球瞬间放松手腕，主要靠手腕由伸腕到屈收及手指发力，向右前下方切击球的后侧部位。

5. 后场技术动作的练习方法

（1）徒手击球动作练习。

（2）对墙壁做徒手动作练习，熟练后握球拍面对球网练习。

（五）前场技术

1. 挑球

（1）正手挑球。以肩、肘为轴心，右臂前臂外旋带动手腕在身体右前下方做半弧形回环引拍动作，在拍面击球瞬间，前臂迅速内旋，带动手腕向前上方发力击球。采用正拍面向正前上方挥动挑出直线高球，向斜上方挥动挑出斜线高球。击球后，将球拍顺惯性自然收回胸前，同时脚部快速回位。正手挑球动作示意，如图6–5–6所示。

图6–5–6 正手挑球动作示意

（2）反手挑球。以肩、肘为轴心，右臂前臂内旋在身体左前下方带动手腕展腕，并做半弧形回环引拍动作，前臂在拍面击球瞬间外旋，带动手腕发力，拇指充分顶拍柄将球击出。采用反拍面向正前上方发力挑出直线球，向斜前上方发力挑出斜线球。反手挑球动作示意，如图6–5–7所示。

图6–5–7 反手挑球动作示意

2. 搓球

搓球也有正手和反手之分。正手搓球又称收搓，是由右向左以斜拍面切击球的右后侧，使球翻滚过网，即由展腕到收腕发力击球，如图6–5–8所示；反手搓球又称展搓，是由左向右以斜拍面切击球的左后侧，使球呈上旋翻滚旋转过网，即由收腕到展腕发力击球。击球后，手臂收回至胸前准备接下一个来球。

图6–5–8 正手搓球动作示意

3. 勾球

勾球动作与搓球基本相同，只是在击球瞬间，拍面斜向对方右网前，前臂内旋，手腕带动手指由伸腕到屈腕，使球拍触球的右后部位。

4. 推球

以右手握拍为例。正手推球时，以肘为轴，前臂由外旋到内旋带动手腕转动，手指力量向前快速扇动，多用食指力量将球以直线或斜线推向后场，具体动作，如图6-5-9所示。反手推球时，前臂稍由内旋转外旋，带动手腕由展腕至手腕向前挥动，拇指充分前顶，其余手指握紧拍柄屈指发力，将球以直线或斜线推出，具体动作，如图6-5-10所示。

图6-5-9　正手推球动作示意

图6-5-10　反手推球动作示意

5. 放网前球

正、反拍放网前球的准备动作、引拍动作和击球后的动作均与正、反拍搓球相同。正拍放网前球击球时握拍手放松，拍面相对球托几乎呈仰平面，并置于球托下，用手指力量轻轻向上“抬击”球托底部，使其越网而过、贴网下落。反拍放网前球击球时主要靠拇指和食指力量轻轻向前上方抖动，手腕发力切击球托底部。

6. 前场击球动作技术的练习方法

（1）原地徒手模仿动作练习。

（2）原地击固定球练习。

（3）两人一组对击练习各种前场击球法。熟练后，一人击不同落点的球，另一人灵活采用各种击球法并配合步法将球回击给同伴。

（六）基本步法

1. 垫步

当一只脚向前（后）迈出一步后，另一只脚跟进，紧接着以同一只脚向同一方向再迈一步为垫步。

2. 交叉步

左、右脚交替向前、侧或后移动为交叉步。从另一只脚的前面超越的为前交叉步，从后面超越的为后交叉步。交叉步多用于后退打后场球。以小的交叉步移动为小碎步。

3. 并步

右脚向前（后）移动一步时，左脚即刻向右脚脚跟并一步，紧接着右脚向前（后）移动一步。

4. 蹬转步

以一只脚为轴，另一只脚向后或向前蹬转。

5. 蹬跨步

在移动的最后一步，左脚用力向后蹬的同时，右脚向来球方向跨出一大步。蹬跨步多用于上网击球和后场底线两角移动抽球。

6. 腾跳步

起跳腾空击球的步法即为腾跳步。腾跳步可分为两种：一种是上网扑球或向两侧移动突击杀球时，以领先的脚或双脚起跳进行扑球或突击杀球；另一种是对方击来高远球时，用右脚或双脚起跳至最高点进行杀球。

7. 基本步法动作技术的练习方法

（1）单个基本步法反复练习。

（2）步法练习。由中心点向体侧前、后、左、右、左前、右前、左后、右后8个方向做移动步法练习。

（3）用全场步法练习线路，熟练后结合手法进行练习。

三、羽毛球运动的基本战术

羽毛球战术分为单打进攻战术、双打进攻战术和混合打进攻战术，按照攻与防可分为进攻战术和防守战术。下面主要介绍单打进攻战术和双打进攻战术。

（一）单打进攻战术

1. 发球抢攻战术

运用抢攻战术需要根据对方的具体情况灵活地、有目的地进行判断，找出其薄弱环节，争取前几拍的主动权，使对方难以判断来球而处于消极等待状态。发球后要注意适时观察、判断对方场区的任何变化，积极准备还击。

（1）发后场高远球战术。此战术主要用于单打，将球发到对方接发球区的端线或底角处，由于高远球弧线高，飞行时间长，距网远，球从高处下落，因此能给对方后退进攻击球造成难度。

（2）发网前球战术。将球发至前发球线内角，由于球的飞行线路较短，容易封住对方攻击自己后场的角度，从而形成发球后立即进入抢攻的局面。

2. 接发球抢攻战术

接发球者只要精力集中，判断准确，回击点到位，也能破坏对方的发球战术，使其处于被动局面。

（1）接发后场高远球战术。接对方发来的高远球一般可用吊球、杀球等进行还击，进攻时需要注意站位及落点的准确性等因素。

（2）接发网前球战术。要观察对方的发球质量，根据球距网的高度、球的飞行速度及飞行高度等做出还击，一般可用平推球、放网前球、勾球、挑高球等进行还击。

3. 攻后场战术

采用快速、准确的平高球压对方底线两角，可造成对方被动，然后找机会进攻。当对方回击半场高球时，就可扣杀进攻。

4. 打四点球战术

以高远球或平高球和吊球相结合，将球准确地打到对方场区的四个角上，调动对方前后、左右奔跑，打乱其阵脚，在对方来不及回到中心位置或回球较差时，向其空当部位发起进攻，争取得分。

（二）双打进攻战术

1. 发球战术

（1）发球站位。发球站位与发球的飞行路线、弧线、落点等有关系。如果发球者紧靠前发球线和中线站位，则适用反手发网前球。

（2）发球路线。发球路线和落点选择需要根据对方情况调动对方站位，从而破坏对方打法；避实就虚，抓住对方弱点发球抢攻，且发球的落点和弧线不断变化，使接发球者难以找到规律。

（3）发球时间变化。在规则允许范围内，变化发球动作的快慢，使对方难以掌握发球的规律，给接发球造成困难。

2. 接发球战术

（1）接发内、外角位网前球。接发内角位来球时，以扑或轻压对方两边中场及发球者身体为主要攻击点，配合网前搓球、勾球等路线进行攻击。接发外角位来球时，除利用接发内角位来球的攻击点外，还可平推对方底线两角以调动对方一名队员至边角，使另一名队员的防守面积扩大，从而在防守时难以全面招架。

（2）接发内、外角位后场球。以发球者为攻击目标，力争快速扣杀球，可用平高球打对方底线，也可用拦截吊球技术。

3. 攻中路战术

当对方左右站位防守时，将球攻击到对方两人的中间；当对方前后站位时，将球下压或平推至两边半场。

4. 攻直线战术

当对方来球靠边线时，攻球落点选择在边线；当对方来球在中间区时，向中路进攻。

5. 攻后场战术

若对方扣杀能力差，可采用平高球、推平球等技术将对方一人紧逼在底线两角。当对方被动还击时，抓住机会大力扣杀。

四、羽毛球运动竞赛规则

1. 比赛项目

羽毛球比赛分为男女单打，男女双打和混合双打五个单项比赛，还有由单、双打组成的男女团体比赛及混合团体比赛。单项比赛采用三局两胜每球得分制，每局21分。男女团体赛由三场单打比赛和两场双打比赛组成，采用五场三胜制，每场比赛为三局两胜每球得分制，每局21分。混合团体赛由男女单打，男女双打和混合双打各一场比赛组合而成，赛制同男女团体赛。

2. 计分方法与赛间休息时间

羽毛球比赛采用每局得分21分制。每局双方打至20平后，一方领先2分即赢得本局比赛；若双方打成29平，则一方再领先1分即可获得本局胜利。

球员不得提出中断比赛要求（特殊情况除外），但某一方以11分领先时，可进行1分钟的技术暂停。首局获胜方在接下来的一局率先发球，两局间的休息时间为2分钟。

3. 比赛中的注意事项

（1）发球时不得非法延误发球。发球员发球时脚不得踩线、移动或离开地面。

（2）在发球击球瞬间，球的任何部位不得高于腰部，拍框应低于发球员手部，违者判发球违例。

（3）发球时球不到前发球线或在双打中过了双打后发球线，或发错区，均判为界外球。球擦网顶落在合法发球区内判为有效。

（4）接球员应站在发球区内，在对方完成发球动作前不得移动。

（5）一人不得连续击球两次，否则判“连击”违例。

（6）在比赛中，身体、衣服或球拍不得触及球网或网柱，不得有阻挠或影响对方击球的动作与行为。

（7）球落在场地线外即为出界。球落地时，如果球托或羽毛的任何部分压在线上，则属于界内球。

4. 羽毛球比赛进行时违例规则

从发球结束至成“死球”的这段时间称为比赛进行时。出现下列现象为违例。

（1）连击。运动员在击球时挥拍连续击球两次，或同队两名队员连续各击球一次。

（2）持球。击球时，球停滞在拍上紧接着有拖带动作。

（3）过网击球。球拍与球的接触点不在击球者一方（如果在本方，击球后球拍允许随球过网）。

（4）触网。在比赛进行中，运动员的球拍、身体或衣服触及球网或网的支撑物。

（5）侵入对方场区。在比赛进行中，运动员的球拍和身体任何部位侵入对方的场区。

（6）妨碍。当对方运动员在靠近网前上空有机会向下击球时，将球拍在网前举起企图拦截使球反弹过去。

5. 单打规则

（1）发球区和接发球区。在一局比赛中，发球员的分数为零或双数时，双方运动员均应在各自的右发球区发球或接发球。发球员的分数为单数时，双方运动员均应在各自的左发球区发球或接发球。

（2）击球顺序和位置。在一回合中，球应由发球员和接发球员交替从各自所在场区一边的任何位置击出，直至成“死球”为止。

（3）得分和发球。发球员胜一回合则得1分，随后发球员再从另一发球区发球。接发球员胜一回合则得1分，随后接发球员成为新发球员。

6. 双打规则

（1）发球区和接发球区。在一局比赛中，发球方分数为零或双数时，发球方均应从右发球区发球；发球方分数为单数时，发球方应从左发球区发球。接发球方上一回合最后一次发球的运动员应在原发球区接发球，其同伴接发球的站位与其相反。接发球员应是站在发球员斜对角发球区的运动员。发球方每得1分后，原发球员变换发球区再发球。球应从与其得分相对应的发球区发出（特殊情况除外）。

（2）击球顺序和位置。每回合发球被回击后，由发球方的任何一人和接发球方的任何一人交替在各自场区的任何位置击球，如此往返直至成“死球”。

（3）得分和发球。发球方胜一回合则得1分，随后发球员继续发球；接发球方胜一回合得1分，随后接发球方成为新发球方。

(4) 发球顺序。每局比赛的发球权必须如此传递：首先是发球员，从右发球区发球；其次是首先接发球球员的同伴从左发球区发球，然后是首先发球球员的同伴，接着是首先接发球球员，最后回到首先发球球员。

(5) 其他情况。运动员在比赛中不得有发球、接发球顺序错误或在一局比赛中连续两次接发球。一局胜方的任何运动员可在下一局先发球，一局负方的任何运动员可在下一局先接发球。

精彩分享

女排精神永不落幕

“阳光总在风雨后，请相信有彩虹……”2021年8月2日，中国女排东京奥运会谢幕之战打响，中国队以3∶0击败阿根廷队获得两连胜。比赛结束后，现场响起了《阳光总在风雨后》的歌声，队员集体向教练郎平鞠躬致谢，郎平含泪拥抱了每一位女排姑娘，现场哭作一团。这一幕，让无数国人泪目！

从当年的铁榔头到今天的郎指导，郎平把大半辈子都奉献给了排球事业，是中国女排精神无可替代的重要符号。从20世纪80年代，与队员并肩作战，创造五连冠的辉煌，叫响“铁榔头”的名号，到临危受命，1995年到1999年回国执教中国队，把低谷中的女排带到了奥运会亚军和世锦赛亚军，再到2013年，再次执教中国女排，拿下2015年、2019年两个世界杯冠军，2016年里约奥运会冠军，率领中国女排重回世界之巅，郎平对中国的排球发展厥功甚伟，更亲身参与缔造、传承和发扬了祖国至上、团结协作、顽强拼搏、永不言败的女排精神。

郎平的名字，已是传奇；女排精神，突破了一个体育项目本身，成为一个国家、一个民族精神内核的象征，成为难以忘却的民族记忆。

最激动人心，是祖国至上的情怀。1995年，中国女排正处于低谷，郎平抛下在海外打拼的成就回国执教。中国排协电报中的一句话“郎平，祖国真的需要你”深深打动了她。郎平说，“当你听到‘祖国需要你’，你还能无动于衷吗？”2013年，当中国女排面临持续几年的低迷与动荡，郎平又一次选择接下“烫手的山芋”。郎平说，“在中国女排最需要人的时候，我为什么不能做点牺牲？”担当精神溢于言表，更感染、凝聚起中国女排的强大爱国主义力量。“只要穿上带有中国的球衣，就是代表祖国出征、出战，女排的目标都是升国旗，奏国歌”，为国争光融入女排血脉。

最激励人心，是永不言败的拼搏精神。东京奥运之旅，尽管中国女排在第3场小组赛结束后便已提前出局，但她们在逆境中倔强昂起头，一分分去拼，打出精气神、打出风采，用两场完胜捍卫了荣誉。正如郎平所说，“女排精神不是赢得冠军，而是有时候知道不会赢，也会竭尽全力”。四十多年来，中国女排运动成绩有高峰有低潮，但精神一直在，一直在拼搏，一直没有停止前进的步伐。打不死、冲不垮、压不倒，一分一分咬牙顶，一球一球顽强拼，女排姑娘凭借着顽强拼搏、永不放弃的精神一路过关斩将，用血性书写荣光。

人生传奇会落幕，但女排精神永远屹立不倒。面对“不再执教”的问题，郎平表示，“相信年轻一代的教练。排球事业是一代接一代的，是一直向前走的”。拼搏的路上没有终点，跌倒了拍拍尘土，记住经验和经历，爬起来继续战斗。“铁榔头”郎平、中国女排，依然鼓舞着一代又一代的中国人，无惧艰难险阻，团结奋斗、顽强拼搏，为了梦想奋勇争先。

女排精神，永远年轻，永远热泪盈眶！

——选自中央纪委国家监委网站https://www.ccdi.gov.cn/pl/202108/t20210803_247601_m.html

实践与训练

让学生感受排球运动的魅力，提高学生的传球能力，组织学生开展花式传球游戏。

游戏一：传球入圈。

（1）场地器材：在地上画一个半径为6米的圆，圆中间摆3个大呼啦圈，并为每人准备1个排球。

（2）游戏规则：学生站在圆外，一人一球，自己原地垫球3次后用正传的方法把球传入呼啦圈中。

游戏二：过网传球接力。

（1）场地器材：在排球场进行练习，准备2个排球。

（2）游戏规则：将学生分为人数相等的隔网四路纵队，每队听信号向对面传球，全队依次进行传球接力。传球时必须站在进攻线后，传球的击球点必须在额前，球出手后两拇指接近“一”字形。球必须过网传到对方排头。

第二部分　拓展模块

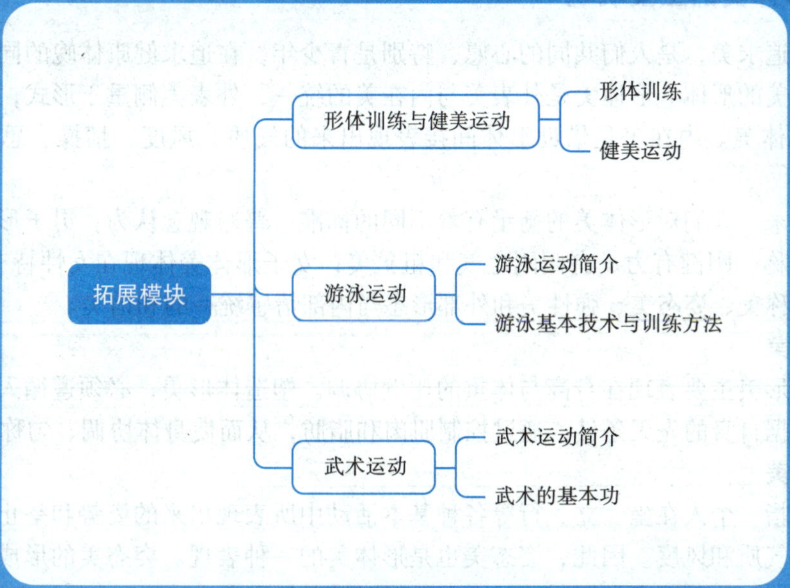
拓展模块
形体训练与健美运动
形体训练
健美运动
游泳运动
游泳运动简介
游泳基本技术与训练方法
武术运动
武术运动简介
武术的基本功

第七章 形体训练与健美运动

学习目标

- 了解形体美的主要表现。
- 熟悉二者基本姿态和基本步伐的练习方法。
- 掌握健美运动的基本技术。
- 熟悉健美运动的比赛规则。
- 自觉培养爱美、健美的意识，提高审美能力，增强自信心。
- 养成良好的锻炼习惯，保持挺拔的姿态。

第一节 形体训练

一、形体美的主要表现

爱美，追求美，是人们共同的心愿，特别是青少年，在追求健康体魄的同时，也希望自己拥有健美的形体。形体美是外表美与内在美的统一，外表美侧重于形式，直接表现为姿态美和肌体美。内在美是借助形体间接表现出来的气质、风度、情操、思想等深层次的美。

古往今来，人们对形体美的衡量有着不同的标准。普遍观念认为，男子形体美体现在肌肉发达匀称、刚健有力、有阳刚之气和粗犷美；女子形体美体现在女性特有的气质美、曲线美、匀称美、姿态美、弹性美和外部形态与内部情感统一的和谐美。

1. 体形美

人的体形美主要表现在身高与体重的比例协调。塑造体形美，必须遵循人体生长发育的规律，依据自身的先天条件，通过控制肌肉和脂肪，从而使身体协调、匀称。

2. 姿态美

姿态是指一个人在坐、立、行等各种基本活动中所表现出来的姿势和举止，能突出反映一个人的气质和风度。因此，姿态美也是形体美的一种表现。姿态美的形成必须通过严格的形体训练，使受训者掌握正确的姿态并纠正错误的姿态。

3. 动作美

动作美是指身体各部分在活动中呈现的外部形态的美，是一种具有造型性质的动态美。能够灵活、协调、从容、敏捷地完成动作，较好地展现身体的动态美。

4. 气质美

气质通常是指人典型而稳定的个性特点，是一个人魅力的主要来源。气质的形成与人的体质、神经活动类型等生理特征有关，也受家庭环境、文化教育水平和自身修养的影响。所以，一个人要想提升自身的气质，除了加强形体训练，达到体形美、姿态美和动作美，也要全面提高自身的文化素养、道德修养和美学素养。

二、形体训练的基本要求

（1）训练时要穿有弹性的紧身服装或宽松的休闲服装，穿体操鞋、舞蹈鞋或健身鞋。

（2）训练时不能佩戴饰物，以免对自身造成伤害。

（3）形体训练要有计划、有步骤地开展，循序渐进；训练要持之以恒，力求使受训者系统地掌握形体训练的相关知识和方法。

（4）训练前必须进行身体检查，并做好准备活动。

（5）要保持训练场地的整洁和安静。

（6）训练中要注意安全。在做器械练习时，要有专人指导和帮助，使用联合器械时尤其如此。

（7）在训练中和训练后要注意适当补充水分，日常生活中要注意饮食的营养均衡与合理。

（8）在训练过程中，要注意动作与呼吸的协调配合。

三、基本姿态练习

基本姿态包括立、坐、走等。站立、就座、行走等基本形体姿态的训练，可以使受训者呈现良好的气质和美好的仪态，帮助受训者形成富有个性和韵味的美感。

1. 站姿

站姿作为仪态美的起点和基础，应该得到重视和有效的训练。正确的站姿要求头、颈、躯干和脚在一条垂直线上，两脚直立并拢，双肩平而放松，两臂自然垂落，挺胸，收腹，收臀，立腰，立背，颈直，下颌微收，双眼平视前方。

（1）立姿控制练习。

动作要求：站立时，气要上提，肩要下沉，臀部肌肉收紧；梗颈时，颈部要用力，颈椎略向后收，眼睛平视，如图7-1-1所示。

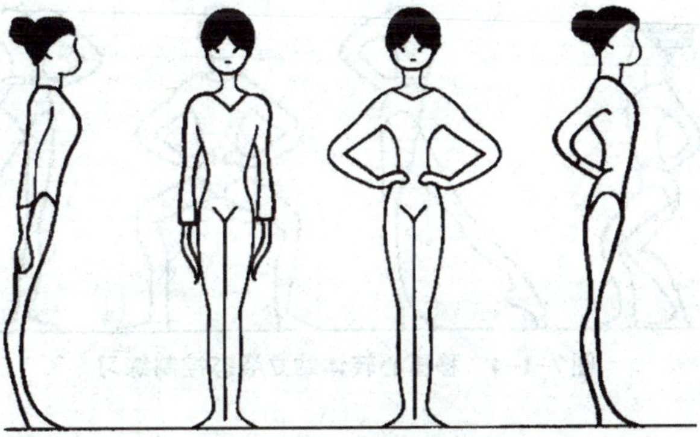

图7-1-1　立姿控制练习

（2）提踵站立控制练习。

动作要求：双脚提踵要尽量高；重心要稳，身体不能晃动，如图7–1–2所示。

图7–1–2　提踵站立控制练习

（3）点地练习。

动作要求：保持站立的基本姿势，重心要稳；点地时，脚尖要绷直；前后点地时，脚面向外；侧点地时，脚面向侧方倾斜，如图7–1–3所示。

图7–1–3　点地练习

（4）移重心转体站立姿态控制练习。

动作要求：保持上体挺直，前后点地时脚面向外，侧点地时脚面向侧方倾斜，脚尖绷直；注意控制重心，使身体稳定，如图7–1–4所示。

图7–1–4　移重心转体站立姿态控制练习

2. 坐姿

女子坐姿的腿部动作为两膝并拢；男子坐姿的腿部动作为两膝稍分开，距离略窄于肩宽。腰背要挺直，肩部放松，挺胸，收腹，脊柱与臀部成一条直线，下颌略收，目视前方。

（1）端坐式坐姿（女子）。

动作要求：上体挺直，双肩正平，双手自然地放在双腿或扶手上；两膝并拢，小腿垂直落于地面，如图7–1–5所示。

图7–1–5　端坐式坐姿

（2）双腿斜放式坐姿（女子）。

动作要求：两小腿侧向45°垂落在地面上，注意脚尖不可翘起，如图7–1–6所示。

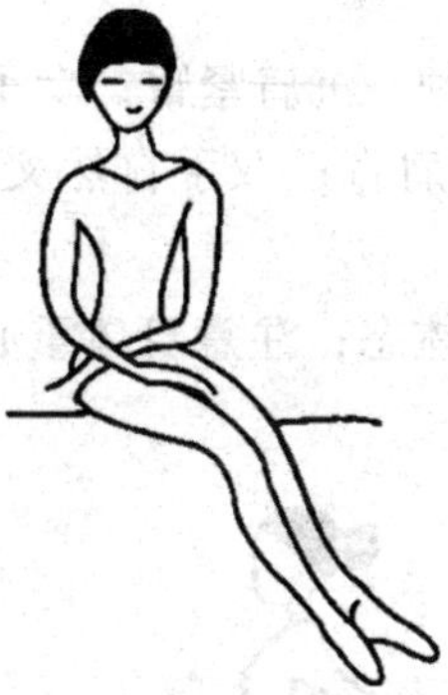

图7–1–6　双腿斜放式坐姿

（3）双脚交叉式坐姿（女子）。

动作要求：两脚于脚踝处交叉，两脚前端外侧着地；两膝间保持一定的距离，但不宜过宽，如图7–1–7所示。

图7–1–7　双脚交叉式坐姿

(4) 伸屈式坐姿（女子）。

动作要求：左腿伸出，脚尖绷直，右脚前脚掌着地，左右大腿要紧靠，如图7–1–8所示。

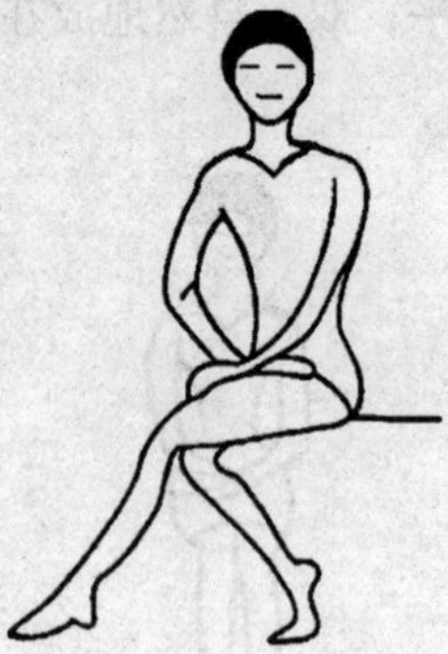

图7–1–8　伸屈式坐姿

3. 走姿

正确的走姿能够使男子看起来自然稳健、风度翩翩，使女子看起来轻盈自如、优美大方。正确的走姿要求如下：以标准站姿为基础，行走时，头与躯干成直线，目视前方；步位正确，重心平稳，步幅基本一致，双臂自然摆动。

(1) 走姿分解动作练习。

预备姿势：收腹挺胸，开肩梗颈，沉肩紧臀；女子两脚呈V字形站立，男子两脚平行成开立式站立，两脚间距离不超过肩宽；双手自然叉腰，保持站立的基本形态，目视前方，面带微笑。

动作要求：根据行走速度控制体态；注意身体重心的前移，蹬地要有力，如图7–1–9所示。

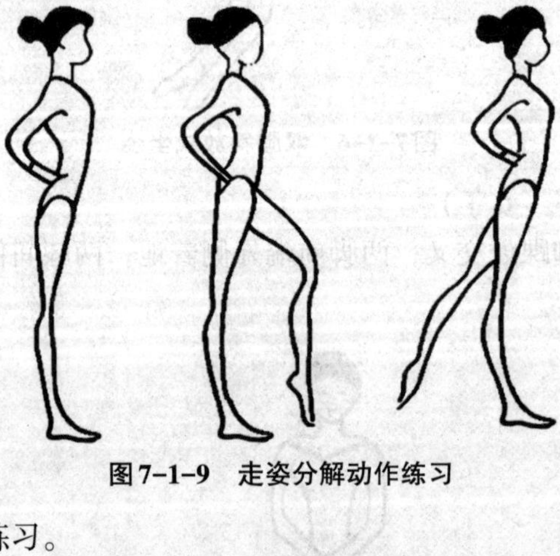

图7–1–9　走姿分解动作练习

(2) 行走连续动作练习。

预备姿势：同上。

动作过程：迈左脚，右脚蹬地，重心前移至左脚；迈右脚，左脚蹬地，重心前移至右脚，如图7–1–10所示。然后重复上述动作。

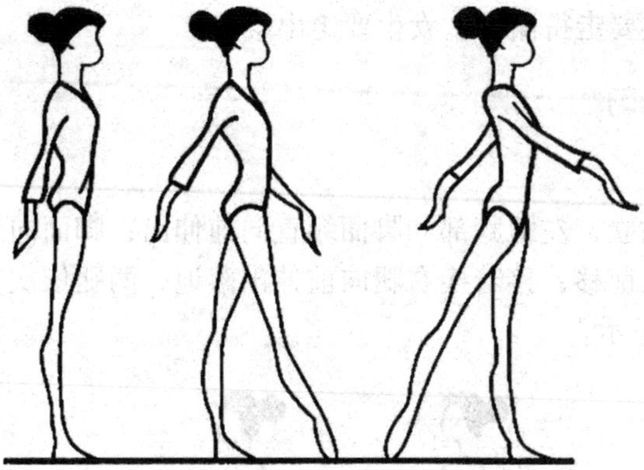

图7-1-10　行走连续动作练习

动作要求：始终保持上体挺直，收腹挺胸和开肩梗颈的姿势；注意重心的不断前移和身体姿态的不断变化，以形成和谐的美感。

（3）步幅控制练习。

预备姿势：同上。

动作过程：与“行走连续动作练习”相同，但要在行走时对步幅进行控制，男生的步幅为40厘米左右，女生的步幅为30厘米左右。一拍一步，反复练习。

动作要求：掌握标准的走姿并严格控制步幅；始终保持上体挺直，收腹挺胸，双眼平视，面带微笑。

（4）步位控制练习。

预备姿势：同上。

动作过程：与“行走连续动作练习”相同，但要在行走时对步位进行控制，男生走“两点”，女生走“一条线”，如图7-1-11所示。一拍一走，反复练习。

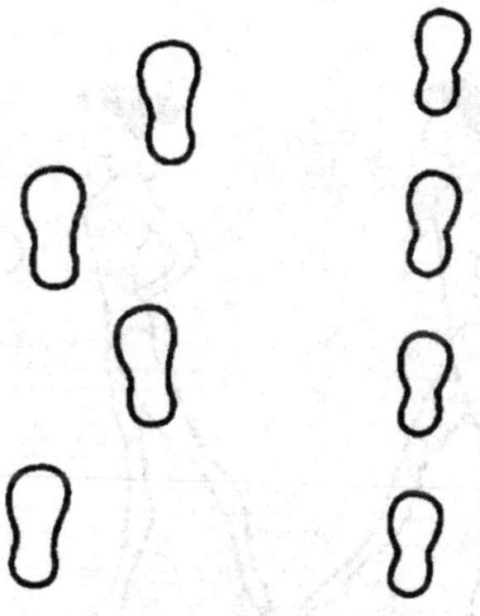

图7-1-11　步位控制练习

动作要求：行走时，脚尖向前，手臂自然摆动；男生的步位宜是两条平行线；女生的步位宜是一条直线。

（5）步速控制练习。

预备姿势：同上。

动作过程：与“行走连续动作练习”相同，但要求对步速进行控制。男生的步速为每分钟约110步，女生的步速为每分钟约120步，配合口令或音乐反复练习。

动作要求：男生每分钟约走110步、女生每分钟约走120步只是参考数据，可根据自身条件适当调整；男生要走得潇洒，女生要走出柔美。

四、基本步伐练习

1. 柔软步

动作过程：自然站立，左腿膝部和脚面绷直向前伸出，脚面向外，由脚尖过渡到全脚掌落地，身体重心随之前移，接着换右腿向前伸出落地，两腿依次交替踏步，两臂自然前后摆动，如图7–1–12所示。

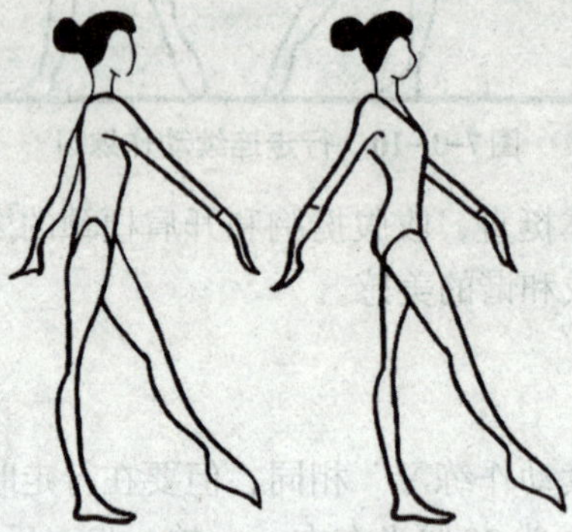

图7–1–12　柔软步

动作要求：摆动腿向前伸出时，由脚尖过渡到全脚掌落地，重心前移，收腹立腰，双眼平视。动作要自然柔和。

2. 足尖步

动作过程：双脚并立提踵，双手叉腰；左腿膝部和脚面绷直向前伸出（脚尖稍向外），由脚尖过渡到前脚掌落地支撑，重心前移，接着换右腿向前伸出落地，两腿依次交替踏步，如图7–1–13所示。

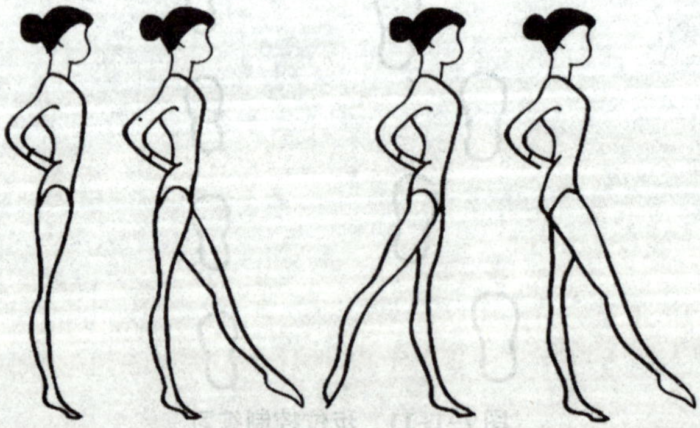

图7–1–13　足尖步

动作要求：身体端正，收腹，立腰，步幅均匀且不宜过大，支撑腿的脚踝充分直立。动作要自然协调，提踵要高，重心要平稳。

3. 弹簧步

动作过程（以左脚为例）：双脚并立提踵，双手叉腰。第1拍，左脚向前一步，同时屈膝微蹲，重心移至左腿。第2拍，左腿伸直提踵，同时右腿向前下方伸，膝部与脚面绷直，如图7–1–14所示。3～4拍动作同1～2拍，只是换为右脚做动作。

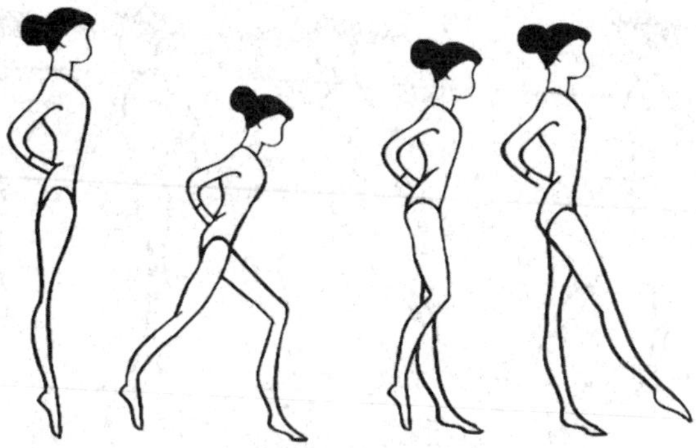

图7-1-14 弹簧步

动作要求：出脚时，由脚尖过渡到全脚掌柔和落地，依次有控制地弯曲踝、膝关节，接着依次充分伸直膝、踝关节，上提身体重心，形成提踵立，上体端正，收腹立腰，步幅要适中。动作要柔和、连贯、有弹性。

4. 滚动步

动作过程：双脚并立提踵，双臂自然下垂。第1拍，左脚柔和地由脚尖过渡到全脚掌落地，重心移至左腿；右腿屈膝，脚面绷直，向前迈出一小步并以脚尖点地，同时两臂前后自然摆动（左前右后）。第2拍，经双脚提踵立后身体重心右移，右脚全脚掌落地，左脚屈膝向前迈步，脚尖点地，同时两臂前后自然摆动（右前左后），如图7-1-15所示。

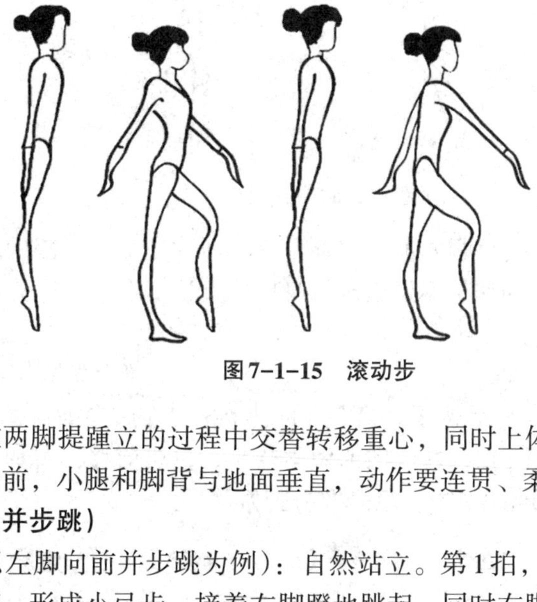

图7-1-15 滚动步

动作要求：在两脚提踵立的过程中交替转移重心，同时上体端正，收腹，立腰，髋部上提。注意膝部向前，小腿和脚背与地面垂直，动作要连贯、柔和、有弹性。

5. 加洛波步（并步跳）

动作过程（以左脚向前并步跳为例）：自然站立。第1拍，左脚向前一步，重心随之前移，左腿稍屈膝，形成小弓步，接着左脚蹬地跳起，同时右脚向左脚靠拢，两脚脚跟前后重叠放置，最后恢复自然站立。第2拍，左脚继续重复上述动作，如图7-1-16所示。

图7-1-16　加洛波步

动作要求：向前迈步的腿屈膝蹬地跳起，后腿向前腿并拢，双腿夹紧，膝和脚面绷直，收腹，立腰。动作要连贯，并保持身体端正。

6. 踏跳步

动作过程：自然站立。第1拍，左脚向前一步。第2拍，左脚蹬地跳起，同时右腿直膝后举，脚面绷直稍向外，如图7-1-17所示。3～4拍动作同1～2拍，只是换为右脚做动作，方向相反。

图7-1-17　踏跳步

动作要求：踏跳时，上提身体重心，上体端正，收腹，立腰，腿的后举动作与蹬地腿的起跳动作同时进行。注意动作节奏要准确，身体要舒展，姿态要优美。

7. 变换步

（1）普通变换步。

动作过程：自然站立，双手叉腰。第1拍的上半拍，左脚向前做柔软步；第1拍的下半拍，右脚与左脚并立。第2拍，左脚向前做柔软步，重心前移，右脚伸直后点地，如图7-1-18所示。3～4拍动作同1～2拍，只是换右脚做动作。

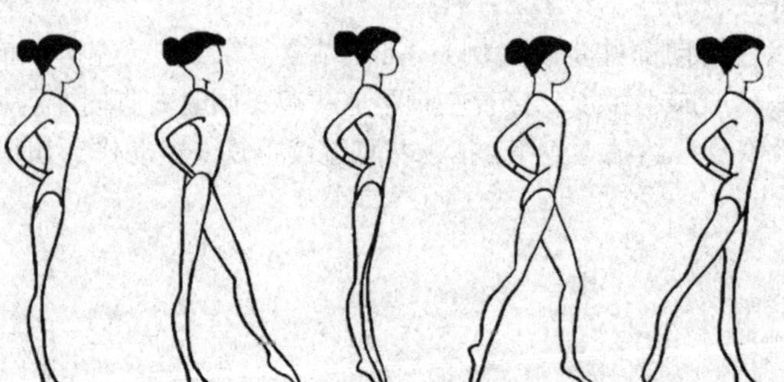

图7-1-18　普通变换步

动作要求：做普通变换步时，收腹，立腰，上体端正，髋要正，后腿伸直点地，膝与脚面外旋。动作要连贯、协调、舒展。

（2）后举腿变换步。

动作过程：前三拍动作同“普通变换步”，第4拍时，右腿伸直后举，如图7-1-19所示。髋正，膝和脚面绷直稍向外。在动作熟练以后，可尝试支撑腿提踵立。

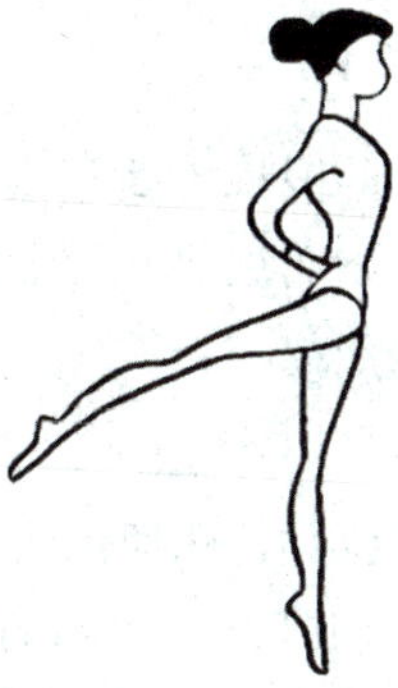

图7-1-19　后举腿变换步

动作要求：收腹，立腰，保持上体端正，髋要正，后腿伸直举起。动作要舒展、连贯、协调。

（3）变换步跳。

动作过程：动作要领与“后举腿变换步”相仿。自然站立，双手叉腰。第1拍，左脚向前并步跳。第2拍，左脚上步蹬地跳起，右腿在空中后举，呈后举腿姿势，如图7-1-20所示。3～4拍动作同1～2拍，只是换右脚做动作。

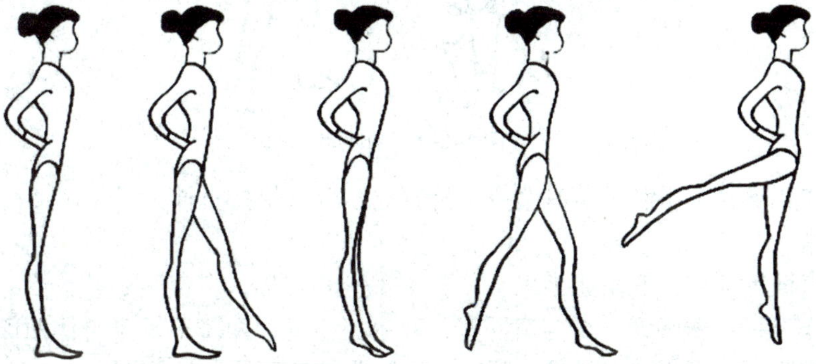

图7-1-20　变换步跳

动作要求：支撑腿稍屈膝，蹬地向上跳起，使身体重心上升，收腹，立腰，抬头挺胸，腿后举伸直。注意空中姿态要准确，动作要协调、伸展、连贯。

第二节　健美运动

健美运动是指采用专门的动作及方式进行肌肉锻炼，以使肌肉发达、增强体力、改善形体和陶冶情操为目的的活动。健美运动不仅包括以比赛为目的的竞技健美，也包括以减肥或改善体形、体态为目的的群众性健美活动。

健美运动既可以徒手进行，如练习各种徒手健美操、韵律操、形体操和各种自抗力（用人体自身的能力与训练动作产生对抗的力量）动作，也可以配合各种各样的运动器械进行。常见的运动器械有杠铃、哑铃、壶铃等举重器械，单杠、双杠等体操器械，以及弹簧拉力器、滑轮拉力器、橡筋带和各种特制的综合力量练习器等。

一、基本技术

健美运动中肌肉的锻炼方式是多种多样的，既有动作组合练习，又有针对身体各个部位肌肉的单项练习。下面主要介绍锻炼身体各个部位肌肉的基本技术。

（一）肩部肌群锻炼

1. 前平举

（1）重点锻炼部位：三角肌前束。

（2）动作过程：两脚开立至与肩同宽，挺胸收腹，双手正握哑铃，双臂下垂于腿前；吸气，直臂持铃向上举起至稍高于肩，稍停；呼气，直臂徐徐放下还原至腿前，如图7-2-1所示。

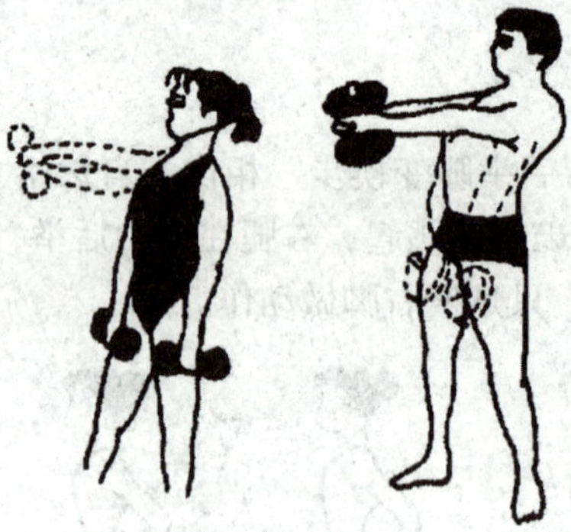

图7-2-1　前平举

（3）动作要求：上举和下落时全身保持直立，双臂保持直伸。

2. 侧平举

（1）重点锻炼部位：三角肌中束。

（2）动作过程：两脚开立至与肩同宽，双手握哑铃，两臂下垂于身体两侧；吸气，直臂向侧上方举起至略高于肩，稍停；呼气，两臂徐徐放下还原，如图7-2-2所示。

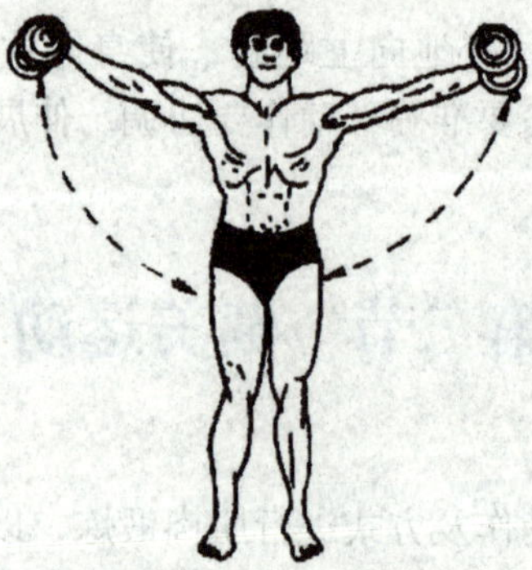

图7-2-2　侧平举

（3）动作要求：上举和下落时全身保持直立，不要摇摆弯曲，臂部保持直伸。

3. 俯立侧平举

（1）重点锻炼部位：三角肌后束和上背肌群。

（2）动作过程：两脚开立至比肩稍宽，向前屈体90°，双手握哑铃，两臂直垂肩下；吸气，直臂从两侧平举起哑铃至与地面平行，稍停；呼气，两臂徐徐放下还原，如图7–2–3所示。

图7–2–3　俯立侧平举

（3）动作要求：练习过程中上体不能上下摆，保持腰背平直。

（二）胸部肌群锻炼

1. 仰卧推举

（1）重点锻炼部位：胸大肌、三角肌前束和肱三头肌。

（2）动作过程：仰卧在卧推凳上，屈臂握杠铃置于胸部上方；吸气，将杠铃垂直上举至双臂完全伸直，稍停；呼气，双臂慢慢下落还原，如图7–2–4所示。

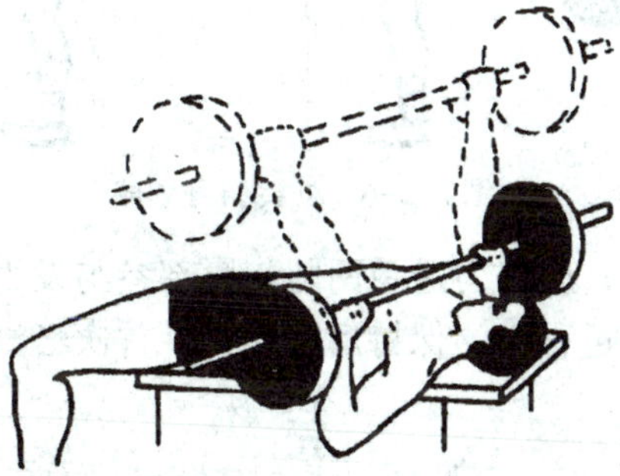

图7–2–4　仰卧推举

（3）动作要求：上举时，背部、臀部要平贴凳面，两脚用力下踏。

2. 仰卧飞鸟

（1）重点锻炼部位：胸大肌外侧的中、下部肌肉群。

（2）动作过程：仰卧在卧推凳上，双手拳心相对持哑铃，双臂向上直伸至与地面垂直，两脚平踏地面；吸气，两手向两侧下落，直到不能更低时停止，保持两肘微屈，稍停；呼气，两臂从两侧向上回到起始位置，如图7–2–5所示。

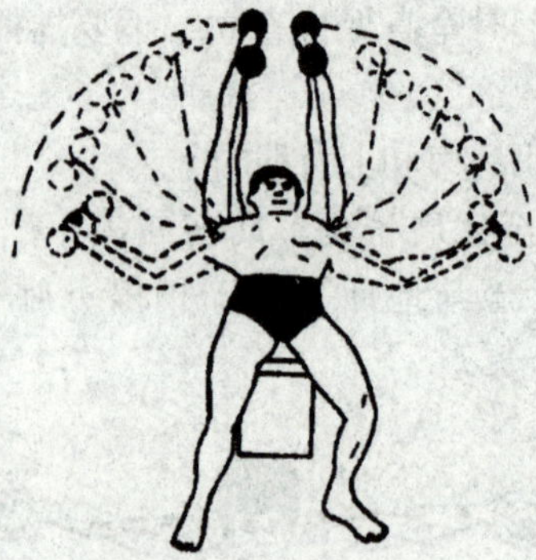

图7-2-5　仰卧飞鸟

（3）动作要求：分臂时，背部肌肉要收紧。

（三）背部肌群锻炼

1. 杠铃俯身划船

（1）重点锻炼部位：背阔肌。

（2）动作过程：两脚开立至与肩同宽，双手正握杠铃，握距比肩稍宽，双臂完全伸直；微微屈膝，使上体前屈45°；持杠铃在身前，稍低于膝部；收紧肩胛骨，绷紧上体，将杠铃提至上腹部，稍停；缓缓下落，回到起始位置，如图7-2-6所示。

图7-2-6　杠铃俯身划船

（3）动作要求：提拉时，应努力避免两腿与臀部参与发力；始终保持微微屈膝，身体角度保持不变；在整个提拉过程中，保持后背绷紧；首次尝试时，应使用稍轻的杠铃缓缓提拉。

2. 俯卧侧起

（1）重点锻炼部位：背部两侧肌群。

（2）动作过程：俯卧在垫子（或凳子）上，固定双腿，两手可抱于头后，也可在头后负重。上体尽量向上抬起，同时向左侧转体，还原。左右交替练习。

（3）动作要求：配合呼吸，吸气时双臂和双腿同时向上抬离地面，稍停，然后慢慢呼气，放松。

（四）臂部肌群锻炼

1. 站立反握弯举

（1）重点锻炼部位：肱二头肌和屈肘肌群。

（2）动作过程：两脚开立至与肩同宽，双手反握杠铃，双臂下垂；吸气，屈肘，弯起前臂到能力范围内的最高点，同时收缩肱二头肌，稍停；呼气，松展肘关节，前臂徐徐下落至双臂完全伸直，如图7-2-7所示。

图7-2-7　站立反握弯举

（3）动作要求：练习时上臂要紧贴体侧，不能前后移动，身体也不能前后晃动。

2. 颈后臂屈伸

（1）重点锻炼部位：肱三头肌和伸肘肌群。

（2）动作过程：身体直立，双手正握或反握杠铃，双臂上举伸直；上臂不动，慢慢屈肘，使器械下降至头后，稍停；继续保持上臂不动，伸肘，臂上举还原，如图7-2-8所示。

图7-2-8　颈后臂屈伸

（3）动作要求：练习时肘要高抬，两肘夹紧，不要前后移动。

（五）腰腹部肌群锻炼

1. 仰卧起坐

（1）重点锻炼部位：腹直肌和髂腰肌。

（2）动作过程：仰卧在垫上（或凳子、斜板上），固定双足，双手在头后交叉抱头；吸气，卷腹，上体抬起并尽量向前屈；呼气，慢慢卧倒还原，如图7-2-9所示。

图7-2-9　仰卧起坐

2. 仰卧转体起坐

（1）重点锻炼部位：腹直肌和腹内外斜肌。

（2）动作过程：仰卧，双手抱头，双足固定；卷腹，抬起上体，同时身体左转或右转至肘部触及异侧腿；然后还原，如图7-2-10所示。

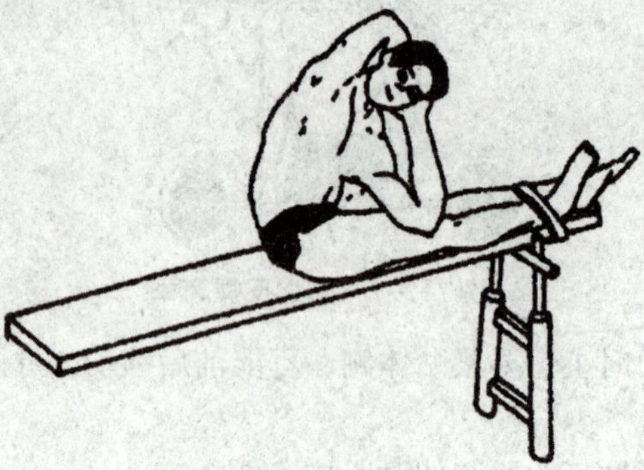

图7-2-10　仰卧转体起坐

（六）腿部肌群锻炼

1. 负重深蹲

（1）重点锻炼部位：股四头肌和臀大肌。

（2）动作过程：两脚开立至与肩同宽，双手宽握杠铃放于颈后肩上；呼气，慢慢下蹲至两膝完全弯曲，或至大腿与地面平行，稍停；吸气，用大腿股四头肌和臀大肌收缩的力量使身体起立还原，如图7-2-11所示。

图7-2-11　负重深蹲

（3）动作要求：下蹲时要挺胸，收腹，收紧腰。

2. 负重提踵

（1）重点锻炼部位：腓肠肌和比目鱼肌。

（2）动作过程：双手宽握杠铃放于颈后肩上，前脚掌站在垫木（或砖头）上，脚跟悬在垫木外；吸气，小腿腓肠肌用力上收，提踵，稍停；呼气，放下脚跟还原，如图7-2-12所示。

图7-2-12　负重提踵

（3）动作要求：脚跟上提和下降时要注意保持身体重心稳定；下降时，要让脚跟低于垫木面。

二、健美运动的比赛规则

（一）比赛项目

健美运动的比赛项目主要有：男子个人、女子个人、男女混合双人、女子双人（国际比赛不设）和集体造型表演（男女比例不限，每队5～8人）。

（二）比赛场地与器材

健美比赛在赛台上进行。赛台必须挂有背幕和配备相应的赛台装置。背幕必须为深色，其高不得低于6米，宽不得少于15米。赛台上可设置表演台。表演台长为9米，宽为1.5米，高为3米，可制成拼接式。赛台和表演台上必须铺有浅色地毯。赛台光照必须均匀，且应使用暖色灯。赛台和背幕不得有重影。

后场必须配备供运动员热身的器材。在称量体重室和运动员的住处必须配备相同式样的标准磅秤（弹簧秤除外）。在丈量身高室和运动员的住处必须配备相同式样的标准量具。

（三）比赛时长

男子个人和集体造型比赛时长为60秒；女子个人比赛时长为90秒；男女混合双人和女子双人比赛时长为120秒。

其他各项比赛时长一般在90秒左右，最多不超过120秒。在比赛过程中，运动员应根据裁判长的口令开始、转换或结束动作。

（四）比赛动作

（1）男子个人项目的7个规定动作：① 前展双肱二头肌；② 前展双背阔肌；③ 侧展胸部（左右侧不限）；④ 后展双肱二头肌；⑤ 后展双背阔肌；⑥ 侧展肱三头肌（左右不限）；⑦ 前展腹部和腿部。

（2）女子个人项目的5个规定动作：① 前展双肱二头肌；② 侧展胸部（左右不限）；③ 后展双肱二头肌；④ 侧展肱三头肌；⑤ 前展腹部和腿部。

（3）规则规定男子有7个规定动作，女子及男女混合各有5个规定动作。

（4）自选动作：运动员应从前、后、左、右4面来显示体形和肌肉。男子的动作数量不得少于15个；女子的动作数量不得少于20个。每个造型应有短暂的停留。

（五）评分标准

1. 男子个人评分标准

（1）肌肉标准（总分占比60%）：评价运动员全身肌群的围度、力度和密度等。

（2）匀称标准（总分占比10%）：运动员应具有平衡的骨架、端正且比例协调的人体外观，以及美观的肌肉形态等。

（3）造型标准（总分占比10%）：造型是指运动员通过控制肌肉以展示身体各部分肌群的动作。造型评价标准具体包括：运动员的规定动作应规范，造型变化应连贯、流畅，具有艺术感，气质应与音乐、动作融为一体，整套动作应表现出鲜明的个性等。

（4）仪表与气势标准（总分占比10%）：评价运动员的形象、姿态、发型和赛场表现等。

（5）皮肤标准（总分占比10%）：评价运动员全身皮肤的健康情况，如无文身、斑痕及着色不当等。

2. 女子个人评分标准

（1）运动员体格强壮（总分占比20%）。

（2）运动员骨架匀称、举止优雅（总分占比20%）。

（3）运动员肌肉发达、线条清晰，四肢比例协调，肌肉分布匀称（总分占比40%）。

（4）运动员气质高雅，仪态端庄（总分占比20%）。

3. 男女混合双人评分标准

男女混合双人评分标准包括：运动员体形与肌肉发展水平协调；肌肉展示的姿势、节奏、幅度、体位和舞台气势等方面协调；能够准确完成规定动作，配合默契；自选动作整齐、一致。

4. 集体造型评分标准

集体造型评分标准包括：队形变化连贯，队员精神振作，肌肉发达，体形匀称，表演富有创造性，造型具有整体性和艺术性。

精彩分享

乐见阳光体育，修正畸形审美

从奥运会到全运会，在观看比赛之余，运动健儿的魅力也触动了许多人的心。例如，围绕审美标准，舆论场上就掀起了几次讨论，不少网友表示“奥运会狠狠修正了我的审美”。

诚如斯言，体育赛场是竞技的平台，也是邂逅力与美的舞台。在这里，我们看到了一“举”夺冠的李雯雯可爱烂漫，看到了一“投”决胜的巩立姣霸气坚韧，看到了篮球场上杨舒予英姿飒爽，看到了百米赛道上苏炳添意气风发……镜头下的运动员，没有摆拍的表情，没有硬拗的造型，却展现出一种阳光自信的美。

从一定意义上说，“修正审美”的热议是人们对社会审美标准扭曲的一种反击。很长一段时间以来，社会审美呈现单一化甚至畸形化的倾向。从“锥子脸”到“白幼瘦”的“美丽定义”，再到“漫画腰”“直角肩”“精灵耳”等“流行风尚”，层出不穷的概念违背了生理条件，甚至达到病态程度，却左右了许多人的审美取向。与此同时，一些人在商业利益的驱动之下，大肆渲染容貌焦虑，推广“复制粘贴”般的整容项目，在炒作网红妆容和衣着中不断带货。可以说，资本的操纵将审美活动变得符号化、逐利化，“入坑”的年轻人不仅被掏空钱包，而且更可能陷入自卑迷茫中不可自拔。如今，我们乐见许多人从阳光体育中校正了自己的审美。

以社会学角度看，审美的意义绝不仅限于对“漂亮与否”的判断。审美取决于一个人的涵养和心境，也会折射出一个人的人生观与价值观。畸形审美是一种单向度的认知，是一种逐利的娱乐化表达，更是对人的全面发展的一种解构。现代社会提供了更多元的生活方式，更有利于人的全面发展，因此，人们理应进一步拓宽审美标准——腹有诗书是美，顽强拼搏是美，阳光健朗是美……总之，美不该由他人定义，也不能流于肤浅。勇敢做自己，阳光向上，自信健康，这就是最美的样子。

——选自中国新闻网 https://www.chinanews.com.cn/ty/2021/09-24/9572405.shtml，有删改。

实践与训练

活动主题：健美比赛。

活动目的：增强学生对健美运动的认知，提升学生的体质，激发学生参与体育活动、锻炼身体的热情，以及增进学生之间的交流。

比赛场地：体育馆。

参与人员：1名裁判长，2名副裁判长，6组队员（班内人员自行组队，每组人数不做限制）。

比赛项目：单人项目和集体项目。

比赛动作：① 前展双肱二头肌；② 前展双背阔肌；③ 侧展胸部（左右侧不限）；④ 后展双肱二头肌；⑤ 后展双背阔肌；⑥ 侧展肱三头肌（左右不限）；⑦ 前展腹部和腿部。集体项目中，运动员可自由造型，从前、后、左、右4面来显示体形和肌肉。

出场顺序：由参赛选手代表在正式比赛前现场抽签确定。

评判标准：采用10分制，其中编排与创意占4分，动作完成与质量占3分，感染力与表现力占2分、服饰与形象占1分。

音乐要求：节奏明快，热情、动感、奔放，具有震撼力。

第八章　游泳运动

学习目标

· 了解游泳运动的起源、种类和比赛项目。
· 掌握蛙泳、仰泳和自由泳的基本技术。
· 能进行简单的水上救护。
· 感受游泳运动的激情。
· 在训练过程中磨炼意志，培养不怕苦、不怕累的精神。

第一节　游泳运动简介

游泳是在水里凭借肢体动作同水的相互作用力而进行的活动技能。人类游泳与动物游泳不同，人类游泳是一种有意识的活动，是随着人类社会的形成和发展而产生和发展起来的。游泳在历史发展过程中逐渐成为体育运动的重要项目。

在游泳过程中，人体要不断克服阻力、重力、压力，以及合理利用各种浮力、推进力等划行前进。人体在水中不断受到水温刺激，可促进体内新陈代谢加速，调节体温的能力能够得到极大提高，机体对外界气温变化的适应能力会显著增强。而游泳时胸部要承受11～15帕斯卡的压力，呼吸条件比在陆地上困难，迫使人用力呼吸，加大呼吸深度，这样吸入的氧气量才能满足机体的需求。因而，呼吸系统的功能将得到大大提高。一般人的肺活量在3000毫升左右，而经常参加游泳锻炼的人的肺活量可达5000毫升左右。因此，游泳是一种使人终身受益的运动技能。

游泳运动包括作为比赛项目的游泳、实用游泳和大众游泳，如图8–1–1所示。

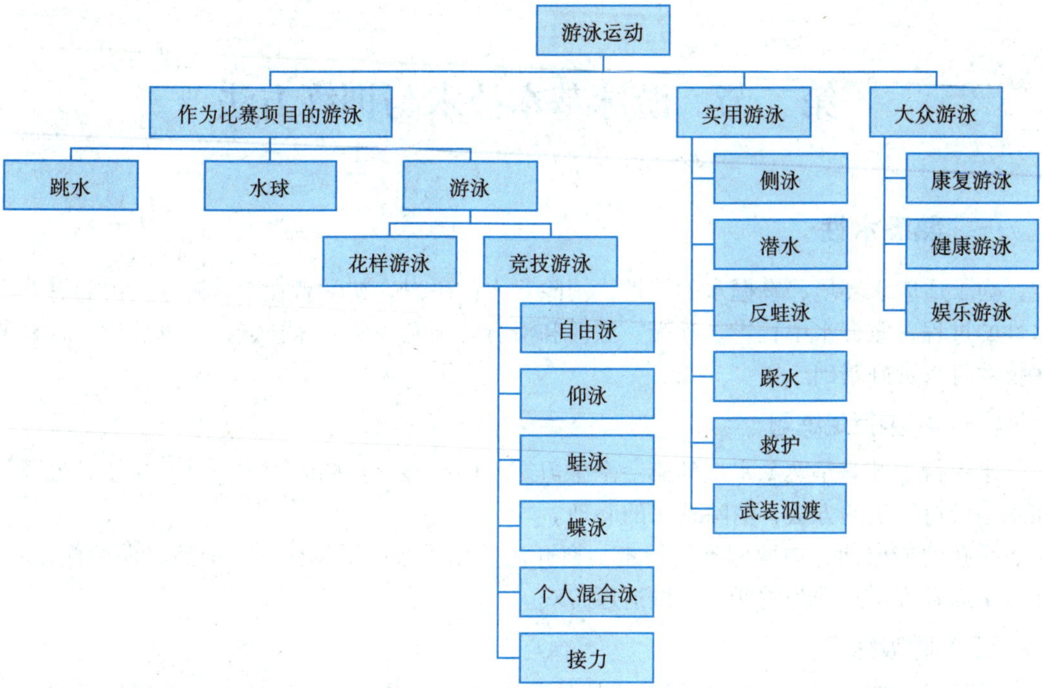

图 8-1-1　游泳运动的分类

作为比赛的游泳运动包括游泳、跳水和水球三大项目。这三大运动项目由于技术水平的迅速发展及不同的特点，已各自形成独立的竞赛项目。1896年的首届现代奥运会上，竞技游泳被列为正式的比赛项目。游泳运动对体能要求较高，具有很强的竞争性。参加者不受性别、年龄限制，且对技巧性要求不高。

竞技游泳的项目包括自由泳（爬泳）、仰泳、蛙泳、蝶泳、个人混合泳、接力六种。按竞赛规则，根据男女不同的游泳姿势和距离，规定了不同的比赛项目，见表8-1-1。

表 8-1-1　竞技游泳项目

泳姿	项目	
	男	女
自由泳	50米，100米，200米，400米，800米，1500米	50米，100米，200米，400米，800米，1500米
仰泳	100米，200米	100米，200米
蛙泳	100米，200米	100米，200米
蝶泳	100米，200米	100米，200米
个人混合泳	200米，400米	200米，400米
接力	4×100米自由泳 4×100米混合泳 4×200米自由泳	4×100米自由泳 4×100米混合泳 4×200米自由泳

注：以上均为世界游泳锦标赛项目，男子和女子50米仰泳、50米蛙泳、50米蝶泳，男女混合4×100米自由泳接力为非奥项目。

第二节　游泳基本技术与训练方法

一、熟悉水性

为了适应水环境，掌握水的特性，消除对水的恐惧，初学者在学习游泳前需要有熟悉水性的过程，掌握水中行走、呼吸、漂浮和滑行等最基本的游泳技能，为以后学习各种游泳技术打下良好基础。

（一）水中行走练习

水中行走练习是熟悉水性的第一个练习。目的是体会水的阻力与浮力，初步掌握身体在水中维持平衡的方法，消除怕水的心理。

手扶池壁向前、向两侧慢步行走。离开池壁用手维持平衡向前、向后、向两侧慢走。在水中向各方向跑动和跳跃，或做追逐游戏。

（二）呼吸练习

游泳的呼吸与陆上呼吸有所不同的是游泳时是用口吸气，然后在水中用口鼻慢慢呼气。所以初学者要掌握正确的呼吸方法，增加把头浸入水中的勇气，进一步消除怕水的心理。

手扶池壁或在同伴的帮助下，用口吸气后闭气，然后下蹲把头全部浸入水中，停留片刻后起立，在水面换气，口鼻出水后先呼气后吸气，如图8-2-1所示。

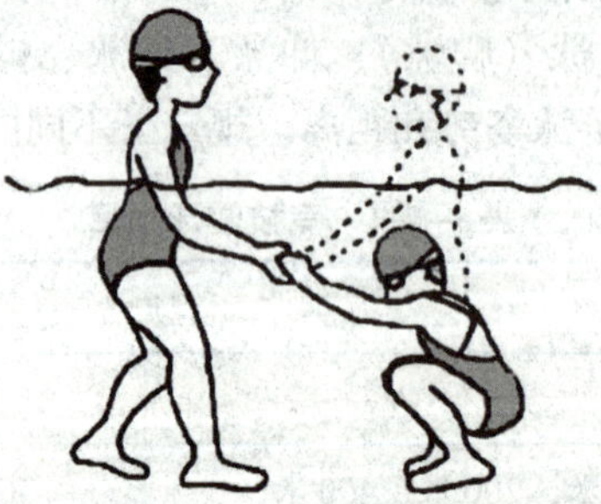

图8-2-1　呼吸练习一

把头浸入水中停留片刻后，在水中用鼻慢慢呼气，直至呼完，然后起立在水面上用口吸气，如图8-2-2所示。

图8-2-2　呼吸练习二

吸气后把头浸入水中，稍闭气后用口鼻同时呼气，在接近水面时用力把气呼完，并立即用口在水面上吸气，吸气结束后再把头浸入水中。连续有节奏地做吸、闭、呼动作，吸气要快而深，呼气要慢，最后用力将气呼尽，如图8-2-3所示。

图8-2-3　呼吸练习三

两脚开立，按上述练习要求，连续做呼、吸动作10次，稍事休息后再重复练习。

（三）浮体与站立练习

浮体与站立练习的目的是体会水的浮力，初步学会控制身体在水中平衡和在水中站立的方法，树立学会游泳的信心。

（1）抱膝漂浮练习。身体自然站立在水中，下蹲之前深吸一大口气闭气沉到水底，同时低头抱住膝盖团起身体，借助脚轻轻蹬地的力量，使身体漂浮在水中，稍停几秒钟，然后直起身体，两臂前伸向下压水，双腿下沉并抬头，双脚接触池底后站稳，如图8-2-4所示。

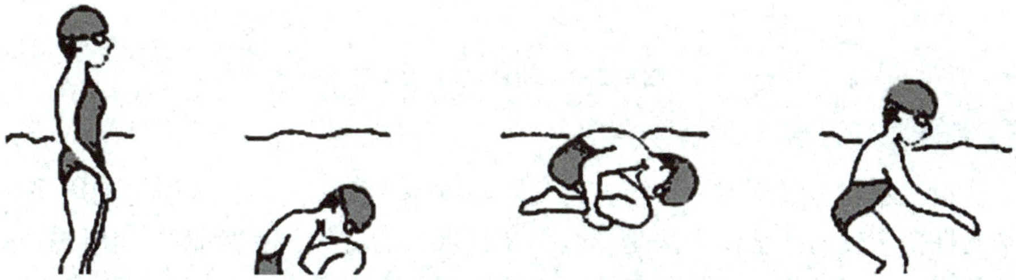

图8-2-4　抱膝漂浮练习

（2）展体漂浮练习。两脚开立，两臂放松向前伸出，深吸气后身体前倾，两脚离开池底，呈俯卧姿势，漂浮于水面，两臂两腿自然伸直，如图8-2-5所示。

图8-2-5　展体漂浮练习

（四）滑行练习

滑行是各种泳式的基础，是熟悉水性练习的重点，目的是进一步体会水的浮力，掌握水中的平浮和身体的滑行姿势。

（1）蹬池底滑行练习。两脚前后开立，两臂前伸，两手并拢。深吸气后屈膝，当头和肩浸入水中时，前脚掌用力蹬池底，随后两腿并拢，身体呈流线型向前滑行，如图8-2-6所示。

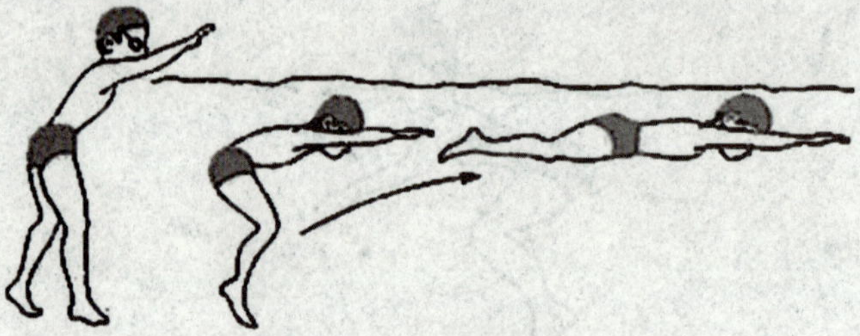

图8-2-6 蹬池底滑行练习

（2）蹬池边滑行练习。背向池壁，一手拉水槽，一臂前伸，同时一脚站立，一脚贴池壁。深吸气、低头、上体在水中前倾呈俯卧姿势，然后支撑脚向上收起，两脚掌贴住池壁，臂部尽量靠近池壁，随即拉水槽的一臂向前伸出与前臂并拢。头夹在两臂之间，两脚用力蹬池壁，使身体呈流线型向前滑行，如图8-2-7所示。

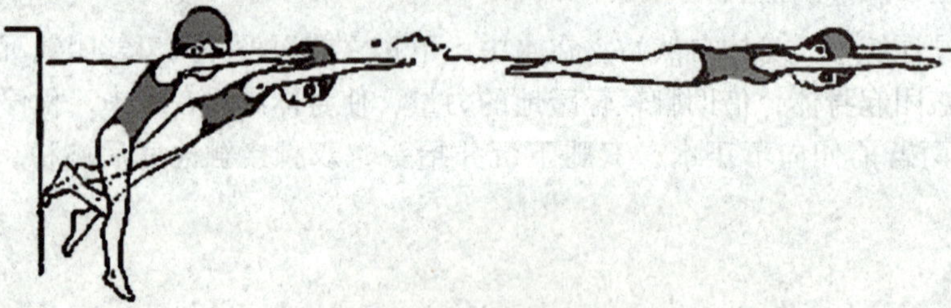

图8-2-7 蹬池边滑行练习

（五）打水与呼吸练习

（1）扶板打水与呼吸练习。扶板打水与呼吸练习常用来提高打水能力和增强耐力，对身体的平衡性要求较高。动作方法是：双手扶打水板的后部，手臂前伸，俯卧在水中；低头，头部与躯干成一条直线，眼睛看池底；两腿交替上下打水，每打6次，抬头吸气1次，如图8-2-8所示。

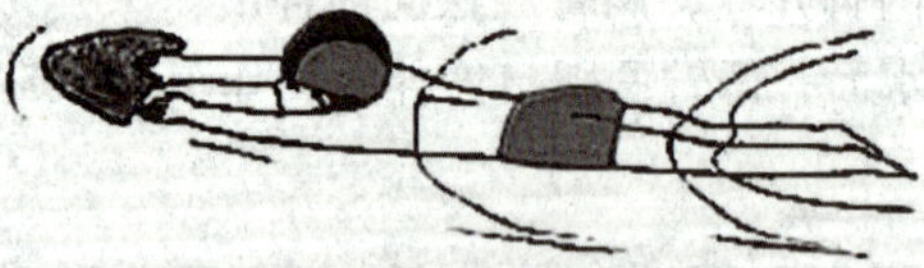

图8-2-8 扶板打水与呼吸练习

（2）徒手流线型伸臂打水练习。徒手流线型伸臂打水练习常在身体姿势保持伸展、平衡和流线型的情况下，用来提高打水效率。动作方法是：两臂和肩前伸，身体放松，平直俯卧于水面上；两腿交替打水，每打6次，抬头吸气1次，吸气时打腿停止，如图8-2-9所示。

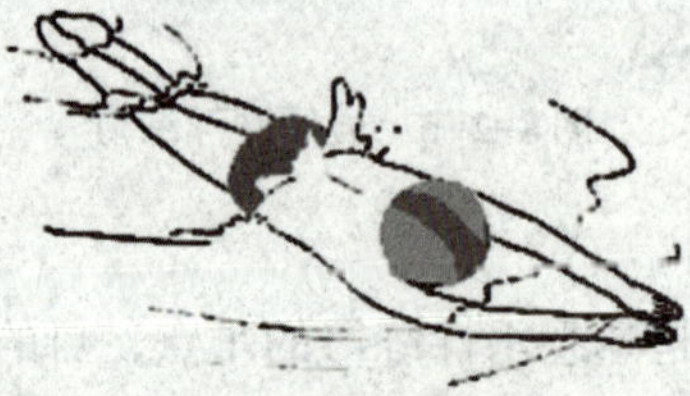

图8-2-9 徒手流线型伸臂打水练习

二、蛙泳

蛙泳是一种古老的游泳姿势，因其动作结构模仿青蛙而得名。蛙泳有很多优点，包括呼吸节奏容易掌握，游动声音小，容易观察和判断游动方向，每个动作周期结束后都有短暂的滑行放松时间。但是，蛙泳的臂、腿变化方向较多，其技术结构是四种泳姿中最为复杂的。由于运动员在水下移臂和收腿都会给前进带来很大的阻力，使行进速度下降，所以它是四种泳姿中速度最慢的一种。

（一）蛙泳技术

1. 身体姿势

蛙泳时身体俯卧水中，保持自然伸直，两腿并拢，收腹塌腰呈流线型；手臂向前伸直，掌心向下；头稍抬起，置于前伸并拢的两臂之间，前额齐于水面，眼睛注视前下方。身体纵轴与水平面的夹角变化区间为5°～10°，如图8-2-10所示。

图8-2-10　蛙泳的身体姿势

吸气时，下颌露出水面，肩部升起，身体与水平面的角度增大到15°，如图8-2-11所示。吸气后头没入水中，同时双手前伸蹬夹腿，带动双臂做由内向外的划水动作。蛙泳动作的分解如图8-2-12所示。

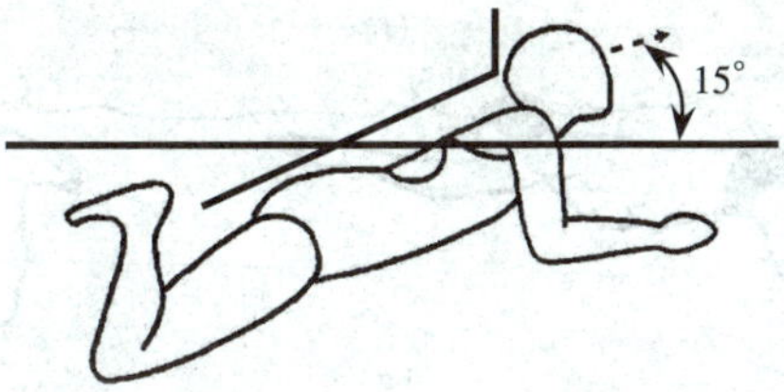

图8-2-11　蛙泳换气

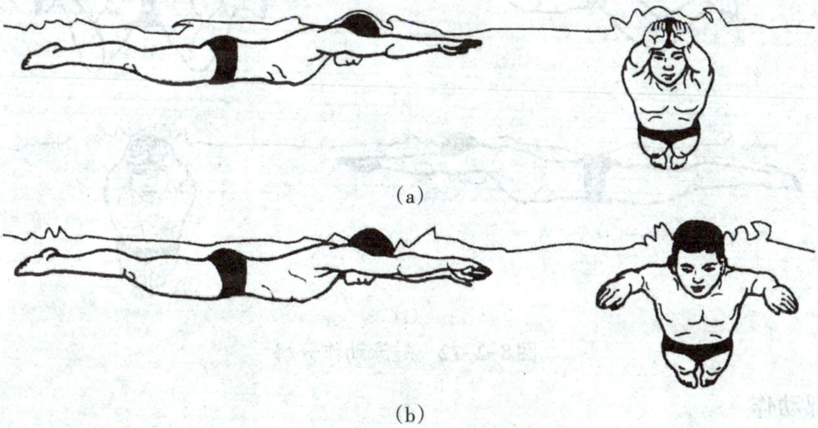

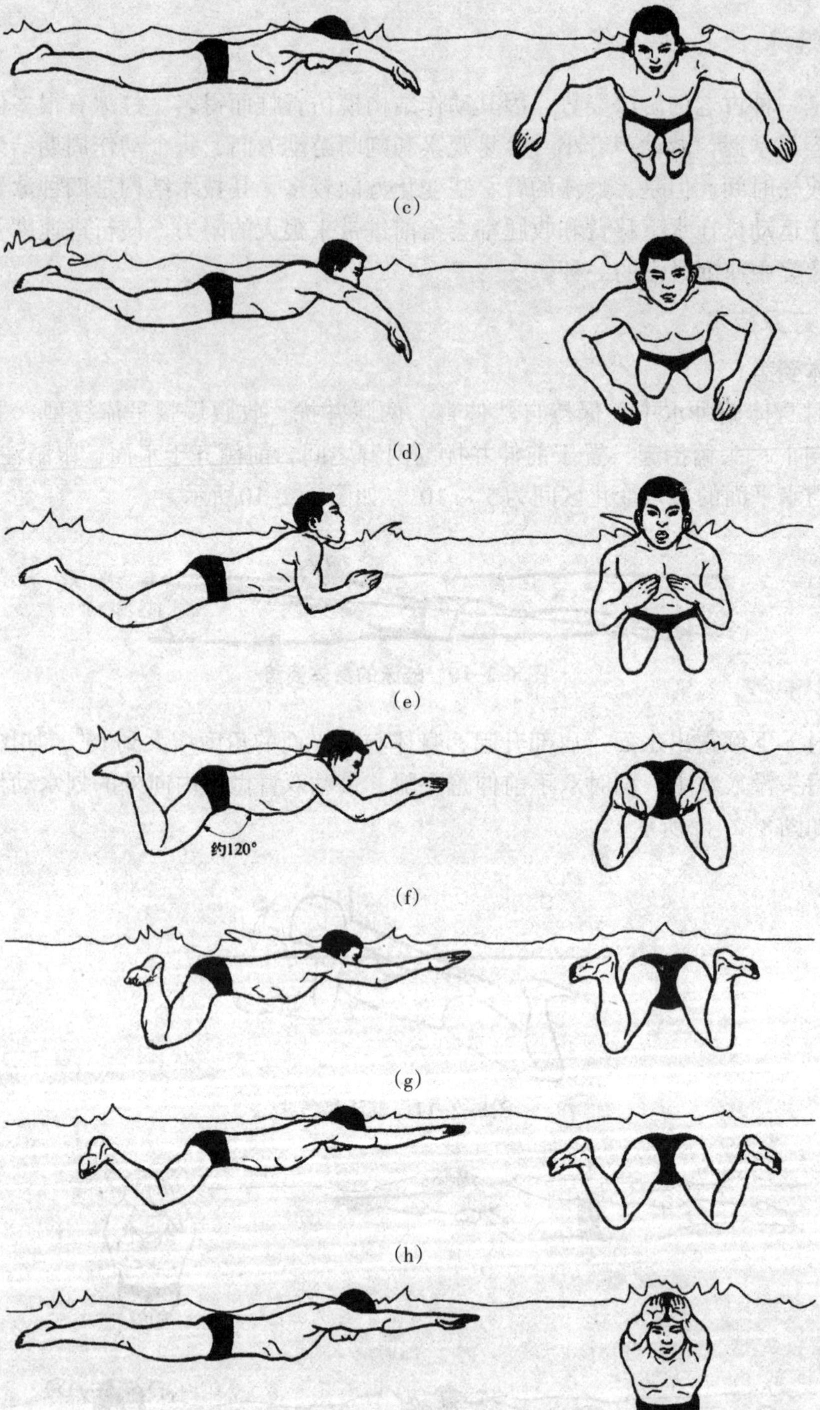

图8-2-12　蛙泳动作分解

2. 腿部动作

蹬腿是蛙泳推进力的主要来源之一，可分为收腿、翻脚、蹬夹腿和滑行四个阶段，且这几个阶段应连贯进行。两腿动作对称进行，收腿为蹬腿做准备，翻脚是收腿的结束和蹬夹腿的开始。

（1）收腿：把腿收到最有利于蹬水的位置。首先屈膝屈髋，由大腿带动小腿前收，前收的同时两膝逐渐分开。两脚和小腿在大腿正面投影截面，如图8-2-12（f）所示，两脚后跟尽量向臀部靠近。收腿开始与收腿结束状态，如图8-2-12（e）和（f）所示。

收腿后大腿与躯干成120°～130°，如图8-2-12（f）所示，两膝分开最大时与肩同宽，收腿时双膝间距、足跟间距及翻脚平行度如图8-2-13所示。

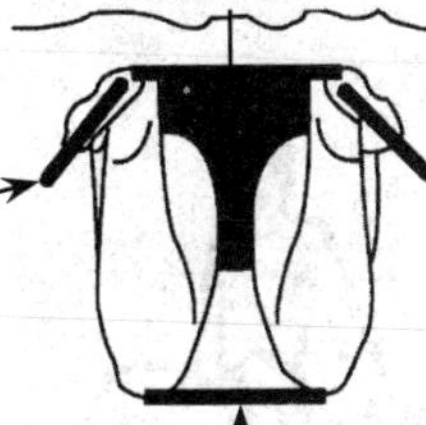

图8-2-13 收腿时双膝间距、足跟间距及翻脚平行度

（2）翻脚：当收腿动作快完成时脚仍向臀部靠近，两膝内扣，两脚外转，脚尖向外，使脚和小腿内侧对准蹬水方向，小腿离开大腿的投影截面，翻脚时的状态如图8-2-12（g）所示。翻脚结束时，两脚之间的距离大于两膝之间的距离。

（3）蹬夹腿：翻脚后大腿发力向后蹬出，通过伸髋、伸膝、伸踝，以大腿、小腿的内侧面和脚掌快速地做弧形蹬夹动作。蹬腿结束后，两腿并拢伸直。蹬夹腿动作如图8-2-12（g）和（h）所示。注意蹬夹腿时，双膝间的距离要保持不变。

（4）滑行：蹬腿结束后借助蹬夹腿产生的推进力向前滑行，此时双腿并拢，收腹塌腰，身体呈流线型且保持较高位置，以减少迎面阻力，并为下一轮动作做好准备，如图8-2-12（i）所示。

3. 臂部动作

臂部动作与腿部动作协调运动，不仅可以使游动更加省力，而且能提高游动速度。臂部动作可以分解为抓水、划水、收手和伸臂四个阶段，如图8-2-12所示。

（1）抓水：由两臂前伸滑行开始，两肩关节略内旋，掌心转向斜下方对准划水方向，如图8-2-12（b）所示，稍勾腕，成准备划水姿势（俗称“抱水”）。

（2）划水：划水开始，两臂慢慢分开，当两臂夹角为40°～45°时，手臂向外旋转屈肘，形成屈臂高肘划水，之后向两侧、向后下方划水，直至两臂之间角度为120°时，划水结束准备收手。肘关节弯曲的角度随着划水的进行不断减小，到划水即将结束时，肘关节弯曲的角度约为90°。划水过程，如图8-2-12（c）和（d）所示。

（3）收手：当两臂之间角度为120°时，靠肘伸肩。手臂开始向里、向上运动，掌心由向后转为向内，收到头部下方。整个收手过程要快速、流畅地完成。收手结束时肘关节低于手，上臂与前臂成锐角。收手过程，如图8-2-12（e）所示。

（4）伸臂：两臂从头下同时向前伸出、伸直，掌心由向内转为向下。

4. 臂、腿和呼吸配合技术

蛙泳的臂、腿和呼吸配合一般是蹬腿一次，划臂一次，呼吸一次。由于腿、臂和呼吸配合时间的不同，形成不同的技术特征。

一般的配合技术是：两臂做抓水和划水动作时抬头吸气，腿自然伸直。收手的同时收腿，手开始向前伸。收腿结束翻好脚掌，当伸臂动作进行到2/3时，做蹬夹腿动作，然后滑行吐气。

（二）蛙泳的练习方法

1. 腿部动作的练习方法

坐在池边或岸上，上体后仰，两手后撑，两腿做收、蹬、翻、夹、并的动作练习，如图8–2–14所示。

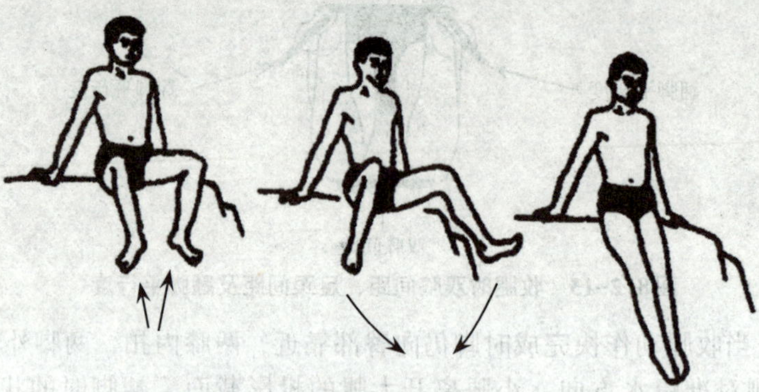

图8–2–14　蛙泳腿部动作练习方法一

俯卧在池边或岸上，做蛙泳腿部动作练习，培养正确的腿部肌肉感觉，如图8–2–15所示。

图8–2–15　蛙泳腿部动作练习方法二

在同伴的扶练下或用打水板做蛙泳腿部练习，体会腿在水中的动作，如图8–2–16、图8–2–17所示。

图8–2–16　蛙泳腿部动作练习方法三

图8-2-17 蛙泳腿部动作练习方法四

2. 臂部动作的练习方法

在陆上两脚开立，身体前倾，两臂向前伸直，手指并拢，掌心向下，按口令做蛙泳的模仿练习，建立正确的划臂概念，如图8-2-18所示。

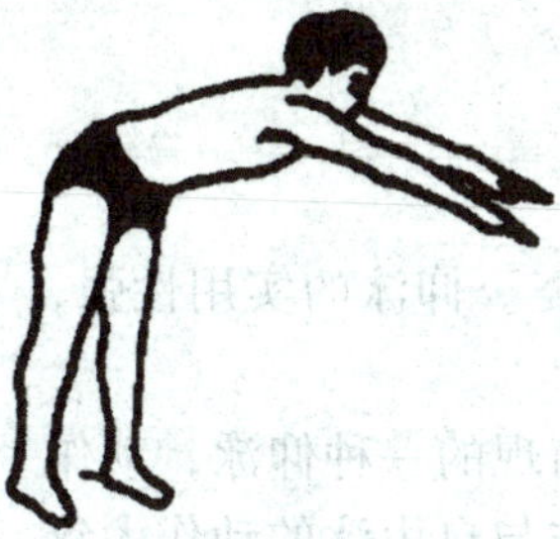

图8-2-18 蛙泳臂部动作练习方法一

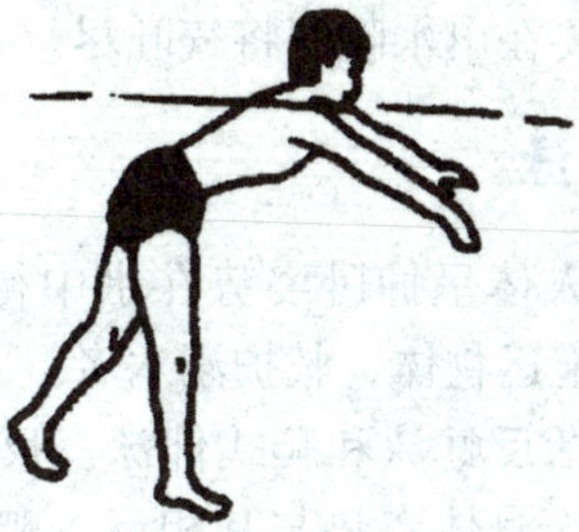

图8-2-19 蛙泳臂部动作练习方法二

在水中两脚前后开立做同上动作练习，建立水中正确划臂的肌肉感觉，如图8-2-19所示。

做同上动作练习，加上呼吸的配合，体会水中臂和呼吸的配合技术。

3. 完整连贯动作的练习方法

陆上站立，做完整的配合模仿动作，体会划手腿不动、收手又收腿、伸臂接蹬腿、伸直漂一会儿的动作顺序，以及划臂抬头吸气、收手低头闭气、伸臂蹬腿呼气的完整技术配合练习，如图8-2-20所示。

图8-2-20 （陆上站立）做完整的配合模仿动作

在水中做臂、腿的配合练习。臂、腿交替进行，建立臂先腿后的动作概念。

在水中做臂、腿和呼吸的连贯动作配合练习。逐渐做到臂、腿配合一次，呼吸一次的完整技术并逐渐增加游泳的距离，不断改进，提高动作质量。

（三）常见的错误动作及纠正方法

（1）收腿之后没翻脚。纠正方法：在陆上进行练习时，收腿之后着重体会翻脚的感觉，在水中练习时，强制性地做翻脚动作。

（2）蹬腿时两膝距离变大，蹬得过宽。纠正方法：在做水中的腿部练习时，在同伴帮助下保持两膝间距离，矫正不良姿势。

（3）做蹬夹腿动作时只蹬不夹。纠正方法：在脚蹬出去、两膝未伸直之前，就应积极向内夹水。

（4）划水时手摸水，拖肘。纠正方法：注意划水的动作要领，开始划水时臂内旋并勾手腕；划水时肘应高于手，形成屈臂高肘。

（5）吸不到气或吸气时喝水。纠正方法：在水中未吐气或气未吐尽，在抬头出水后有吐气动作，吸气时间不够，易造成吸不到气或喝到水。练习者可加强水中原地的臂与呼吸配合练习，要在出水瞬间将气吐尽。

三、仰泳

仰泳是人体呈仰卧姿势在水中行进的一种泳姿。仰泳的实用性强，适宜在水中拖运物体，救护溺水者。

仰泳包括反蛙泳和爬式仰泳。反蛙泳是最早出现的一种仰泳，动作近似蛙泳，而身体姿势与其相反。爬式仰泳的动作与自由泳的动作大致相同，即面朝上两臂轮流划水，两腿上下交替打水。

爬式仰泳与反蛙泳相比，游动时相对省力，而且游动速度较快，因此在游泳比赛中，仰泳项目均采用爬式仰泳泳姿。

微课
仰泳速成的七个步骤

（一）爬式仰泳技术

1. 身体姿势

身体自然伸展，仰卧呈流线型，头和肩部稍高，腰腹和腿部保持水平，身体纵轴与水平面成5°～7°。

由于头部在游泳过程中起到控制方向的作用，所以要求头部稳定，始终保持正直姿势。躯干以身体纵轴为基准，随着两臂的轮流划水动作而自然转动。仰泳动作的分解，如图8-2-21所示。

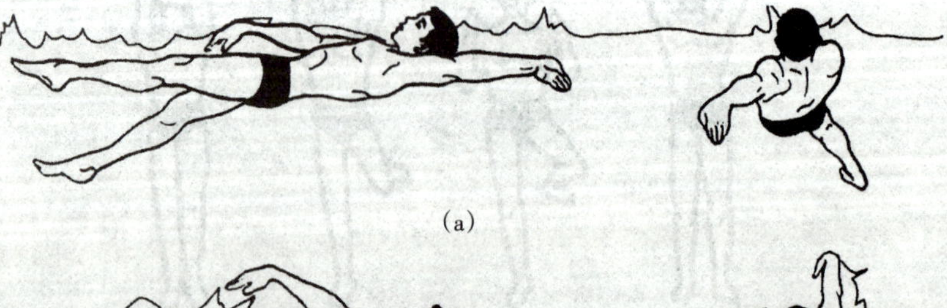

(a)

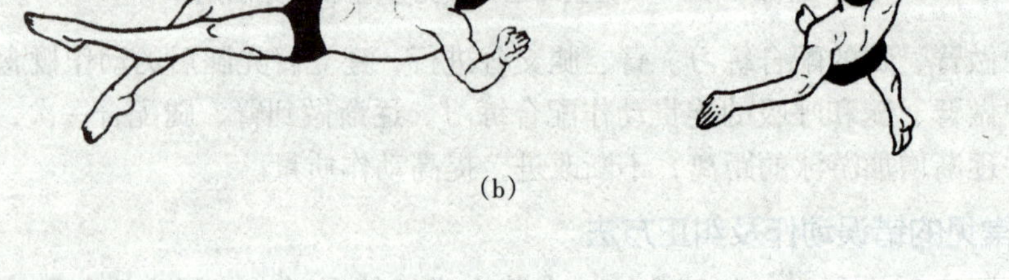

(b)

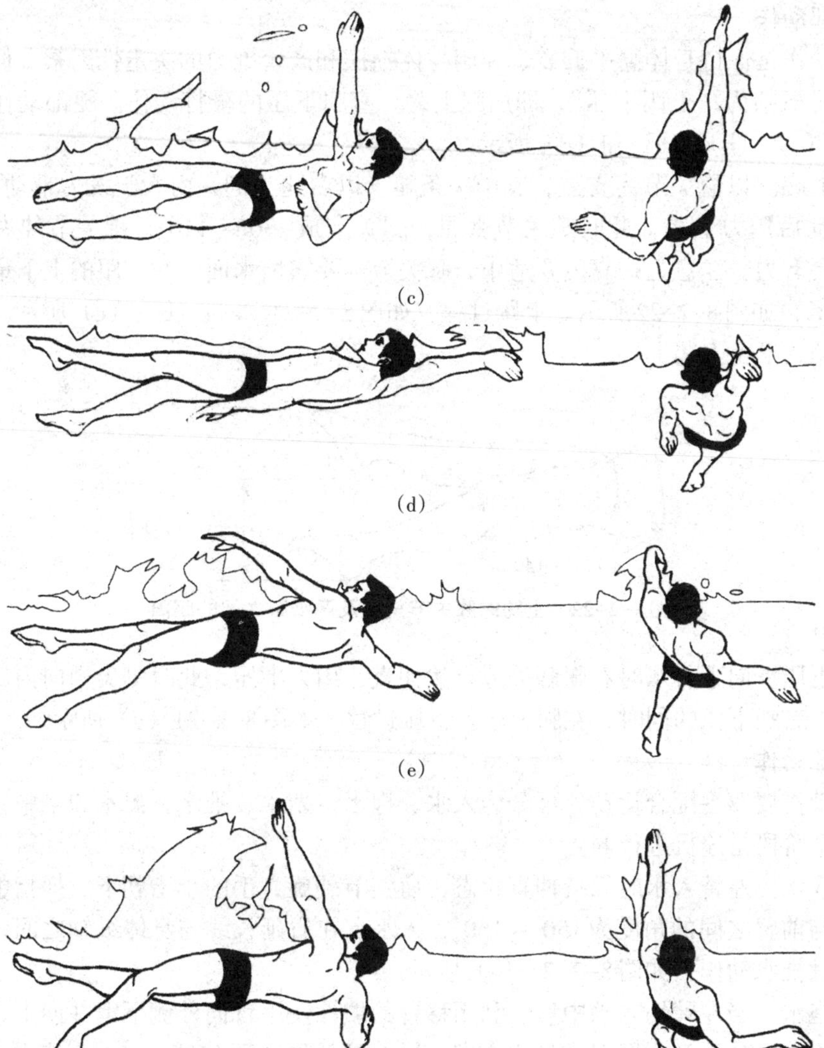

图8-2-21　仰泳动作分解

2. 腿部动作

腿部动作是保持身体高平仰姿、控制身体摇摆和产生推力的决定性因素。仰泳腿部动作的重点可概括为“上踢下压”，即屈腿上踢、直腿下压的鞭打动作。腿部动作分解，如图8-2-21（a）、（b）、（c）和（d）所示。

（1）上踢。以髋关节为支点，其中一条腿（以右腿为例）由大腿发力带动小腿及脚，稍向下移动后用力上踢，此时膝关节微屈，腿关节成130°～140°，踝关节伸展，脚向内转，动作要有力。注意上踢高度要适中，膝关节不要露出水面，两脚跟的上下最大距离为40～50厘米，如图8-2-22所示。上踢过程，如图8-2-21（a）、（b）、（c）所示。此时左腿稍向下移动，准备上踢。

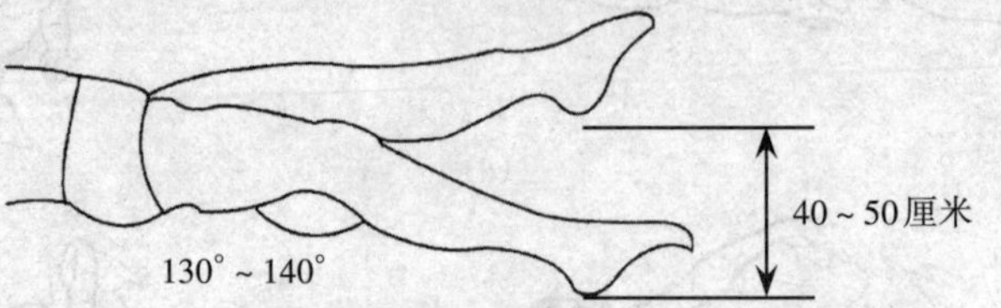

图8-2-22　上踢时膝关节角度及两脚跟之间的距离

（2）下压。向下打水时右腿膝关节自然伸直，用力下压，此时脚尖稍向内旋，以加大踢水面积。右腿下压的同时，左腿上踢。下压过程，如图8-2-21（d）所示。

3. 臂部动作

臂部动作要双手配合运动，可分为入水、抱水、划水、推水、出水和空中移臂六个阶段，这几个阶段是连贯进行的。

（1）入水。左臂入水时保持伸直状态，肩关节外旋，手的小指朝下，拇指朝上，掌心向外，手与前臂之间的角度为150°～160°，入水点在肩延长线与身体纵轴之间，同时右臂向后下方做推水动作，如图8-2-21（a）所示。

（2）抱水。当左臂切入水中后，利用移臂的惯性使手臂向外侧下滑并向上、向身后转腕，肩臂内旋，使手和小臂对准划水方向，同时开始屈臂至150°～160°，使手掌和前臂增大划水面，配合上体转动成抱水姿势，同时右臂提出水面，如图8-2-21（b）所示。

（3）划水。当左臂下滑至与身体纵轴成40°～50°时开始屈臂划水，如图8-2-23所示，左手后划的速度要快于肘。划水至肩侧时手距水面屈臂角度约为90°，这时手、前臂、上臂同时向脚的方向做推水动作，如图8-2-21（c）所示。

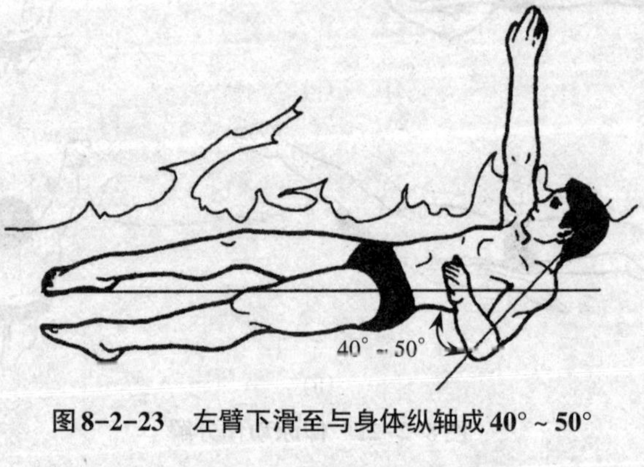

图8-2-23　左臂下滑至与身体纵轴成40°～50°

（4）推水。左臂肘关节靠近体侧时向后下方自然下压，肩关节向上提，同时内旋，以肩为轴按由下至上再向下的S形划水路线划动，如图8-2-24所示。左臂靠近大腿旁时结束划水，同时右臂在空中沿肩线上方做圆周运动，当左臂结束划水时右臂正好入水。

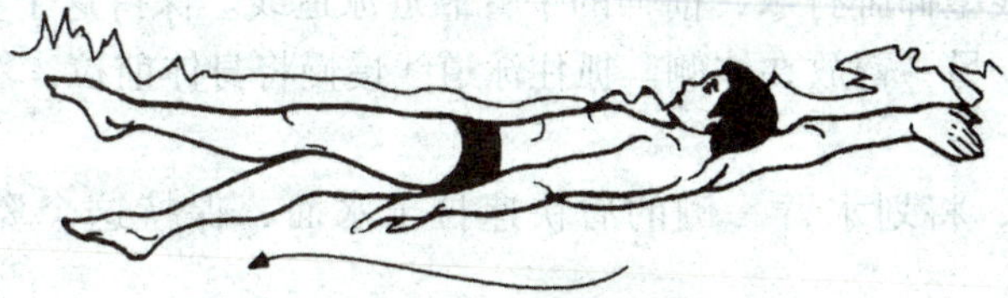

图8-2-24　S形划水路线

（5）出水。划水结束后借助手掌下压的反作用力，手背朝上，以肩带动上臂和前臂，将左臂立即提出水面，同时右臂入水后做抱水动作，如图8-2-21（e）所示。

（6）空中移臂。左臂出水后沿肩线上方做圆周运动，移动过程中保持手臂伸直，右臂做划水运动，左臂入水时右臂出水，如图8-2-21（f）、（g）、（h）所示。

4. 双臂配合

一般情况下，当一臂出水时，另一臂刚好入水；当一臂处于划水中段时，另一臂在空中移臂至一半。在整套臂部动作中，两臂几乎一直处在完全相反的位置上，这样配合能保证动作的连贯性和速度的均匀性。

5. 臂、腿和呼吸的配合

（1）臂与呼吸的配合。一般情况下是两次划水一次呼吸，即以一只手臂为标准，开始出水移臂时吸气，其他阶段慢慢呼气。高速游进时也有一次划水一次呼吸的技术动作。需要注意的是呼吸过于频繁会导致动作紊乱。

（2）腿、臂配合技术。在划水过程中腿做上踢和下压动作时要保持身体的平衡与协调，避免身体的过分转动和臂部下沉。

现代仰泳技术采用6次打腿、2次划臂的配合，也有少数人采用4次打腿、2次划臂的配合。仰泳6次打腿、2次划臂的动作配合，见表8-2-1。

表8-2-1　仰泳6次打腿2次划臂的动作配合表

臂部动作		腿部动作	
右臂	左臂	右腿	左腿
抱水	出水移臂开始	上踢	下压
划水	移臂中间	下压	上踢
推水	移臂结束入水	上踢	下压
出水移臂开始	抱水	下压	上踢
移臂中间	划水	上踢	下压
移臂结束入水	推水	下压	上踢

（二）仰泳的练习方法

1. 仰泳划臂练习

（1）仰泳单臂拉线划水练习。

一臂前伸成流线型仰卧打水，前伸的手臂靠近泳道线。保持这个姿势数3下。始终用前伸的手臂做动作，另一臂放在体侧。抓住泳道线慢慢将身体前拉，然后继续完成鞭状向下划水。

当划水结束时，将划水臂一侧的肩快速拉出水面，保持这个姿势数3下，腿继续打水。

练习提示：注意自己的肩部，尽量转动得高一些。想象跷跷板式的转肩动作。

（2）仰泳单臂连续划水练习。

一臂前伸成流线型仰卧打水，前伸的手臂靠近泳道线，保持这个姿势数3下。始终用前伸的手臂做动作，另一臂放在体侧，前伸的手臂向后划水，并完成鞭状向下划水。

当划水结束时，将划水臂一侧的肩快速提拉出水面，保持这个姿势数3下，腿继续打水。慢慢向上移臂、入水，大拇指向上。手入水时，另一臂的肩提出水面，这样就完成了一个完整的动作周期。

动作要点：始终保持一肩提出水面，两腿快速有力地打水。

练习提示：边练习边默念动作节奏，如1、2、3、划水、提肩、4、5、6、移臂、提肩。

2. 仰泳转身练习

（1）仰泳平转身练习。

① 陆上，背对墙，原地站立，做平转身模仿练习。

② 水中背对池壁约1米处站立，向前蹬池底，使身体向池壁靠近，做单手触壁的平转身动作。

③ 做一手前伸，另一手放于体侧仰卧的水中打水动作，当前边手触壁后，做平转身。要求触壁手尽量向异侧摆。也可在同伴托腰背帮助下练习。

④ 做完整的平转身动作。要求游近池壁后，触壁手尽量向异侧肩摆，并充分利用向前游进的惯性做平转身。

（2）仰泳半翻滚转身练习。

① 陆上背对墙站立，做手触墙壁半滚翻转身练习。

② 仰坐在垫上身体靠近墙壁，做手触墙壁的半翻滚转身练习。

③ 水中游近池壁，做仰泳半滚翻的分解练习。要求手在异侧触壁的位置要深，并注意仰头、挺胸、挺腹，但不要摆腿。

④ 在水中做③练习，加两腿经空中的侧后摆，脚触池壁后不蹬。同伴托腰腹帮助转动也可以。

⑤ 在水中做④练习。两臂伸出后，两脚蹬离池壁。

⑥ 在游进中做完整的半滚翻转身动作。

3. 仰泳呼吸练习

大多数游泳运动员仰泳时在一侧划臂时吸气，在另一侧划臂时呼气。他们还通过嘴巴吸气，并通过鼻子呼气。请确保按照以下说明进行呼吸模式练习。

确保泳道中没有障碍。确保仰泳标志旗在正确的位置。蹬池壁，保持流线型姿势。在露出水面时，通过鼻子呼气。选择哪一侧的手臂是吸气手臂，哪一侧是呼气手臂。慢慢开始，在一侧划臂时通过嘴巴吸气，在另一侧划臂时通过鼻子呼气。实验一下，找出哪种模式最适合自己。逐渐增加力度和速度。

4. 仰泳打腿练习

借助打水板进行练习时，抓住打水板的底部，向下伸展双臂。蹬池壁，开始仰卧交替打腿，打水板放在大腿上部的下方。尝试不同的打腿幅度、范围和频率。只有脚趾（而不是膝盖）应该露出水面。如果做得不正确，或者做成“骑自行车”，膝盖就会弹离打水板。在这种情况下，要让脚趾接触水面。熟练后增加难度，不使用打水板，以流线型姿势打腿。

（三）常见的错误动作及纠正方法

（1）害怕呛水抬高头，导致身体没有展平。纠正方法：身体自然平直地仰卧水中，将下颌抬高，两耳没入水中。

（2）大腿动作过大，膝关节露出水面，将踢水动作做成挑水动作。纠正方法：在做腿部练习时控制大腿运动的幅度。

（3）打腿频率较慢，导致划水时身体下沉。纠正方法：应在划水时积极打腿。

（4）移臂时肘关节弯曲。纠正方法：当划水结束时将手紧靠大腿。

四、自由泳

自由泳又称“爬泳”，它是各种竞技游泳技术中速度最快的一种泳姿。自由泳是游泳运动教学和训练中的基础项目，它在竞技游泳和实用游泳中都占据着重要地位。

（一）自由泳技术

1. 身体姿势

自由泳时身体伸直俯卧水中呈流线型。两眼注视前下方，头稍抬起与身体纵轴成20°~30°，身体纵轴与水平面成3°~5°，如图8-2-25所示。在游泳时身体可随纵轴有节奏地转动，转动角度一般为35°~45°，如图8-2-26所示。

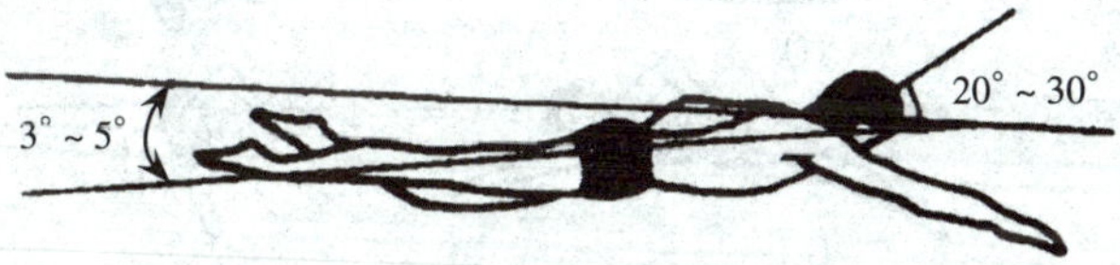

图8-2-25　自由泳的身体姿势一

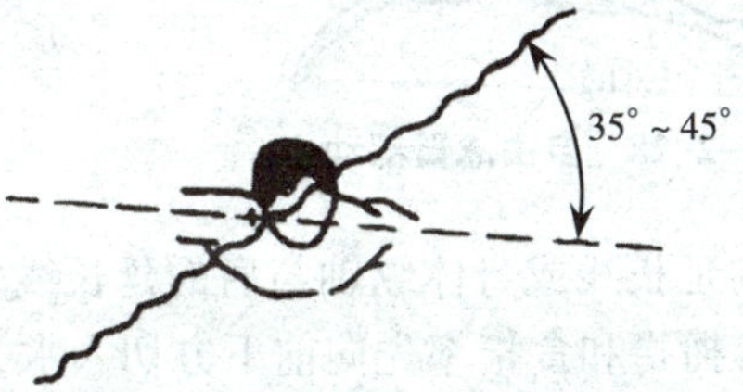

图8-2-26　自由泳的身体姿势二

微课
自由泳基本
技术动作介绍

2. 腿部动作

自由泳腿打水的动作主要是起维持身体平衡的作用。它的动力作用是通过整个人身体拉直拉平，双手相叠前伸，夹在耳后压住头，展肩、挺胸、收腹、顶胯、屁股夹紧，然后大腿带动小腿，小腿甩动脚面，形成打腿而实现的。打腿时两脚稍内收，踝关节自然放松，两腿分开30～40厘米，膝关节弯曲约160°，如图8-2-27所示。

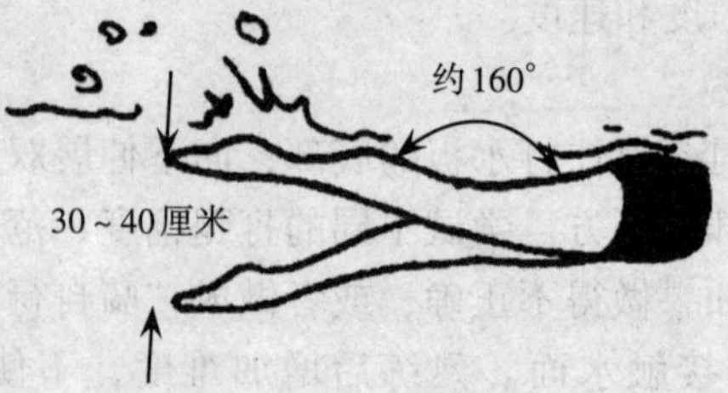

图8-2-27　自由泳的腿部动作

3. 臂部动作

臂部动作是自由泳的主要动力。臂部动作可分解为入水、抱水、划水、出水和空中移臂五个动作，如图8-2-28所示。

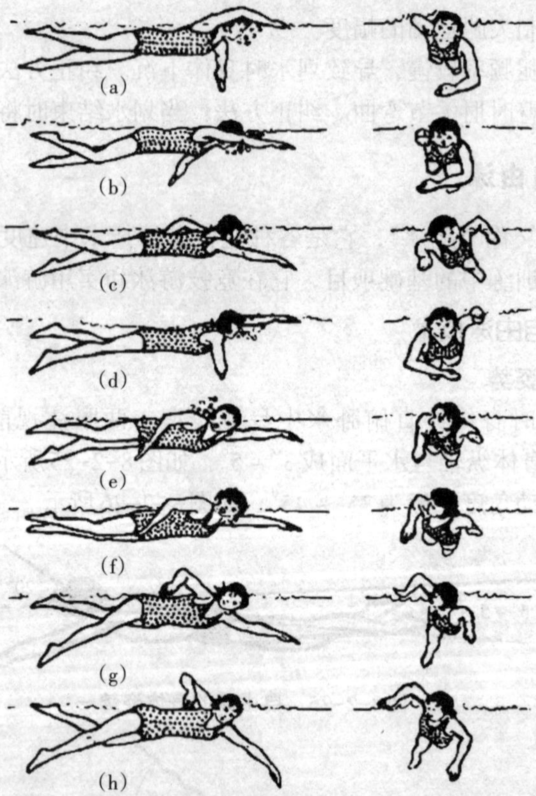

图8-2-28　自由泳臂部动作

（1）入水。手臂入水一般在肩的延长线或身体纵轴与肩的延长线之间。入水时手指并拢伸直。通过臂的内旋使手臂入水，拇指和食指率先向前下方切入水，肘高于小臂和手。

（2）抱水。臂入水后积极插向前下方，当手臂滑下与水面成15°～20°时，应逐渐屈肘，使肘高于手。当臂滑至肩带肌群充分拉开时，手臂与水面成40°，肘关节屈至成150°左右，整个臂保持高肘对准水，为划水做好准备，如图8-2-28（a）、（c）、（d）、（g）所示。

（3）划水。划水是从手臂在划水前与水平面成40°，到划水后与水平面成15°～20°的动作过程，如图8-2-28（b）、（e）、（h）所示。在整个划水过程中，肩前的划水由直臂到屈臂称为拉水，肩后的划水由屈臂到直臂称为推水，这两个过程是连贯加速完成的。在划水过程中要始终注意手对准水做桨式划水。手掌的整个运动轨迹呈S形。

（4）出水。划水结束后，利用划水的惯性由肩带动大臂、小臂和手在大腿旁提拉出水，臂和手腕的肌肉要放松，如图8-2-28（g）所示。

（5）空中移臂。臂出水后，由肩带动大臂、小臂和手做高肘快带向前移臂动作。整个移臂过程的前半部肘关节领先，小臂相对较慢；后半部小臂向前伸出，准备入水，如图8-2-28（a）、（d）、（h）所示。

4. 臂与呼吸的配合动作

（1）两臂的配合。

两臂配合分为三种，即前交叉配合、中交叉配合和后交叉配合。前交叉配合是一臂入水时，另一臂处于肩前方，与水平面构成30°角。中交叉配合是一臂入水时另一臂处于肩下垂直部位，与水平面构成90°角。后交叉配合是一臂入水时，另一臂划至腹下方，与水平面构成150°角。如图8-2-29所示。

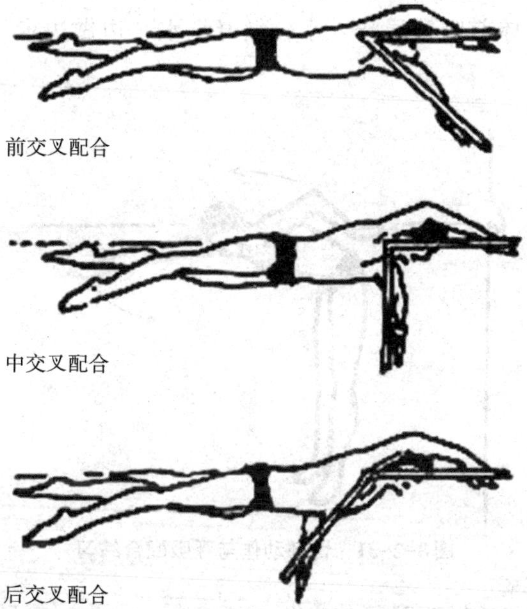

图8-2-29 两臂的配合

初学者和手臂力量小者多采用前交叉配合。随着技术的熟练和臂力的增强可发展为中交叉或后交叉的两臂配合技术。

（2）呼吸与臂的配合。

先用“吸气臂”划臂。开始向后压水时，把脸转向“吸气臂”一侧。把脸一直转到嘴巴离开水，但下脸颊要保持在水中。手到达划臂行程的后面时吸气。用嘴深深吸一口气。然后，“吸气臂”在水面上方返回前面时，让脸跟随它，“吸气臂”经过肩膀的时候，脸回到水中，看向池底。在“呼气臂”划臂时开始呼气，直到划水结束后呼气量逐渐增大，呼气的压力和速度也逐渐增加。呼吸与臂的配合如图8-2-30所示。

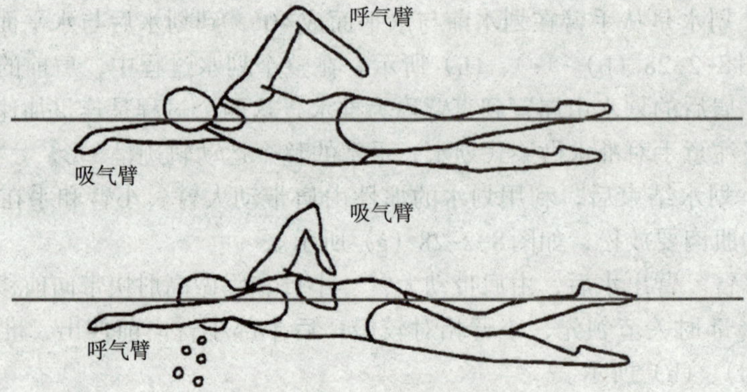

图 8-2-30 呼吸与臂的配合

5. 完整配合动作

自由泳的完整配合动作一般是腿打6次（左右各3次），臂划2次，呼吸1次，即6：2：1的配合。也可采用4：2：1或3：2：1的配合，但初学者最好采用6：2：1的配合。

（二）自由泳的练习方法

1. 臂部动作及其与呼吸配合的练习方法

（1）站立水中，上体前倾，肩浸入水，做臂划水，边做边走，同时转头呼吸，如图8-2-31所示。

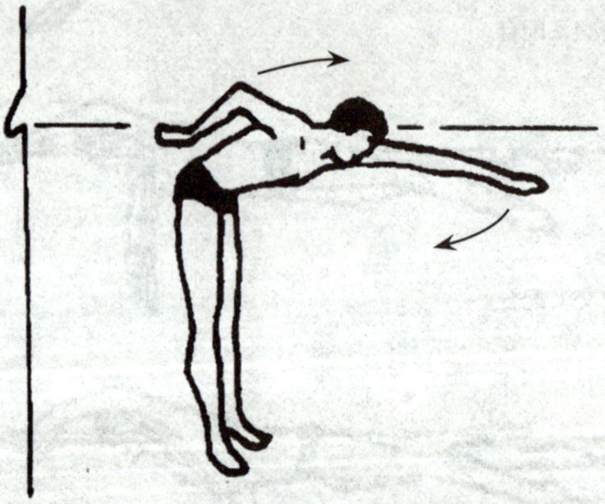

图 8-2-31 臂部动作与呼吸配合练习

（2）蹬边滑行后闭气，做两臂配合动作。

（3）腿夹打水板，蹬边滑行后，做两臂划水，结合转头呼吸。

2. 腿部动作的练习方法

（1）俯卧打水：手扶池槽，或由同伴托其腹部，成水平姿势，两腿伸直，做直腿或屈腿打水练习，如图8-2-32所示。

（2）仰卧打水：仰卧姿势，手握池槽，或由同伴帮助托其背部，做两腿交替打水，注意膝盖不要露出水面。

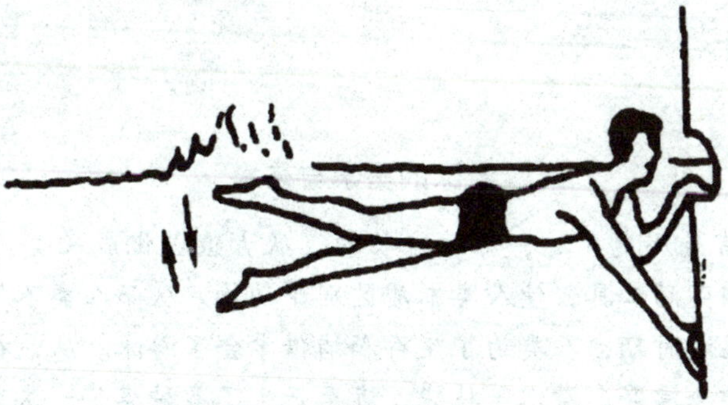

图8-2-32　俯卧打水练习

（3）滑行打水：蹬池边或打水板滑行，做滑行打水练习。练习时要闭气，两臂伸直并拢，头夹于两臂之间，如图8-2-33所示。

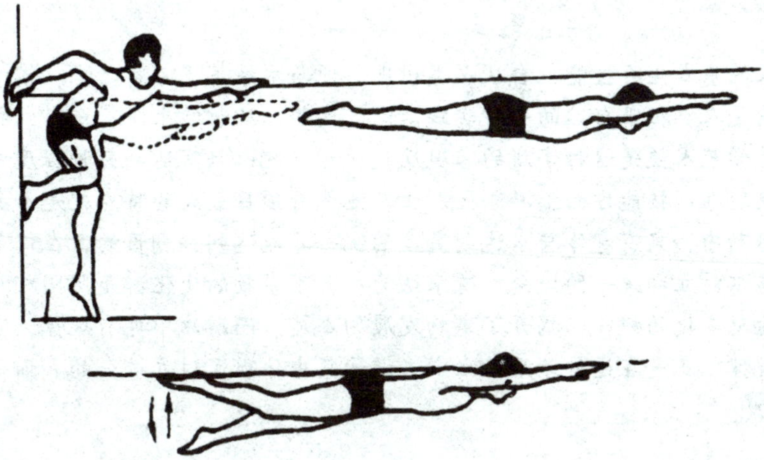

图8-2-33　滑行打水练习

（4）扶板打水：练习时两臂伸直，放松打水板，肩浸水中，手不要用力压板，呼吸自然。

3. 臂、腿、呼吸配合的练习方法

（1）站立水中，上体前倾做划臂与呼吸配合的练习，用力划水向前移动，然后蹬离池底，两腿打水形成完整配合。

（2）蹬边滑行打水漂浮5～10米，做自由泳臂划水与呼吸配合练习。

（三）常见的错误动作及纠正方法

（1）小腿打水。纠正方法：强调大腿带动小腿打水，用直腿打水进行练习，小幅度、快频率打水。

（2）臂入水后向下压水，划水时抹水。纠正方法：强调臂的内旋，高肘入水，手掌向外后压水；注意手掌对准水划臂。

（3）划水路线平直，身体有起伏。纠正方法：强调S形划水路线；划水时用力由小到大，速度由慢到快。

（4）呼吸困难影响游泳姿势。纠正方法：加强转头的灵活性；强调沿身体纵轴转头呼吸；呼吸时用力把余气吐净，用嘴进行短促有力的呼吸。

精彩分享

游泳的美学与艺术

游泳对人类而言是历史久远，源远流长的。从古猿进化成人类，劳动起了决定性作用，站立行走和使用劳动工具，使人类本质区别于动物。从而人类不仅具有自然属性，而且具有社会属性。远古时期，人类为了生存和捕猎学会了游泳。从最初模仿水栖动物的姿势在水中移动，到学会漂浮、潜水等技能，直至产生了多种姿势，这都体现了人类征服自然的过程。看似简单，其中充满了智慧和高贵的艺术以及巨大的美学价值。源于体育又高于体育，游泳的美学价值区别于其他体育项目，其美学特征极其鲜明，它包含的美的形态、美的神韵，加上欢快的节奏无不体现美的艺术。

一、和谐之美

游泳是人的基本生存技能，自从人类出现，便与水结下了不解之缘。借助水，人们学会了游泳，它是人类征服自然的一种实践活动。实践，从哲学上讲，是对立和统一的。而包含其中的美学艺术便是这种实践的客观反映，对立统一只有达到某种程度才能和谐。这种和谐的美表现在：技能方面，游泳区别于其他体育项目最大的特点就是本身是以水为介质。在游泳运动中，只有身体与水达到高度的统一才能达到预期目的，在许多游泳理论中都包含了人与水对立和统一的概念。道家认为：天下事物的变化都是阴阳相对转换的，这也包含事物运动变化的规律，揭开了事物发展的本质。而游泳中也有规律，它是人与水的之间的运动规律。正是在这种矛盾对立中，游泳集中体现了对立统一的和谐之美，因此具有独特的魅力。

二、形式之美

游泳作为一种历史、一种文化源远流长，其形态之各异，变化之丰富，纵观所有游泳运动，无论是竞技游泳，还是大众游泳，都在特点和风格上各具艺术特色，但都有共同的美学表现形式。蝶泳以气势雄壮夺人眼球，其表现力为豪放、洒脱之美；仰泳突出身体与水的高度统一，舒展、清爽、自然地突出人水合一的和谐意境；蛙泳利用腿部推进力，以最小的发力达到惯性平衡，不但愉悦身心，而且意似飞雁钻云，突出阴柔之美；自由泳则以力量、速度称霸，其将阳刚、力量、彪悍之美展现得淋漓尽致。而花样游泳、水上健身操等在优美旋律节奏配合下，用身体把一个个动作艺术展现出来，动中有静、刚柔交替、相互配合和转化，体现了别样的完美形式。

三、气氛之美

体育运动比赛中，特别是在竞技性很强的项目中，运动员在比赛前进行的调整呼吸、吼叫、击掌等发出的声音效果都是自我调节的过程。既可以烘托现场气氛，也可以增强力量的瞬间爆发，是一种心理战术。

游泳运动员也是如此，因为专业的限制，游泳运动大多为个人项目，与集体项目有很大区别，所以在很大程度上是自我生理和心理调节的过程。一旦比赛正式开始，在那种令人兴奋、激昂的氛围中，运动员所爆发的速度之美和力量之美令在场所有人欢呼，如同生命的绽放。这时，比赛的结果似乎胜于过程，体育所带来的精神超越了比分的胜负。让我们感受到力的存在、生命的蓬勃和雄伟的气势。激发出人们激烈的竞争意识和无所畏惧、勇往直前的精神。不言而喻，这种欢乐是体育带来的，它是一种超越，一种精神。

四、神韵之美

神韵是运动员体现内在美的一个较高境界，在中国传统体育项目武术运动中表现得尤为充分。神是志向和情趣的表达方式，它是神气和眼神之和。神的物质基础是形，而形的灵魂是神，二者辩证统一。在游泳运动中，水中健身操和花样游泳就是以神为主，在演练中形随意动、神形兼备、神随形转。身体在水中的整套完整动作在富有韵律和节奏的音乐配合下显得更有生气、更有活力。这正是所谓形、神、气的完美统一。没有神韵的运动就像空空的躯壳在摆动，因毫无思想和情感表达而僵硬和单调。运动员把内心的情感和想法通过姿势和神韵表达出来，再经过细心的揣摩体会，给大家呈现一个最高层次协调完美的有机整体。因此只有精、气、神的结合，游泳运动才具有真正的观赏和欣赏价值。

五、韵律之美

水中健身操和花样游泳在把握动作的起伏、快慢、高低、刚柔之中，懂得分寸和互补，从而体现出鲜明的节奏感，富有活力。似竞技非竞技，似舞蹈非舞蹈，给人们一种高雅的艺术之美。在水中的腾空瞬间，如雄鹰直飞冲天；在水中翻滚的姿态如落雁俯冲而下。身体起水时的上和入水时的下，体现动感强劲的韵律。倒立水中借助上肢入水，下肢展示舞蹈，瞬间来回变换造型，这种动感之美引人入胜。整套动作如鲤鱼跃龙门般矫健，充分展示了醇厚的韵律之美。

——选自《当代体育科技》2013年25期，原名《游泳的美学与艺术之研究》，有删减。

实践与训练

游泳接力比赛

活动目的：增强学生水感，帮助其克服惧水心理，同时增强其自信和团队协作能力。

比赛地点：学校游泳馆。

参与人员：由本班同学自行组队，每队4人。1名裁判员，2名记分员。

比赛规则：每队的参赛队员分别站于指定位置，当听到“预备开始”口令后，第一名队员出发，当第一名队员触到后一名队员的手后，后一名队员方可出发，最先游完全程的队伍获胜。

第九章　武术运动

学习目标

- 了解博大精深的中华武术文化。
- 掌握武术的基本动作和练习方法，体会武术的健身功能。
- 培养空间体位感觉，发展身体的协调能力。
- 培养锻炼身体的习惯和自信、创新、健康向上的精神。
- 领会武术精神，感受武术魅力，继承和发扬传统武术文化。
- 培养运用武术基本功、初级剑术和太极拳进行健身锻炼的爱好。
- 培养持之以恒、百炼成钢的武术精神，发扬中华尚武精神，培养民族精神。

第一节　武术运动简介

一、中华武术的起源与发展

武术在我国有悠久的历史，它起源于我国远古祖先的生产劳动。人们在狩猎的生产活动中，逐渐积累了劈、砍、刺的技能。这些原始形态的攻防技能是低级的，还没有脱离生产技能的范畴，但却是武术技术形成的基础。武术作为独立的社会文化现象，与中华文明的产生是同步的。

武术萌芽于原始社会时期。氏族公社时期经常发生部落战争，因此，在战场上搏斗的经验也不断得到总结，如比较成功的一击、一刺、一拳、一腿被模仿、传授、习练，促进了武术的萌芽。武术成型于奴隶社会时期。夏朝建立，经过连绵不断的战火，武术为了适应实战需要进一步向实用化、规范化发展，夏朝时期的武术活动主要在军队的武术活动和以武术为主的学校教育两个方面发展。

商周时期，商代出现了武术训练的重要手段——田猎；周代利用“武舞”来训练士兵，鼓舞士气，所设的“序”（学校）中也把射御、习舞列为教育内容。相传周朝时期出现了一部中国武术史上重要的著作《周易》，也称《易经》。这本书有内涵丰富的哲学思想，对我国养生学的发展影响极为深远，“易有太极，是生两仪，两仪生四象，四象生八卦。”太极学说由此产生，从此奠定了中国武术体系。春秋战国时期，诸侯争霸，各诸侯都很重视技术在战场中的运用。齐桓公举行春秋两季的“角试”来选拔天下英雄。在这一时期，剑的制造及剑道得到了空前发展。

武术发展于封建社会时期。秦汉以来，盛行角力、击剑。随着“宴乐兴舞”习俗的发展，人们时常在乐饮酒酣时以舞蹈的形式来表演武术技巧，如剑舞、枪舞等。如《史记·项羽本纪》记载的“鸿门宴”中“项庄舞剑，意在沛公”便是这一形式的反映。此外，还有刀舞、力舞等，虽具娱乐性，但从技术上更近于今天套路形式的运动。

微课
武术历史小知识

唐朝以来开始实行武举制，对武术的发展起了促进作用，如为有一技之长的士兵授予荣誉称号。裴旻的剑术、李白的诗歌、张旭的草书并称唐代三绝，可见武术作为一种文化形式已具有相当的影响力。

宋元时期，以民间结社的武艺组织为主体的民间练武活动蓬勃兴起，有习枪弄棒的“英略社”，习射练习的“弓箭社”，等等。由于商业经济活跃，出现了以浪迹江湖、习武卖艺为生的“路歧人”，他们不仅有单练，而且有对练。

明清时期是武术大发展时期，流派繁多，拳种纷呈。拳术有长拳、猴拳、少林拳、内家拳等几十家，同时形成了太极拳、形意拳、八卦拳等主要的拳种体系。

到了近代，武术适应时代的变化，逐步成为中国近代体育的有机组成部分。民国时期，民间出现了许多拳社、武士会等武术组织。1927年，在南京成立了中央国术馆。1936年中国武术队赴柏林参加奥运会表演。当代，2020年，国际奥委会执委会会议通过，武术被列入第四届青年奥林匹克运动会正式比赛项目。

二、武术的特点与作用

（一）武术的特点

（1）武术是由人的技击自卫术发展而来的，无论是套路和搏斗、单练与对练，还是什么民族使用何种器械，都保留了攻防技击的技术特点。

（2）武术产生、发展于中国，受中国传统文化影响，带有浓厚的中国传统文化色彩。

（3）刚健有为的民族精神是中华民族的心理要素，体现在自强不息和厚德载物两个方面。

（4）注重和谐。注重人与自然的和谐、人与社会的和谐及人的自我身心内外的和谐。

（5）注重形神兼备。武术在技术上不仅重视外在形的美，更追求内在神的美。

（6）注重整体的思维方式。武术不仅注重单个动作与单个动作之间的衔接，而且要求整套的演练气韵生动、气势磅礴、一气呵成。

（7）既重外练又重内练。外练指人体骨骼、关节、肌肉组成的运动系统完成的各种动作；内练指通过调整呼吸，掌握运气调息的方法，达到精、气、神、力、功的更高境界。

（8）多种拳种并存。武术是个拥有多拳种、多流派的传统体育项目。

（二）武术的作用

1. 健身作用

中国人历来重视运动，重视生命，注重养生之道，所以在武术的发展过程中武术与中国养生导引术相互影响、相互渗透。如轻柔缓慢的太极拳运动，不仅对心血管、呼吸系统有良好作用，而且对调节神经系统、陶冶性情、缓解压力都有独到之处，因此受到海内外人们的青睐。

2. 技击作用

在以冷兵器为主要兵器的时代，武术的技击作用是非常突出的。到了现代，武术技击作用虽不如古代那样突出，但在战争中仍不可避免会遭遇近距离搏斗，尤其在武警执行公务时，拥有娴熟的格斗技能对完成任务来说非常重要。

3. 观赏作用

武术既是人的身体活动，又是一种武技，尤其是现代的套路运动，高、新、难、美的技术要求，使武术运动的观赏性得到大幅度的提高，在人们进行攻防技击时表现出的神态与武术本身具备的神秘技击色彩，也同样具有很高的观赏价值。

4. 教育作用

武术的教育作用主要体现在学校教育。明清之际的思想家、教育家颜元在他主持的漳南书院里就开设有武备课。现代学校体育课程中的武术课，功能是通过武术向学生传授武技，更重要的是灌输武德思想，提高民族意识，激发图强精神。

5. 经济作用

武术同其他体育运动一样，本身就是一种产业，如对国内外武术爱好者进行教学、训练，开办武术馆校，举行武术表演、比赛。这些活动，能使武术在劳动人民长期的社会实践中发展起来，加上武术器材、服装、教材、音像资料等用品的消费，充分发挥了武术的经济作用。

三、现代武术的分类

武术的分类方法很多，有以流行地区分类的，有以技术特点分类的，也有以姓氏分类的。按其流行程度及内容可分为以下五类。

（一）拳术

拳术包括长拳、太极拳、南拳、形意拳、八卦掌、通臂拳等。

1. 长拳

长拳是查拳、华拳、洪拳、炮拳、花拳、戳脚、翻子等拳术的总称。它是一种姿势舒展、动作灵活、快速有力、节奏鲜明，并包括蹿蹦跳跃、闪展腾挪、起伏转折等动作和技术的拳术。其中，各个拳种又各有不同的技术特点和风格。长拳的动作幅度舒展、关节活动范围较大，对肌肉和韧带的柔韧性、弹性都有较高的要求。

2. 太极拳

太极拳是一种柔和、缓慢、轻灵的拳术。

3. 南拳

南拳是指流行于广东、广西、福建、湖南、湖北、浙江、江苏、四川等地的拳术的总称。南拳的特点是步稳、势烈、动作刚劲有力，并常以发声吐气来助长动作的发力。它特别能锻炼各主要肌群的力量。

4. 形意拳

形意拳是以三体式为基本姿势，以劈、崩、钻、炮、横五拳为基本拳法，并吸收了龙、虎、蛇、马、鹰、鹞等十二种动物的技能专长所编制的拳术。它的特点是动作整齐、简练、发劲较刚，能发展人体力量、速度等素质。

5. 八卦掌

八卦掌是一种以摆扣步走转为主，以掌法变换为内容的拳术。它的特点是沿圆走转，势势连绵，神灵步活，随走随变。它可以锻炼下肢的力量及灵活、协调等机能。

6. 通臂拳

通臂拳有摔、拍、穿、劈、攒五种基本掌法，其特点是放长击远，发力通达于臂。练习时胸背吞吐，双臂交换摔劈，拧腰切胯，连续不息，因此它对发展协调、灵活、力量等素质有着良好的作用。

（二）器械

武术器械主要包括刀、剑等短器械，枪、棍、大刀等长器械，双刀、双剑、双勾、双枪等双器械，九节鞭、绳镖、流星锤等软器械。

（1）刀术。刀术是以缠头裹脑为主要动作，加上劈、砍、挂、刺、撩等刀法所组成的套路练习。它的特点是勇猛、快速。

（2）剑术。剑术是由击、刺、点、崩等剑法所组成的套路练习。它的特点是动作轻快、身法矫捷、富有韵律感。

（3）枪术。枪术是以拦、拿、扎为主要动作，加上劈、摔、穿、缠、舞花等枪法所组成的套路练习。它的特点是枪扎一条线，脚为根，腰为轴，力达枪尖。

（4）棍术。棍术是由抡、劈、戳、撩、舞花等棍法所组成的套路练习。它的特点是使用两端、横打一片。

（三）对练

对练是指两人或两人以上，按照固定套路进行的攻防技术练习。对练包括徒手对练、器械对练、徒手与器械对练等。

（四）身体表演

身体表演是六人以上的徒手或器械集体演练。表演时可用音乐伴奏，使动作整齐划一。

（五）攻防技术

攻防技术是两人按照一定的规则进行的具有实战意义的搏斗形式的运动。

四、武德与武礼

（一）武德

武德是在从事武术活动的群体中形成的，是对习武者行为规范要求的总和。它包括从事武术活动的人在社会活动中应遵循的道德规范和应具有的道德品质。武德影响着习武者的各类活动，贯穿于拜师择徒、教武、习武、用武的全过程。儒家仁学思想成为传统武德的主要内容，表现为“仁、义、礼、行、勇”等方面。武德是武术的灵魂，崇尚武德是武术界几千年来的优良传统。

知识链接
武德基本内容

（二）武礼

武礼是武德的表现形式之一，动作规范与精神面貌能直接反映出习武者对武术运动的认识程度与修炼品行的层次。抱拳礼是武礼中一种重要表现形式，它是由中国传统作揖礼和少林拳的抱拳礼（四指礼）加以提炼、规范、统一而来的，并赋予新的含义。做好抱拳礼也是被人欣赏，或者欣赏他人品行的一种表现。抱拳礼的动作要点：并步站立，左手四指并拢伸直成掌，拇指屈拢，右手成拳，左掌心掩贴右拳面，左指尖与下颏平齐；右拳眼斜对胸窝，置于胸前，屈臂成圆，肘尖略下垂，拳掌与胸相距20～30厘米；头正、身直，目视受礼者，面容举止自然大方，如图9-1-1所示。抱拳礼的具体含义是：左掌表示德、智、体、美，“四育”齐备，象征高尚情操；屈指表示不自大、不骄傲、不以“老大”自居；右拳表示勇猛习武，左拳掩右拳相抱，表示“勇不滋乱”“武不犯禁”，以此来约束、节制勇武；左掌右拳拢屈，两臂弯曲成圆，表示五湖四海，天下武林是一家，谦虚团结，以武会友；左掌为文，右拳为武，文武兼备，虚心、渴望求知，恭候师友、前辈指教。

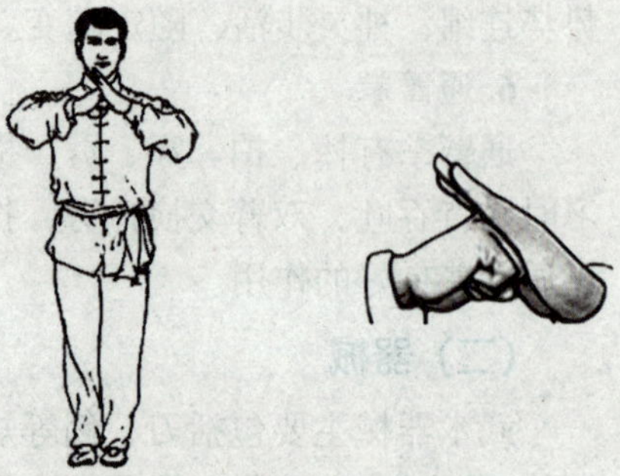

图9-1-1　武术抱拳礼

第二节　武术的基本功

武术基本功是指练习武术必须具备的身体活动能力、技术技巧能力以及心理素质等。基本功包括腿功、腰功、肩功等主要内容。腿功表现的是腿部的柔韧性、灵活性和力量等。腰功表现的是腰部灵活性、协调控制上下肢运动的能力和身法技巧。肩功表现的是肩关节柔韧性、活动范围的大小以及力量等方面。

一、腿功

（一）正压腿

面对一定高度的物体，左脚跟放在物体上，脚尖勾起，两腿伸直，两手扶按在左膝上，或用两手抓握左脚，然后上体立腰向前下方振压，头顶尽量触及脚尖，如图9-2-1所示。两腿交替进行。

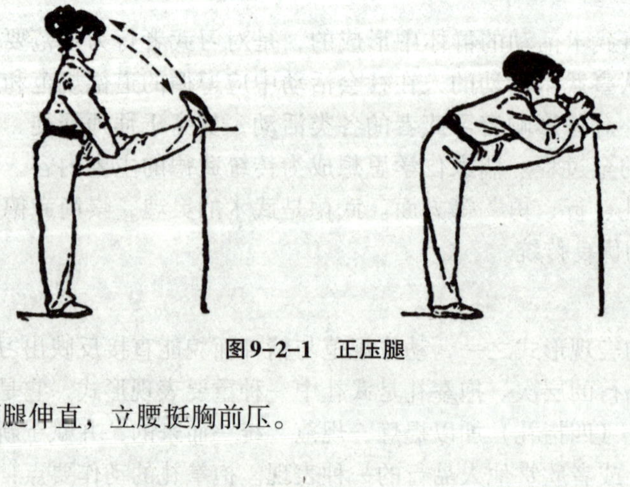

图9-2-1　正压腿

动作要点：两腿伸直，立腰挺胸前压。

（二）侧压腿

右腿支撑站立，左脚从体侧放置到一定高度的物体上，脚尖勾起，右臂上举，左掌立于胸前，两腿伸直，腰部挺立，上体向左侧下振压，振压幅度逐渐加大，直到上体能侧倒在左腿上，如图9-2-2所示。两腿交替进行。

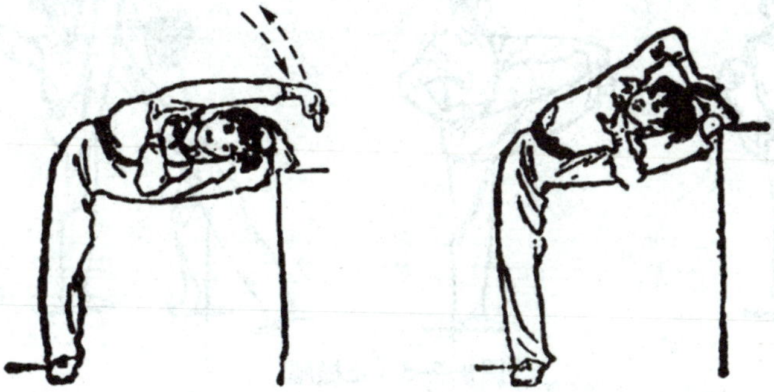

图9-2-2　侧压腿

动作要点：两腿伸直，开髋立腰挺胸，上体完全侧倒。

（三）后压腿

背对一定高度的物体，两手叉腰，右腿支撑站立，左腿后伸，脚背放到物体上，两腿伸直，上体向后下振压，并逐渐增大振压幅度，如图9-2-3所示。两腿交替进行。

图9-2-3　后压腿

动作要点：两腿伸直，立腰挺胸，头随上体后仰。

（四）仆步压腿

右腿屈膝全蹲，全脚着地；左腿向左侧伸直，脚尖内扣；两手分别抓住两脚脚背，成左仆步；腰部挺直，左转前压，如图9-2-4所示。左右仆步交替进行。

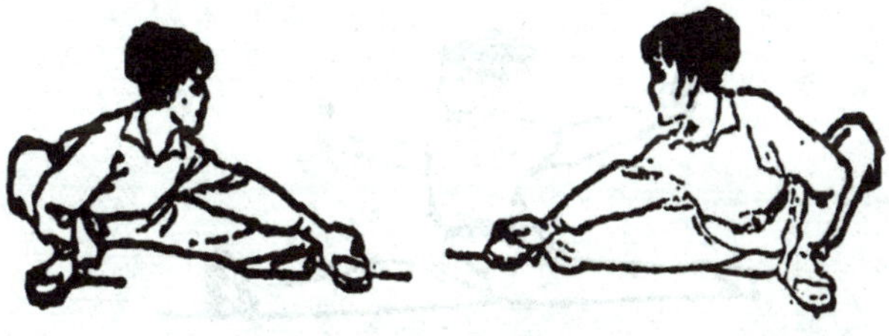

图9-2-4　仆步压腿

动作要点：直腰抬头，一腿全蹲，另一腿伸直，两脚压紧地面。

（五）正搬腿

右腿伸直支撑，左腿屈膝提起，左手扶膝，右手抓住左脚，然后将左脚向前方伸出，直至膝关节挺直，左脚外侧朝前，如图9-2-5所示。两腿交替进行。

图9-2-5 正搬腿

动作要点：两腿伸直，立腰挺胸，被搬腿的脚尖勾紧。

（六）侧搬腿

左腿伸直支撑，右腿从体侧抬起，右手经右小腿内侧绕脚后抱住右脚跟，将右腿伸直，脚尖勾紧，如图9-2-6所示。两腿交替进行。

图9-2-6 侧搬腿

动作要点：两腿伸直，立腰挺胸，身体直立平稳。

（七）竖叉

两腿伸直，前后叉开成直线。左腿后侧着地，脚尖上翘；右腿前侧着地，脚背扣在地上，两臂立掌侧平举，如图9-2-7所示。两腿交替进行。

图9-2-7 竖叉

动作要点：立腰挺胸，沉髋挺膝。

（八）横叉

两腿伸直向左右两侧张开，下坐成直线，两腿内侧着地，两臂立掌侧平举，如图9-2-8所示。

图9-2-8 横叉

动作要点：髋关节完全打开，立腰挺胸。

二、腰功

（一）前俯腰

并步站立，两手十指交叉，直臂上举，手心向上。上体前俯，挺胸，塌腰，两手尽力触地。然后两手松开，用两手绕过双腿，抱住两脚跟部，尽量使自己的上体、脸部贴紧双腿，如图9-2-9所示。

图9-2-9 前俯腰

动作要点：两腿挺膝伸直，上体前俯时，挺胸、塌腰、收髋。

（二）甩腰

开步站立，两臂伸直前举，以腰为轴，上体做前后屈和甩腰动作，两臂也随之甩动，如图9-2-10所示。

图9-2-10 甩腰

动作要点：两腿伸直，腰部放松，后甩时抬头挺胸，甩腰动作紧凑而有弹性。

（三）涮腰

两脚开立，略宽于肩，上体前俯，以髋关节为轴，两臂向左前下方伸出。然后挥动两臂，随上体向前、向右、向后、向左做翻转绕环，如图9-2-11所示。左右涮腰交替进行。

图9-2-11　涮腰

动作要点：两腿伸直，以髋为轴，翻转绕环做得圆活、和顺。

（四）下腰

两脚开立同肩宽，两臂伸直上举。腰向后弯，抬头，挺腰，双手撑地身体呈桥形，如图9-2-12所示。

图9-2-12　下腰

动作要点：两脚支撑站稳，膝关节尽量挺直，腰部后弯上顶，脚跟不能离地。

三、肩功

（一）压肩

面对一定高度的物体，两脚开立同肩宽，上体前俯，两手抓住横杆，抬头挺胸，塌腰，用力向下振压，如图9-2-13所示。

图9-2-13　压肩

动作要点：两腿伸直，肩部松沉，用力振压，力点集中于肩部。

（二）单臂绕环

左弓步站立，左手扶按左膝，右臂以肩为轴做直臂的顺、逆时针绕环，如图9-2-14所示。两臂交替进行。

图9-2-14　单臂绕环

动作要点：臂伸直，肩放松，绕立圆。

（三）两臂交叉绕环

开步站立，两臂直臂上举，左臂以左肩关节为轴，向前下做顺时针绕环；同时，右臂以右肩关节为轴，向后下做逆时针绕环，如图9-2-15所示。两臂顺、逆时针交替进行。

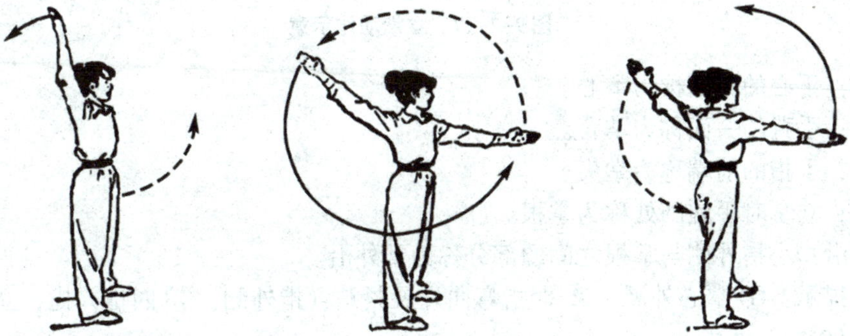

图9-2-15　两臂交叉绕环

动作要点：身体正直，两臂伸直，绕环协调。

四、基本手型手法

（一）基本手型

武术的基本手型有拳、掌和勾三种。

1. 拳

四指并拢卷紧，拇指梢节屈压于食指和中指的第二节指骨上。拳心朝下为平拳，拳眼朝上为立拳，如图9-2-16所示。

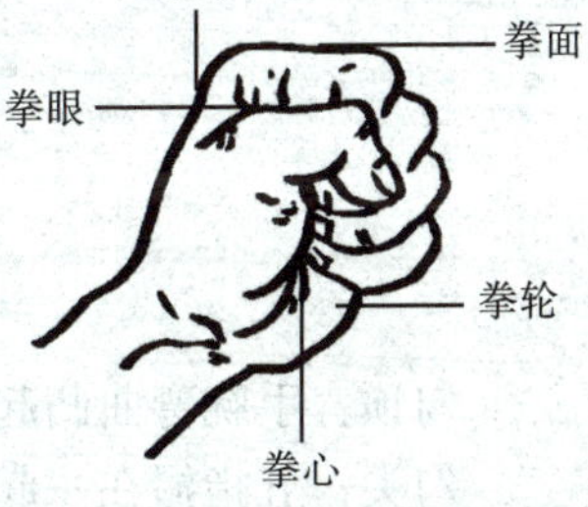

图9-2-16　拳动作示意

拳心：手心的一面称为拳心。

拳眼：拇指与食指相叠而成的圆窝称为拳眼。

拳背：手背的一面称为拳背。

拳面：四指卷紧后，第一节指骨相并形成的面称为拳面。

拳轮：小指外侧到手腕之间的部分称为拳轮。

要点提示：① 握拳要紧。② 拳面要平。③ 直腕。

易犯错误：① 握拳不紧，成空心拳。② 翘腕。③ 拳面不平。④ 拇指未压在食指和中指的第二节指骨上。

锻炼目的：① 握拳可锻炼屈指肌群的力量。② 反复握拳还可锻炼骨间肌肌肉，增强手指的灵活性。

2. 掌

拇指弯曲外展贴于食指内侧，其余四指并拢向外伸展。掌心朝上为仰掌，掌心朝下为俯掌，掌心朝前为立掌，如图9-2-17所示。

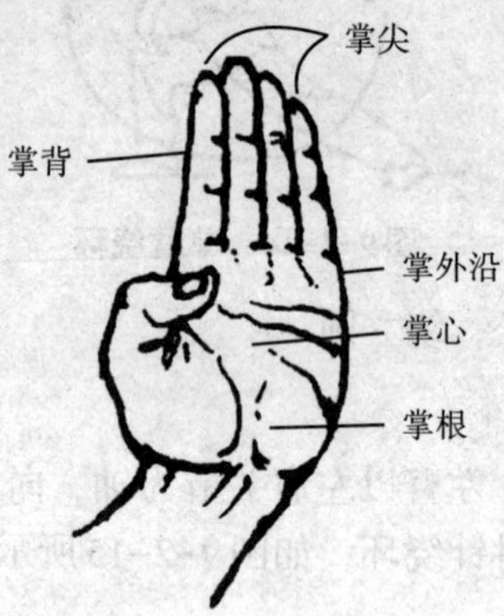

图9-2-17　立掌动作示意

掌心：手心的一面称为掌心。

掌背：手背的一面称为掌背。

掌尖：手指的前端称为掌尖。

掌根：立掌时手腕凸处称为掌根。

掌外沿：小指外侧与掌根之间的部分称为掌外沿。

要点提示：① 掌心外展。② 拇指弯曲外展紧贴食指外侧。③ 四指并拢，立掌时掌与手臂约成90°。

易犯错误：① 立掌时四指不能完全并拢伸直。② 拇指不弯曲。③ 立掌无力。

锻炼目的：立掌练习可锻炼伸指肌群肌肉，提高腕关节的柔韧性。

3. 勾

屈腕，五指撮拢屈腕成刁勾，如图9-2-18所示。

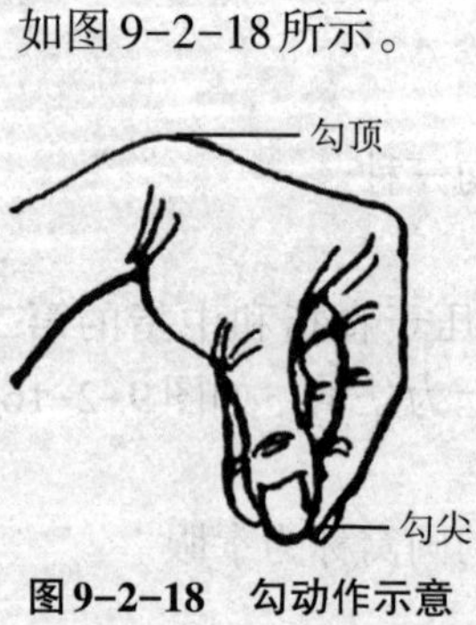

图9-2-18　勾动作示意

勾顶：手腕弯曲凸起部分称为勾顶。

勾尖：五指撮在一起的端头称为勾尖。

要点提示：屈腕、五指撮拢。

易犯错误：① 五指未紧撮在一起。② 手腕弯曲角度不够。

锻炼目的：锻炼桡侧腕短伸肌和桡侧腕屈肌的屈伸力量。

（二）基本手法

1. 冲拳

拳从腰间旋臂向前快速出击，有前冲、侧冲、上冲等形式。其准备姿势为两脚开立同肩宽，脚尖向前，两拳收抱于腰间，拳心向上，肘尖向后，挺胸收腹立腰，目视前方。右拳从腰间向前迅速用力冲出，拧腰顺肩，在肘关节过腰时右前臂内旋，力达拳面，臂伸直，与肩相平，同时左肘向后牵拉，如图 9-2-19 所示。可做左右臂交替冲拳练习。

图 9-2-19　冲拳动作示意

2. 架拳

右拳向下、向左、向上经头前向右上方画弧，同时前臂内旋架起，拳眼向左斜下方，目视左方，如图 9-2-20 所示。可做左右臂交替架拳练习。

图 9-2-20　架拳动作示意

3. 砸拳

在架拳基础上，拳自上向下，先直臂后屈臂下砸为砸拳。要求拳心向上，力达拳背，如图 9-2-21 所示。

图9-2-21 砸拳动作示意

4. 推掌

掌由腰间旋臂向前立掌推击。右拳变掌，以掌根为力点向前快速推出，同时前臂内旋使掌指向上，手臂伸直与肩平。在手掌推出时拧腰顺肩，同时左肘向后牵拉，如图9-2-22所示。可做左右交替练习。

图9-2-22 推掌动作示意

5. 亮掌

右臂微屈，抖腕翻掌，将掌举于体侧或头上，如图9-2-23所示。

图9-2-23 亮掌动作示意

6. 挑掌

由下向上翘腕立掌上挑，挑掌时力达四指，如图9-2-24所示。

图9-2-24 挑掌动作示意

7. 穿掌

手心向上，臂由屈到伸，沿体侧穿出，穿掌时力达指尖，如图9-2-25所示。

图9-2-25 穿掌动作示意

8. 劈掌

掌由上向下直臂呈弧形迅速劈击，力达掌外沿，如图9-2-26所示。

图9-2-26 劈掌动作示意

五、基本步型步法

（一）基本步型

1. 弓步

两脚前后开立一大步，距离为本人脚长的3～4倍，脚尖稍内扣，前腿屈膝半蹲，大腿略高于膝，膝不过脚尖；后腿挺膝伸直，脚尖朝向斜前方且稍内扣，两脚以全脚掌着地；上体正对前方，屈肘抱拳，目视前方，如图9-2-27所示。左腿弓为左弓步，右腿弓为右弓步。

图9-2-27　弓步动作示意

要点提示：挺胸，立腰，前腿弓，后腿绷。

易犯错误和纠正方法：

（1）后脚拔跟或外掀脚掌。纠正方法：强调脚跟蹬地。

（2）后腿屈膝。纠正方法：强调挺膝后蹬。

（3）上体前倾。纠正方法：强调沉髋。

练习方法：结合手法做原地或行进间左右弓步，交替练习。

2. 马步

两脚平行开立，距离约为本人脚长的3倍，脚尖向前，屈膝屈髋半蹲，膝不过脚尖，大腿略高于膝，以全脚掌着地；身体重心落于两脚间，两手于腰间抱拳，拳心向上，目视前方，如图9-2-28所示。

图9-2-28　马步动作示意

要点提示：头正、挺胸、立腰、扣足。

易犯错误和纠正方法：

（1）脚尖外撇。纠正方法：强调脚跟外蹬。

（2）两脚距离过大或过小。纠正方法：量出三脚距离后，再下蹲成马步。

（3）弯腰跪膝。纠正方法：强调挺胸、立腰后再下蹲，膝盖不得超过脚尖。

练习方法：原地做马步与弓步的转换练习，或结合手法进行练习。

3. 虚步

两脚前后站立，后脚脚尖外展45°，屈膝半蹲，大腿接近水平，以全脚掌着地支撑身体；前腿微屈，脚面绷直，脚尖虚点地；上体正直，两手叉腰，如图9–2–29所示。

图9–2–29　虚步动作示意

要点提示：挺胸、立腰、虚实分明。

易犯错误和纠正方法：

（1）虚实不清。纠正方法：等支撑腿下蹲后，前脚尖再着地。

（2）支撑腿蹲不下去。纠正方法：脚尖外展，多做腿部练习。

练习方法：先做高姿势练习，再结合手法做正确动作。

4. 仆步

两脚左右开立一大步，一条腿屈膝全蹲，大腿和小腿紧靠，臀部接近小腿，膝和脚尖稍外展；另一条腿伸直扑平接近地面，以全脚掌着地，脚尖内扣，两手握拳收抱于腰间，目视仆腿方向，如图9–2–30所示。

图9–2–30　仆步动作示意

要点提示：挺胸、立腰、开髋，全脚掌着地。

易犯错误和纠正方法：

（1）平铺腿不直，脚外侧掀起，脚尖上翘外展。纠正方法：平铺腿的脚外侧抵住固定物，使之正确。

（2）全蹲腿未蹲到底，脚跟提起。纠正方法：增加踝关节柔韧性，强调腿平铺时沉髋、拧腰。

（3）上体前倾。纠正方法：挺胸、立腰后再下蹲。

练习方法：

（1）先把姿势放高一些，再做正确动作。

（2）结合手法练习。

5. 歇步

两腿交叉屈膝全蹲，前脚以全脚掌着地，脚尖外展；后脚脚跟离地，臀部坐于小腿上，接近脚跟；两手握拳收抱于腰间，目视左前方，如图9–2–31所示。

图9–2–31　歇步动作示意

要点提示：挺胸、立腰、两腿贴紧。

易犯错误和纠正方法：

（1）两腿贴不紧，后腿膝跪地。纠正方法：强调后腿膝关节穿过前膝腘窝。

（2）动作不稳。纠正方法：前脚尖充分外展、立腰、两腿贴紧。

练习方法：同虚步。

6. 丁步

先并步站立，两腿屈膝半蹲，一脚全脚掌落地，抬另一只脚，使脚跟翘起，脚尖里扣，并虚点地面，脚面绷直，附于立地一脚前处，形似丁字，然后两手握拳，抱于腰间，目光平视，如图9–2–32所示。

图9–2–32　丁步动作示意

要点提示：屈蹲与直身灵活自如，虚实清楚，重心放在立地的一腿上。

易犯错误和纠正方法：同虚步。

练习方法：初练者可以面对物体，手扶练蹲，逐渐弃去物体。练熟后可以加练技术动作，如丁步推掌、丁步冲拳、丁步架掌等。

（二）基本步法

（1）上步：后脚向前迈步为上步。

（2）退步：前脚向后撤退为退步。

（3）盖步：一只脚经另一只脚前，横迈一步成两腿交叉，为盖步。

（4）插步：一只脚经另一只脚后，横迈一步成两腿交叉，为插步。

（5）行步：两腿微屈，两脚连续前行，脚落地时由脚跟过渡到前脚掌。

（6）垫步：后脚跟离地提起，向前脚处落步，前脚立即蹬向前上方跳起，让位给后脚，在后脚前落步。

（7）跨跳步：后脚蹬地跳起，前脚前摆落地，为跨跳步。

（8）踏步：一只脚提起向地面踏跺，另一只脚向前上步，为踏步。

六、基本平衡动作

1. 提膝平衡（金鸡独立）

一条腿伸直支撑身体，另一条腿屈膝在体前尽量上提，脚尖向下，脚背绷紧扣于另一条腿前；一只手在头前上方抖腕成亮掌，另一只手在体侧成勾手，目视前方，如图9-2-33所示。

图9-2-33 提膝平衡动作示意

2. 燕式平衡（俯身平衡）

一条腿伸直支撑身体，另一条腿屈膝提起，脚尖向下，脚背绷紧，两臂在胸前交叉，掌心向内，目视前方。上体前俯，略高于水平，抬头、挺胸、展腰、提膝，腿伸直向后上方举起，脚面绷紧高于水平，两掌向两侧分开成侧平举，目视前下方，如图9-2-34所示。

图9-2-34 燕式平衡动作示意

七、基本跳跃动作

1. 腾空飞脚（二起脚）

两脚并拢，身体直立，两手握拳收于腰间，目视前方。左腿向前摆动，右脚蹬地跳起，身体悬空，在空中右脚向前踢出，脚尖绷直，右手拍击右脚面，左手成勾手后上举，完成蹬、摆、踢、拍4个连贯动作。

2. 旋风脚

两脚开立，两腿略蹲，两臂由右向左上方抡摆，将身体重心移至右脚，左脚提起向外摆动，上体向左上方旋转，右脚蹬地跳起，在空中身体旋转一周，右脚做内合腿，左手拍击右脚掌，要求转体至少270°。

3. 腾空外摆脚

两脚开立，右脚上步，脚外展，左腿向右前方踢起、摆扣，右脚蹬地右旋跳起，身体悬空向右转，在空中右腿外摆，两手先左后右拍击右脚外侧。

4. 旋子（燕子飞）

两脚并拢，身体直立，两手握拳收于腰间，目视前方。身体左转，左脚向前上一步，右臂屈肘前摆；右脚向前一大步，脚尖内扣，身体左转90°；左脚顺势在右脚后方插步，身体继续左转并下俯，左脚迅速蹬地跳起，右腿伸直向右上方摆起；身体继续上腾起膝，向右后方旋转，两臂伸直平举，形同燕子飞；右脚先落地，随旋转惯性身体继续左转，左腿随之摆动落地。

精彩分享

武术，让人生更精彩

武术是中华民族的瑰宝，已有1500多年的历史，是一项形式多样、具有多种功能的全民运动项目。其文化底蕴浓厚，影响深远，不仅能振奋民族精神，而且练习武术对个人的身体健康也有积极的作用。一起走进武术的世界，了解练武术会给人带来哪些影响。

一、弘扬武术文化、提高全民族素质

随着社会的发展，生活便捷了，人民生活质量得到了提高，但运动意识却在减弱，身体素质开始下降，尤其是中老年、青年学生两个群体。

现今国家大力支持发展体育，支持传统文化走进校园、走进生活，一方面能弘扬传统武术文化，另一方面能提高全民族的身体素质。

二、增加青少年的运动量、促进身体的发育

在孩子成长的过程中有两个非常重要的关键期——少年期和青春期，关乎孩子的身体、智力等各方面发展。

武术在训练的过程中需要运作全身的骨关节、肌肉，不仅能提升身体的柔韧性、灵活性，促进身体的发育，还可以提高智力。

三、磨炼孩子意志力、培养积极乐观的人生态度

在练武术的过程中能锻炼孩子的心性，磨炼孩子的意志力，使他们在学习和生活中遇到任何的困难都不会轻易放弃。

现在的孩子在父母的宠爱下心理变得很脆弱，遇到挫折容易放弃、退缩。然而孩子在习武中提高了抗打击能力，有利于培养积极乐观的心态和敢闯敢拼的勇气。

四、提高保护自身的能力、遇到危险不害怕

武术功夫具有一定的实用性，当面对危险的时候，不自乱阵脚，可以随机应变，成功脱离危险，保护自身的安全。

让我们在练习武术中感悟青春的活力与热血，在坚持中感悟生命的真谛。武术，让你的人生更精彩。

——选自知乎https://zhuanlan.zhihu.com/p/446649680，有删改。

实践与训练

活动主题：武术讲座。

活动目的：加强对武术的了解，推广武术运动。

活动实施：

（1）全班同学可凭自己喜欢的武术运动分为若干小组，每个小组可利用各种方式搜集武术知识，学习武术动作。

（2）每小组选派代表向其余小组介绍自己小组搜集到的武术相关知识，帮助其他同学了解各种武术的意义与学习方法，以实例的方式分析各种武术的作用。另选派代表现场示范各类武术动作。

参考文献

［1］ 王月．学校心理健康教育课程供需关系研究：以杭州市中学为研究对象［D］．杭州：杭州师范大学，2015.

［2］ 陈炜．太极拳锻炼对提高中老年人生存质量的效应研究［D］．广州：广州中医药大学，2006.

［3］ 平儿．运动中常见的生理反应及应对方法［J］．体育博览，2001（8）：37.

［4］ 薛兴华．竞技健美操运动训练的内容体系与策略研究［J］．体育科技，2016，37（2），15-16.

［5］ 张春伟，王海民．体育与健康［M］．成都：西南财经大学出版社，2021.

［6］ 胡凌燕，陈建勤．体育与健康：拓展模块［M］．北京：北京理工大学出版社，2020.

［7］ 刘再贵．篮球运球教学中纠正脚踢球的练习方法［J］．体育师友，2013，36（1）：42.

［8］ 宋君毅．现代竞技篮球防守技术、战术理论与运用研究［D］．苏州：苏州大学，2007.

［9］ 文烨．大学体育：民族传统体育类［M］．北京：高等教育出版社，2016.

［10］ 韦启比，张强．体育与健康［M］．北京：知识出版社，2020.

ETF 投资攻略

主　编　施　俊

东北大学出版社

· 沈　阳 ·

《ETF 投资攻略》编委会

主　　编　施　俊

执　　笔　张　炜　张雅薇

编委成员　蔡广庆　张　旋　周　添　顾玉琴　廖文雄

数据校对　谷大帅　徐舒婕

序　一

很荣幸收到派克斯研究团队的邀请，为其新书写序。耕织于基金行业多年，华夏基金深知投资者教育工作的重要性，也一直在努力地寻找如何以最简单、有趣、有效的方式向投资人传达最急需也最有用的投资信息。如今，这条求索道路上又多了一位同行的伙伴，我们甚感欣慰，由此也想将这份智慧推荐给大家。

我国基金行业发展30多年来，市面上并不缺基金科普类图书。本书与其他图书最大的不同是有不一样的视角，它并不是从基金的基础概念讲起，然后教科书式地向读者呈现基金世界，而是从投资场景出发，从投资者可能遇到的痛点问题入手，小中见大，不仅给出解决建议，而且将投资科普融会其中。本书中设定的投资场景，你我都会面临；本书中提到的投资痛点，你我都难免会遭遇。曾经，你可能苦于无处寻找答案，只能遗憾搁置；现在，希望本书中的解答，能为你的财富之路点亮一盏明灯。

世界在变，市场在变，投资需求在变，投资工具在变，知识也应日益更新。以前，我们讨论投资，讨论更多的是如何选择一只赚钱的股票、一只靠谱的基金。现在，我们讨论投资，更多的是希望知道，如何通过投资攒出房子首付，如何为孩子存一笔未来的教育金，如何为退休的自己储备足够的养老金，等等。可见，我们的投资目标越来越明确，场景化投资需求越来越清晰。随着投资者投资意识和素养的不断提升，个人资产配置时代正在来临，投资者希望专业资产管理机构提供的不再是单一的产品，而是一整套具有个性化、场景化的解决方案。

我们很早就察觉到投资者的这些需求，也一直在为此努力。变化是资本市场永恒的主题，变化伴随着机遇也暗藏风险，那么如何在变化中以更低的风险取得更高的胜率？定投是一种很好的方式，通过小额定期投入，平滑风险，聚沙成塔，静候时间的“玫瑰”。投资产品日益丰富，如何选择资产配置的低层产品，构建更加稳健有效的投资组合？指数基金是一个不错的选择，它能够以更低成本、更透明的方式给出更分散风险、更高效的资产配置解决方案。当前，国内指数基金正朝着“全球化”“多元化”的模式发展，我们相信，“资产配置+指数基金”的财富管理模式能够为投资者带来长期价值。

多年来，华夏基金始终坚持不变的是，在多变的市场中顺应投资需求变化而不停地调整自身变化，我们希望将那些在变化中积累的好的投资方法和投资理念传递给投资者，发挥专业优势，为人们过上美好生活贡献力量。我想，这也是派克斯研究团队推出本书的初衷之一。

最后，祝读者朋友们开卷有益，拥有丰盈的精神财富，用知识点亮美好人生！

华夏基金总经理

李一梅

2019年8月

序　二

一部带着温度的书稿递到我手上时，抱着学习的态度读完，带着惶恐的思绪写序。何来惶恐？就如我一直主张的观点——“大众理财的时候到了”。普罗大众心中，有多少个哈姆雷特，就有多少种理财方式。怎样的一本书，才能完美地解答投资者心中的投资困惑？一本书很难做到完美，若它能够为投资者带来一项实用的理财“工具”，就足矣。

我始终相信“信用等同于财富”。只有做到言出必行，方得信用。投资是一种考验人性的“行为艺术”，因此，纪律和坚持就显得尤为重要。

本书有大量翔实的内容来解读指数基金，毕竟指数基金是投资理财的重要手段。在此，我就不赘述了。

支付方式的改变，促使理财行为的转变。

当你合上这本书时，理财之路行将启程。拿起手机，找到你信赖的理财平台，展示一段属于自己的投资艺术，这是作者想要呈现给你的奥义；经历风雨，方能见彩虹，这是作者想要带给你的力量。

蚂蚁金服财富事业群副总裁

祖国明

2019 年 7 月

前　言

十年前说起指数基金投资，大部分投资者还比较陌生。今天提及指数基金投资，大家已经不会再觉得陌生，因为指数基金已经成为当下主流的基金投资品种之一。十年间，指数基金迎来了真正意义上的快速发展，投资标的越来越多，指数投资理念也越来越为大家所熟知。

“股神”巴菲特是世界著名的投资大师，创造了世界级投资神话。曾经有很多人向他请教投资秘诀，但巴菲特在公开场合只推荐过一个基金投资品种，那就是指数基金。他曾说，通过定期投资指数基金，一个什么也不懂的业余投资者往往能够战胜大部分专业投资者。

或许有基民会问：“为什么我买指数基金亏了，没赚到什么钱?”这就涉及指数基金的投资方法了。很多基民往往被牛市吸引追高而入，被熊市割肉而离场；有些基民买了指数基金，持有一周看着基金不涨就卖掉而去买那些涨得好的基金；还有些基民不了解自己买的基金，看别人都在买，自己也跟着买……总之，很多投资者是因为选择了错误的投资方式，才导致亏损的投资结果。可见，投资指数基金也是需要方法和策略的。这也正是编者编写本书的目的，即以通俗易懂的语言，将专业的指数基金投资知识通过简洁、通俗、接地气的方式进行讲解。

本书内容包括主流指数概况、指数基金投资策略、指数基金投资技巧等，兼具知识性和实操性。对大多数普通基民来说，指数基金是比较适合他们的投资品种。指数基金成本低、运作透明、分散投资、长期持有可以跑赢大部分主动型基金，是相对省心、省力的标的之选，是分享市场发展红利的投资工具。

本书既适合刚接触指数基金的投资新手学习相关知识，也适合有一定投基经验的基民从中汲取投资经验。如果你想知道有哪些特色指数、它们都有什么指基跟踪、如何从中挑选一只好的指数基金、如何运用估值、ETF 适不适合自己……那么本书非常适合你，它不仅可以帮助你全面、系统地掌握指数基金投基知识，而且能教会你如何选择一种更方便、省心的投基方式。

将本书配合派克斯研究院同系列工具书《从零开始学定投》《玩转指数基金》《债券基金投资十三问》一同“服用”，效果更佳。

编　者

2021 年 11 月

目　录

第一章　揭开 ETF 的神秘面纱

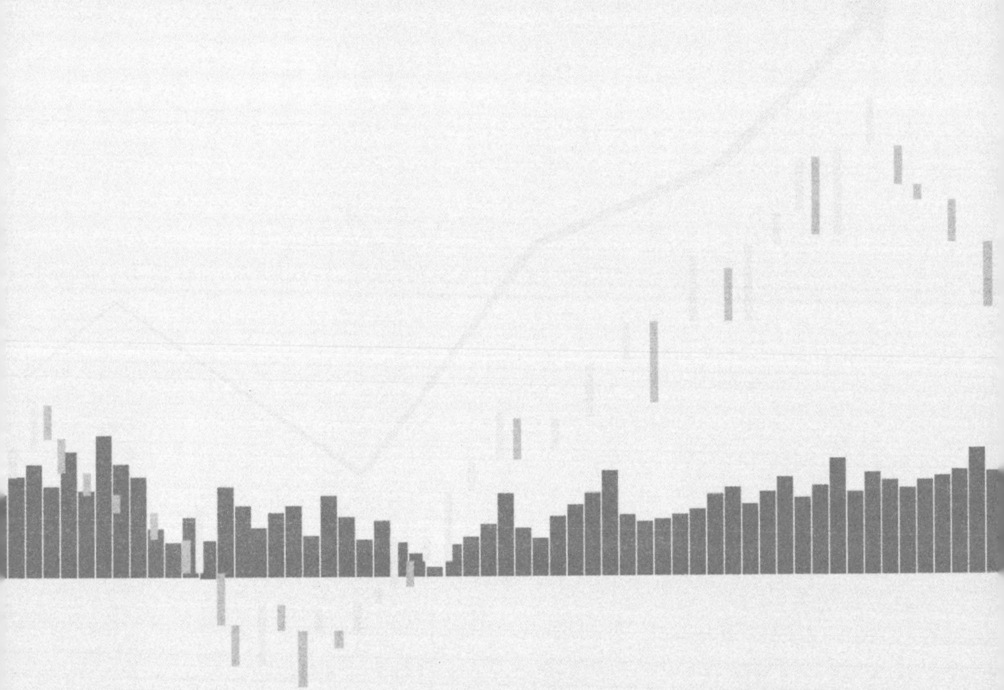

ETF 是近年来发展迅猛的一个投资品种，因为交易便捷、费率便宜，不仅受到各大机构投资者的喜爱，而且受到不少个人投资者的追捧。那么，这一投资品种究竟有什么厉害之处呢？本章内容将为大家揭开 ETF 的神秘面纱。

第一节 说文解字，ETF＝E＋T＋F?

“ETF”是“exchange traded fund”的首字母缩写，翻译为中文，就是专业人士所说的“交易所交易基金”或“交易型开放式指数基金”。

作为指数基金的一种，ETF 是纯被动跟踪指数的投资品种，简单来讲，就是指数怎么样，ETF 就怎么样，不受基金经理主观意志的影响，仅仅跟这个指数的成分股构成有关。ETF 所跟踪的指数由很多股票组成，投资者购买 ETF 就相当于买了一只指数，可以实现购买一次就投资 100 只甚至 1000 只股票的目的。

ETF 还有一个最大的特点：它是一种特殊的开放式基金，既可以像股票一样在场内进行现金买卖，又可以在场外进行实物申赎。现金买卖就像买股票，即直接用现金买卖等额的 ETF 份额。

场外实物申赎中的“实物”是指一揽子股票，假如 1 只 ETF 由 100 只股票组成，那么就是用 100 只股票来换 1 份 ETF，这就是所谓实物申赎。实物申赎对资金门槛要求较高，一般都是 40 万元左右起步，手上资金不富余的投资者可以大致了解一下。

想要进行实物申购的投资者，需要准备好对应的股票清单（清单会每天更新），用股票份额来换取对应的 ETF 份额，这样可以创造出新的 ETF，使得 ETF 在外的流通量增加。实物赎回也同理。

第二节　ETF 投资适宜人群

ETF 其实非常容易上手，对于普通投资者来说，只需要一个证券账户即可完成全部准备工作，可以说投资门槛很低。当然，与购买场外基金相比，会多一道开户的程序。

前文中提到，ETF 既可以像股票在场内进行买卖，又可以像基金在场内进行申赎。前者（买卖）适合各类个人投资者，一般 100 份（1 手）起买，大多数 ETF 的净值是 1 元，也就是 100 元即可参与买卖；后者（申赎）则适合资产在百万元以上的专业投资者或机构，他（它）们可以通过申赎进行套利。

除了资金方面的区别，不同类型的 ETF，投资风险也不同。

有些投资者胆子比较小，振幅超过 3%可能就有点儿承受不了；有些投资者很爱玩波段，喜欢追求短期超额收益，这些需求 ETF 都能满足。这是因为 ETF 的种类特别多，就像拥有十八般“兵器”，能够满足各类风险偏好人群。具体的 ETF 分类将在下文中逐一介绍。

综上，可以用一句话来总结 ETF 投资的适宜人群，即 ETF 基本可以满足各类投资者的风险偏好，特别适合追求交易速度的投资者。

第三节　ETF 的选择

ETF 属于指数基金，但是市场中的指数种类繁多，一般一个好的指数能够吸引很多基金公司发布相关的 ETF。这就造成入市的投资者不知该如何选择。

如何挑选 ETF？可以总结为一句话修炼要诀：一看规模，二查跟踪误差，三比费率。

（1）一看规模。选择规模大的基金主要是因为其流动性好，又因为 ETF 是实时交易，所以流动性非常重要。另外，关于基金清盘也有如下规定：如果连续 20 个工作日，某一只基金资产净值低于 5000 万元，就有可能要清盘。所以，选择规模大的基金能避免出现这一现象。

（2）二查跟踪误差。指数基金最主要的目的是跟踪指数，所以要把它和主动型基金区分开来，归根结底是要尽可能地和指数保持一致，指数涨它也涨，指数跌它也跌。因此，跟踪误差越小，越有效。由于这个数字一般不会被放在明面上显示，因此需要投资者通过一些软件来查询。

（3）三比费率。提到费率，正如大家所认知的那样，应该是越低越好。可以说，先发的 ETF 有着规模上的优势，而后发的 ETF 有可能通过适当降低管理费率的形式来吸引投资者。

下面以上证 50 指数为例说明。主流上证 50ETF 基金如表 1－1 所列。

表 1-1 主流上证 50ETF 基金

证券代码	基金名称	基金规模	基金成立日	跟踪误差	管理费	托管费率	所属基金公司
510050.SH	华夏上证50ETF	691.35	2004/12/30	0.24%	0.50%	0.10%	华夏基金
510100.SH	易方达上证50ETF	7.71	2019/9/6	0.24%	0.15%	0.05%	易方达基金
510800.SH	建信上证50ETF	5.79	2017/12/22	0.30%	0.50%	0.10%	建信基金
510710.SH	博时上证50ETF	6.39	2015/5/27	0.37%	0.30%	0.10%	博时基金
510850.SH	工银上证50ETF	4.84	2018/12/7	0.33%	0.50%	0.10%	工银瑞信基金
510600.SH	申万菱信上证50ETF	0.68	2018/9/3	0.17%	0.50%	0.10%	申万菱信基金
510680.SH	万家上证50ETF	0.23	2013/10/31	2.37%	0.50%	0.10%	万家基金

注：数据来源于 Wind，基金成立日截至 2021-12-31。

从表 1-1 可知，目前，市面上跟踪该指数的主流 ETF 有 7 只，通过深入的对比了解可以发现：华夏基金的基金规模一骑绝尘，其上证 50ETF 是 A 股里最早的一只，跟踪误差也较小；后发的易方达上证 50ETF 在管理费率上明显具备较强的竞争力。

目前，A 股主流 ETF 管理费率为 0.15%～0.5%，托管费率为 0.05%～0.10%，投资者可以据此标准判断费率的高低。

总体来说，ETF 的规模越大越好、跟踪误差越小越好、费率越低越好，投资者可以综合这三点选出适合自己的 ETF。

第四节　ETF 的“五省”优势

ETF 之所以受到机构投资者和个人投资者的共同喜爱，主要是因为它具有“五省”（即省事、省心、省钱、省时、省力）的优势，有利于投资者方便快捷地在股海“淘金”。

一　省事，免去选股烦恼

随着创业板注册制来临，个股 20%涨跌幅在未来大概率会成为常态。一般来说，投资者在选股时稍有不慎就容易踩雷，ETF 却可以帮助他们解决这一大难题，适当降低风险，跟上市场或者行业的平均收益。

作为指数基金的一种，ETF 相当于一揽子股票的集合，不仅可以为投资者免去选股的烦恼，而且大大降低了投资单一股票的风险。

二 省心，运作简单透明

ETF 的运作透明度比其他基金更高，其在每个交易日都会公布申购、赎回清单。在清单中，投资者不仅可以查到前一交易日的持仓股票名称、数量，而且可以查到预估现金部分及现金差额等相关内容。

三 省钱，交易费用低

相对于其他基金而言，ETF 作为指数基金，不是以跑赢指数为目的，而是为了最大化地复制指数走势，因此摆脱了对基金经理的依赖。

ETF 的基金经理一般会根据标的指数成分股变化来调整基金持仓，而不会根据市场行情主动进行仓位调整。因为投资者无须支付投研等费用，因此管理费相对较低。

另外，ETF 在场内交易时，证券公司仅收取不超过股票交易的佣金，无须缴纳印花税和分红所得税，交易费用较低，可以说省到就是赚到。

四 省时，资金使用效率高

在众多类型的基金中，ETF 的资金使用效率几乎是最高的，大部分的股票型 ETF 近乎满仓运作。

首先，ETF 的交易效率高。普通的开放式基金无论在哪个交易时段提交申赎申请，均按照当日净值计算；ETF 可以在二级市场买卖，随时可以按照当时的买卖价格成交，无须等到收盘后才进行结算。

其次，在到账时间上，普通的开放式基金赎回需要 4～7 个工作日到账；ETF 在二级市场卖出的资金当日可用、第二日可取，而且场内赎回的 ETF 组合证券也可以按照相关规则即时卖出。

ETF 做到了资金的快进快出，效率很高，所以也是大资金做套利的好工具，这一点在后文中会进行专门介绍。

五 省力，交易方便快捷

只要有证券账户，一般投资者可以直接在场内进行 ETF 交易，交易过程和买卖股票一样，操作非常简单。

在市场上涨波段，购买 ETF 不会像其他开放式指数基金那样，新增的申购资金会影响跟踪效果；在市场下跌波段，ETF 买卖灵活，投资者发现急跌苗头时，可以通过二级市场直接卖出，避免更大的损失。

第二章 ETF 种类详解

ETF 的种类非常多，各有各的特色，而且各类 ETF 也有不同的适用领域，只要投资得当，都能在投资市场中发挥不小的威力。

第一节 股票型 ETF

投资市场上流传着这样一句话，“买了 ETF 就等于买了一揽子股票”，这里的 ETF 指的就是股票型 ETF。一般来说，股票型 ETF 采用完全被动式的管理方式，兼具股票和指数基金的特色，为投资者提供了一个方便、快捷、灵活、费用低廉的投资渠道。

通过股票型 ETF 进行投资，其风险比投资单一股票的风险要低得多，也不会发生“赚了指数却赔了钱”的情况。另外，股票型 ETF 也是一个相对比较简单的投资品种，因为它的走势基本上与指数同步，所以投资者不需要花费过多的时间和精力去研究个股，只要判断涨跌趋势即可，非常适合不会研究或没有时间研究个股的投资人士和刚入门的投资者。

以华泰柏瑞沪深 300ETF 为例，这是市场上规模很大的沪深 300ETF 基金，图 2－1 为其成立以来的收益曲线图。Wind 数据显示，该基金过去十年的走势基本与沪深 300 指数一致，所以买这样一只 ETF 就等于买了整个沪深 300 指数中所有的成分股。因此，股票型 ETF 是 ETF 市场中最受欢迎的品种之一。

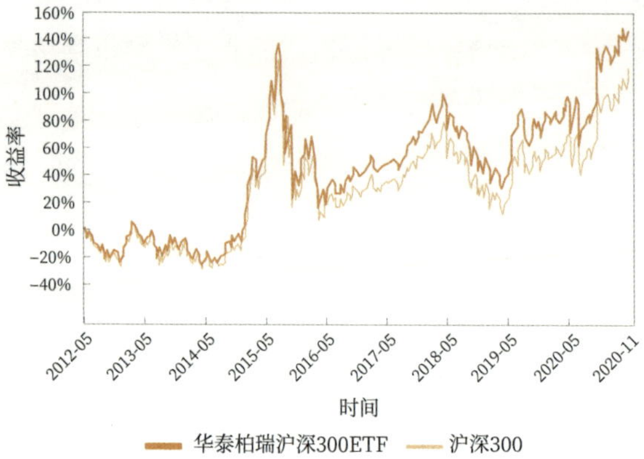

图 2-1　华泰柏瑞沪深 300ETF 成立以来收益曲线图

注：数据来源于 Wind，数据区间为 2012-05-28 至 2020-12-31。

Wind 数据显示，截至 2020 年底，全市场股票型 ETF 规模高达 7883.59 亿元，占全市场 ETF 规模的 50%；如果剔除货币 ETF 的规模，股票型 ETF 占全市场非货币 ETF 规模的比例高达 90%以上，是 ETF 中当之无愧的拳头品种。

股票型 ETF 可以分为宽基 ETF 和窄基 ETF。窄基 ETF 又包括行业 ETF、主题 ETF、策略 ETF 等。

一　宽基 ETF

跟踪宽基指数的 ETF 称为宽基 ETF。宽基指数是指成分股覆盖范围广、包含行业种类多的指数，如上证 50、中证 500、沪深 300 等（主流宽基 ETF 如表 2-1 所列）。

图 2-2 所示为美国商品期货委员会和美国证券交易委员会宽基指数标准，满足图 2-2 中两组标准中的任意一组，即可定义为宽基指数。

表 2-1　主流宽基 ETF

证券代码	证券简称	跟踪指数代码	基金成立日	基金规模/亿元
510180.OF	华安上证180ETF	000010.SH	2006/4/13	239.04
510050.OF	华夏上证50ETF	000016.SH	2004/12/30	565.74
510300.OF	华泰柏瑞沪深300ETF	000300.SH	2012/5/4	457.48
510330.OF	华夏沪深300ETF	000300.SH	2012/12/25	305.88
159919.OF	嘉实沪深300ETF	000300.SH	2012/5/7	250.93
588000.OF	华夏上证科创板50ETF	000688.SH	2020/9/28	124.58
510500.OF	南方中证500ETF	000905.SH	2013/2/6	382.37
159915.OF	易方达创业板ETF	399006.SZ	2011/9/20	155.93
159949.OF	华安创业板50ETF	399673.SZ	2016/6/30	104.97
513500.OF	博时标普500ETF	SPX.GI	2013/12/5	25.84

注：数据来源于 Wind，截至 2020-12-31。

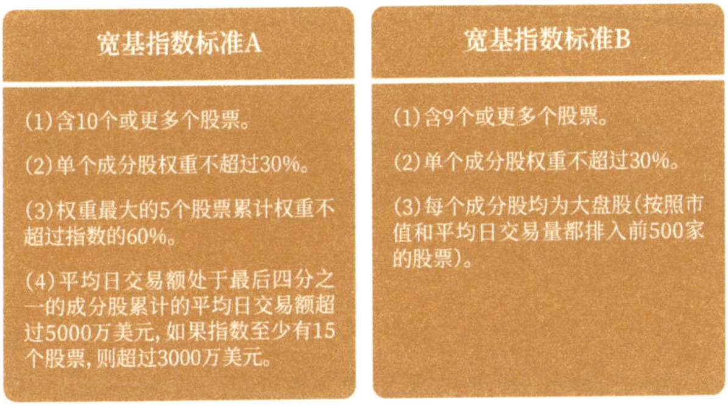

图 2-2　美国商品期货委员会和美国证券交易委员会宽基指数标准

宽基指数一般有如下四个特点。

(1) 成分股数量较多。

(2) 成分股相对比较分散，单个成分股权重不会太高。

(3) 成分股流动性相对较好。

(4) 包含行业种类较多。

二 窄基ETF

跟踪窄基指数的ETF称为窄基ETF。除了宽基指数，行业指数、主题指数、策略指数等指数都可以称为窄基指数，一般多为行业指数或主题指数。

（1）行业ETF。即行业ETF复制跟踪某一目标行业指数，通过对某一行业（如银行、有色金属、券商、食品饮料等）的全面布局，减少投资单个股票业绩不稳定带来的风险，从而有效分享整个行业的收益。

（2）主题ETF。即跟踪某特定投资主题指数的ETF，常见投资主题有环保、军工、医疗、传媒、5G等。此类ETF跟踪的指数往往覆盖了该主题对应的上下游上市公司。

（3）策略ETF。顾名思义策略ETF就是跟踪策略指数的ETF，常见的策略指数有四种，分别为红利、基本面、低波动、价值。

因为窄基ETF构建的投资组合相对集中于某一行业或者主题，其投资风险会高于宽基ETF，所以投资者在选择窄基ETF的时候，需要考虑整个行业或主题的发展特点与阶段，对其进行充分的了解和分析，审慎地做出投资决定。

相较于宽基指数，窄基指数成分股的个股和行业更为集中，如红利指数、300成长指数、中证银行指数等（部分窄基ETF如表2-2所列）。

表 2-2 部分窄基 ETF

证券代码	证券简称	跟踪指数代码	基金成立日	基金规模/亿元
510880.OF	华泰柏瑞红利ETF	000015.SH	2006/11/17	91.29
512960.OF	博时央企结构调整ETF	000860.CSI	2018/10/19	99.98
159928.OF	汇添富中证主要消费ETF	000932.SH	2013/8/23	84.08
512660.OF	国泰中证军工ETF	399967.SZ	2016/7/26	102.59
512880.OF	国泰中证全指证券公司ETF	399975.SZ	2016/7/26	389.05
512000.OF	华宝中证全指证券ETF	399975.SZ	2016/8/30	229.58
512900.OF	南方中证全指证券公司ETF	399975.SZ	2017/3/10	67.62
515030.OF	华夏中证新能源汽车ETF	399976.SZ	2020/2/20	82.57
515050.OF	华夏中证5G通信主题ETF	931079.CSI	2019/9/17	209.66
159995.OF	华夏国证半导体芯片ETF	980017.CNI	2020/1/20	238.72

注：数据来源于 Wind，截至 2020-12-31。

第二节 商品 ETF

大宗商品投资有杠杆，放大了杠杆也就放大了风险，不是所有人都能玩得转的，而商品 ETF 的推出使得这个问题迎刃而解。

商品 ETF 以跟踪大宗商品的价格或指数为目标，投资标的类型涵盖原油、有色金属、农产品、能源等。与大宗商品不同的是，国内的商品 ETF 一般没有杠杆。

由于商品的价格与 CPI 指数相关性较强，因此特定种类的商品期货 ETF 可以为投资者提供抗通货膨胀的投资工具。另外，由于商品的长期回报率与传统的股票、债券等投资工具的回报率相关性较小，因此商品 ETF 作为资产配置工具，可以有效优化投资者资产组合的收益风险比率。同时，它也降低了投资者参与期货市场的门槛。

根据运作方式的不同，商品 ETF 可进一步细分为实物支持 ETF 和非实物支持 ETF 两类。

一 实物支持 ETF

实物支持 ETF 是指通过持有实物资产或者仓单的方式运作的 ETF，且其自身运营管理机制较为清晰透明。目前，实物支持商品 ETF 基本都属于贵金属类，包括黄金、白银、铂金等。

以黄金 ETF 为例，投资者无须使用直接持有黄金这种传统的投资方式，而是通过持有黄金 ETF，以信托方式持有黄金。产品在证券交易所上市后，可以像买卖股票一样方便地交易，并且交易费用十分低廉。购买黄金 ETF 可以免去黄金的保管费、储藏费和保险费等费用，只需要交纳约 0.3%的管理费用，相较于其他黄金投资渠道约 2%的费用，优势十分明显。另外，黄金 ETF 还有保管安全、流动性强等特点。

目前，国内基金市场主要的黄金 ETF 有四只（见表 2-3）：华安黄金 ETF、博时黄金 ETF、易方达黄金 ETF 和国泰黄金 ETF。其中，华安黄金 ETF、国泰黄金 ETF 是国内首批黄金 ETF，并且华安黄金 ETF 的基金规模最先突破了百亿元，也是目前亚洲最大的黄金 ETF。

表 2-3 目前国内基金市场内主要的四只黄金 ETF

证券代码	证券简称	跟踪指数代码	基金成立日	基金规模/亿元
518880.OF	华安黄金ETF	Au9999.SGE	2013/7/18	102.81
159937.OF	博时黄金ETF		2014/8/13	79.54
159934.OF	易方达黄金ETF		2013/11/29	38.46
518800	国泰黄金ETF		2013/7/18	5.92

注：数据来源于 Wind，截至 2020-12-31。

二 非实物支持 ETF

非实物支持 ETF 并不直接持有商品资产，而是持有商品期货合约、互换合约等衍生品，以跟踪商品期货价格指数为目标的 ETF，主要覆盖工业金属、能源、农产品等行业大宗商品及其指数。

例如豆粕 ETF，由于豆粕不易于储藏，单位体积价格也较低，因此不适合采用实物申赎机制。持有豆粕 ETF 的投资者不需要直接持有豆粕实物资产，而是通过 ETF 投资大商所豆粕期货价格指数，间接复制豆粕相关的价格走势变动。

相较于其他的投资方式，豆粕 ETF 这类非实物 ETF 的投资门槛更低，无杠杆，风险可控，无爆仓风险，且可以长期投资，无须关注合约展期，因而适合大多数投资者。

第三节 债券 ETF

债券是公认的防御性资产品种，在“ETF 工具库”中，也有这样一个防御型品种——债券 ETF。

债券 ETF 是以债券类指数为跟踪标的，并试图复制其收益率的交易型证券投资基金。虽然债券 ETF 只包含债券，但是它们和股票一样在交易所交易，投资者既可以在一级市场申购、赎回，也可以在二级市场买卖债券 ETF 份额，通过投资债券 ETF，投资者可以很方便地实现对一揽子债券的投资。

例如国债 ETF，它跟踪的是上证 5 年期国债指数，投资国债 ETF 就相当于购买了一揽子期限为 5 年的国债组合，使投资者稳定地享有 5 年期国债的收益率。

以前，我国债券市场以机构场外交易为主，对个人投资者的基金限制处于半封闭的状态，投资者只能通过银行柜台和交易所获得数量有限、品种单一的债券。而债券 ETF 的出现，增加了个人投资对债券的投资渠道，也有利于均衡债券市场发展、丰富债券市场层次。

债券 ETF 可分为国债 ETF 和企债 ETF。企债 ETF 即投资单只企业债，其风险较国债 ETF 更高，如果遭受违约，投资者将承担巨额损失。

与其他投资产品相比，债券 ETF 具有管理费低廉，透明度高，分散投资，一、二级市场并存，“T+0” 交易等特点。

（1）管理费低廉。从全球范围来看，主动管理型债券基金的管理费率为 0.5%～0.9%，而债券 ETF 的管理费率一般为 0.15%左右。

（2）透明度高。因为债券 ETF 属于被动投资，所以投资者只需要观察标的指数的表现，就可以了解该债券 ETF 的业绩。

（3）分散投资。由于债券 ETF 是投资一揽子债券的品种，因此可以有效降低个别债券下跌对整个投资组合的影响。

（4）一、二级市场并存。与其他 ETF 一样，债券 ETF 具备既可以在一级市场申购、赎回，又可以在二级市场交易的特点，因此具有场外净值、场内价格两个价值体系。

（5）“T+0”交易。上交所对债券 ETF 的投资机制进行了优化与创新，推动了债券 ETF 日内回转交易制度（即“T+0”制度）的发展，处理买卖交易实行“T+0”制度，基金申赎也实行“T+0”制度，即当日购买的债券可以申购债券 ETF、当日申购的债券 ETF 可以当日赎回或卖出、当日赎回获得的债券可以卖出或进行质押式回购。

第四节　货币 ETF

货币 ETF 的全称是开放式货币基金，是货币基金的一种。与其他的货币基金相比，它既可以在场内进行申赎，也可以和股票一样在场外进行申赎，还支持“T+0”交易，是非常便捷的投资工具。另外，货币 ETF 还可以和券商保证金进行对接，充分利用股票账户的闲置资金，大大提升资金的使用效率。

想要更加灵活地运用货币 ETF 这项工具，投资者还需要了解它的特点。

（1）申购门槛低。目前，大部分货币 ETF 的最低申购门槛为 1 份 100 元，在二级市场买卖的最低申购门槛通常为 1 万元。

（2）费率低。基金公司对货币 ETF 免收认购费、申购费、赎回费，交易所对货币 ETF 免收交易费，大部分券商对货币

ETF 免收佣金。投资者只需要交少许销售服务费、管理费和托管费即可。

（3）流动性强。货币 ETF 可以在二级市场随时进行买卖，实现“T+0”交易。因此，当证券市场出现机会时，投资者可以马上卖出基金份额，获得资金，把握任何可能出现的投资机会，提高资金使用效率。

（4）风险低。货币 ETF 的主要投资标的是短期货币工具，如国债、央行票据、银行定期存单、商业票据等，这些标的都属于低风险的品种，所以货币基金很少会出现本金亏损的情况。这也是编者把货币 ETF 认为是“铠甲”的原因。

下面介绍市场上声名显赫的两只货币 ETF。

（1）华宝添益。它是国内首只上市交易型货币市场基金，由华宝基金发行，于 2013 年 1 月 28 日登陆上交所上市交易。华宝添益目前是中国场内最大的货币基金，规模为 1532 亿元。

（2）银华日利。它是目前中国场内第二大的货币基金，规模为 657 亿元（来源于集思录官网 2018 年 8 月 22 日数据）。银华日利由银华基金发行，于 2013 年 4 月 18 日正式登陆上海证券交易所上市交易。

值得注意的是，由于货币 ETF 存在着场内折溢价的变动，因此特别适合套利，在长假前经常会出现大幅度的溢价或者折价，这时通过在场内申赎、场内交易，一般就可以实现高于普通货币基金的理财收益。

第五节　跨市场 ETF、跨境 ETF

跨市场 ETF 和跨境 ETF 可以投资不同市场的股票，后者还可以投资不同国家、地区的股票。

一　跨市场 ETF

跨市场 ETF 是指标的指数同时具有不同市场股票的 ETF 基金，如在 A 股市场有两个不同的交易所，即沪市和深市。沪深 300 指数的成分股中既有沪市股票又有深市股票，因此，对应的沪深 300ETF 基金就是跨市场 ETF。表 2－4 所列为沪深 300 指数成分股中沪市和深市股票代表。

表 2－4　沪深 300 指数成分股中沪市和深市股票代表

沪市				深市			
代码	简称	权重	所属行业	代码	简称	权重	所属行业
600519.SH	贵州茅台	5.63%	食品饮料	300750.SZ	宁德时代	3.89%	电力设备
600036.SH	招商银行	3.05%	银行	000858.SZ	五粮液	1.82%	食品饮料
601318.SH	中国平安	2.70%	非银金融	000333.SZ	美的集团	1.75%	家用电器
601166.SH	兴业银行	1.54%	银行	300059.SZ	东方财富	1.28%	非银金融
601012.SH	隆基股份	1.52%	电力设备	002475.SZ	立讯精密	1.10%	电子
600900.SH	长江电力	1.22%	公用事业	002594.SZ	比亚迪	1.06%	汽车
600030.SH	中信证券	1.19%	非银金融	002415.SZ	海康威视	1.03%	计算机
603259.SH	药明康德	1.03%	医药生物	000651.SZ	格力电器	0.87%	家用电器
601888.SH	中国中免	0.99%	商贸零售	002142.SZ	宁波银行	0.78%	银行
600887.SH	伊利股份	0.95%	食品饮料	300760.SZ	迈瑞医疗	0.77%	医药生物
600276.SH	恒瑞医药	0.88%	医药生物	000001.SZ	平安银行	0.76%	银行
601398.SH	工商银行	0.80%	银行	000568.SZ	泸州老窖	0.75%	食品饮料
601899.SH	紫金矿业	0.71%	有色金属	000725.SZ	京东方A	0.71%	电子
600309.SH	万华化学	0.70%	基础化工	002714.SZ	牧原股份	0.70%	农林牧渔
601328.SH	交通银行	0.64%	银行	000002.SZ	万科A	0.68%	房地产

注：数据来源于 Wind，截至 2020－12－31。

常见的跨市场 ETF 除了追踪沪深 300 指数，还有追踪中证系列指数、行业指数、主题指数等指数的 ETF 基金。跨市场 ETF 的出现，使投资者可以更好地分散投资风险和实现投资目标。

需要注意的是，由于沪深两市的证券交易及登记结算系统是相对独立的，因此之前沪深两市的跨市场 ETF 在运作机制上有所不同，但经过 2020 年初沪市对跨市场 ETF 结算机制的调整，现在沪深两市 ETF 结算模式已经基本统一。

二 跨境 ETF

跨境 ETF 是指以境外市场的指数为跟踪标的，在国内证券交易所上市的 ETF 基金。从类型上来看，跨境 ETF 不仅包含投资者非常熟悉的股票型 ETF，还包括商品 ETF 和债券 ETF。

投资者可以通过跨境 ETF 对全球资产进行配置，降低集中投资于某一地区或国家资产所导致的系统性风险。需要注意的是，跨境 ETF 的基金净值会受到汇率波动的影响。

国内首只跨境 ETF 是 2012 年华夏基金发布的恒生 ETF（159920），其他跨境 ETF 还有日经 ETF（513520）、华夏纳斯达克 100ETF（513300）、H 股 ETF（510900）等。

随着我国资本市场开放程度越来越高，跨境 ETF 发行量激增。Wind 数据显示，2020 年有 12 只跨境 ETF 产品上市，超过此前三年的总和（2019 年上市的跨境产品数量为 6 只，2018 年为 3 只，2017 年为 1 只）。从产品规模来看，2020 年新发产品规模达到 31 亿元（包含联接基金）。

另外，还有一种外汇 ETF，用来追踪外汇市场上单一货币或一揽子货币的表现。不过国内由于外汇管制，外汇市场并没有完全开放，目前还没有相应的外汇 ETF 产品。

第三章　ETF 的交易机制

ETF主要有两种交易方式：一种是场内交易；另一种是场外申赎。对于一般投资者，建议优先熟悉、使用场内交易，待资金和能力有所提高后，再尝试申赎与买卖结合套利。

第一节　ETF场内交易

ETF场内交易只需要开设一个证券账户即可，投资者可以选择附近的券商进行开户。开户的时候不妨货比三家，选择一家交易费率最低的。根据账户资金，一般可将交易费率谈到0.025%～0.03%。

开通证券账户后，投资者可以像交易股票一样买卖ETF，成交价随市场波动而变化，100份起买，购买门槛较低。值得注意的是，有些ETF是可以进行“T+0”交易的，如果投资者事先去基金官网查询一下，也许可以完成日内套利。

另外，一般ETF从成立到上市，会经历“认购—封闭期—上市”这一流程，投资者可以在认购期通过券商APP参与进去。其流程如下：打开券商APP—输入基金认购代码—输入认购金额—点击“确定”。每个券商认购流程都不同，如果无法搜索到相关流程，可以尝试从“ETF/场内基金—网上现金认购—输入基金认购代码”进入。

ETF投资讲究日积月累，本书建议一般投资者不要轻易进行认购，因为有些ETF封闭期不定，一般会在3个月之内上市，行情不确定性太大，不妨等到上市后再参与。

第二节　ETF 场外申赎

ETF 场外交易采取的是份额申购和赎回的方式，由于申购份额为几十万份起，投资门槛较高，一般不适合资金量少的投资者。

基金官网每天会公布所有 ETF 的申赎清单。以股票型 ETF 为例，投资者需要将清单里的成分股准备好（根据申赎清单，也可用一小部分现金替代股票），来换取对应的 ETF 份额；赎回的方式正好相反。

场外申赎的好处在于，申购的时候是 ETF 份额增加，赎回的时候也是直接返还股票（或一小部分现金），所以不大会影响二级市场的股价波动。

由于 ETF 场内、场外可以同时进行，因此就产生了一定的差价，也就是所谓“套利机会”。

在二级市场买入的 ETF 份额，在场外当天可以赎回；场内申购的 ETF 份额，当天也可以在二级市场卖出。另外，买入的股票，当天可以用来申购 ETF；同样，赎回 ETF 拿到的股票，当天就可以卖出。

一般资深投资者会将场内、场外结合，一起赚“价差”，但这种操作需要投资者拥有较多的资金量、精力及较高的市场敏感度，因而不建议一般投资者使用。

第三节　ETF 和股票的区别

虽然 ETF 可以和股票一样在场内交易，但是两者是有很大区别的，以下简单梳理下两者的区别。

（1）投资风险不同。ETF 可以是股票、债券、现金等多种资产的组合，而股票只是单一的品种，风险集中，容易踩雷。

以股票型 ETF 为例，由于投资了一揽子股票，哪怕某只成分股跌停，也不会太影响 ETF 的走势。由此可见，ETF 的风险比股票的风险要小很多，这也是指数基金的一大优势。

（2）交易方式不同。ETF 和股票都可以在场内交易，不同点是有些 ETF 可以进行“T+0”操作。此外，ETF 既可以进行场外申赎，还可以通过申赎与买卖结合做套利，这点是股票不具备的。

（3）资金门槛不同。ETF 虽然和股票一样，都是以 100 份为单位起买，但是 ETF 最初的认购价格是 1 元，一般上市之后价格变化也不会很大，100 元左右就能买到，几乎没有资金门槛。反观股票，100 股（即 1 手）起买，就算是十几块的股票，也要投入上千元购买，更不要说那些百元股了。可见，股票的资金门槛是比较高的。

第四节　ETF 和 LOF 的区别

“LOF”是“listed open-ended fund”的首字母缩写，一

般称为“上市开放式基金”。不少投资者很容易把它与 ETF 混淆，下面简单梳理一下两者的区别。

（1）两者最大的区别是申赎机制不同。LOF 和 ETF 都是场内可以交易的基金，但是在场外两者完全不同：LOF 为现金申赎；ETF 为实物申赎，即股票申赎。

（2）两者申赎门槛不同。一般 ETF 申赎都是 30 万份或者 40 万份起，所以适合机构和资金雄厚的资深投资者；LOF 门槛较低，一般 1000 元即可申购，普通投资者都可以参与。

（3）两者的仓位不同、费率不同。由于 ETF 是股票申赎，因此管理人不会预留太多现金，都是近乎满仓在运营。而 LOF 需要将申购的现金去购买对应的股票，当然赎回时也会卖出相应的股票，所以会预留一部分现金来应对。这就导致交易成本的产生，也使 LOF 的管理费相对高一些。

目前，ETF 管理费率一般为 0.50%，LOF 管理费率一般为 0.75%。

第四章　ETF 投资七大策略

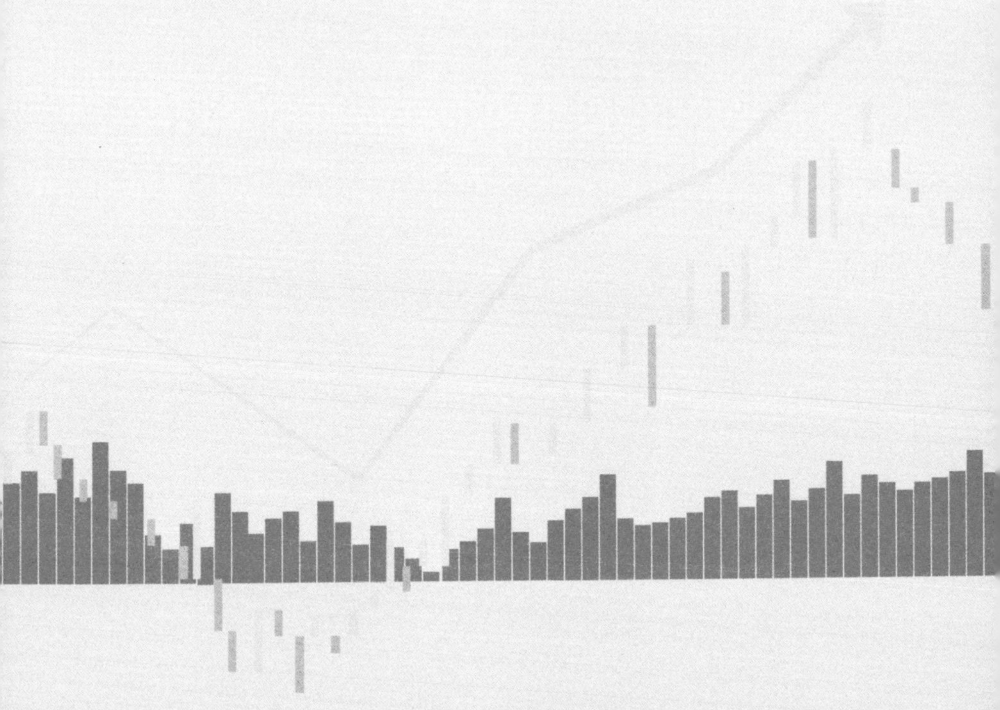

俗话说："不怕千招会，就怕一招绝！"在纷繁复杂的资本市场中，投资者如果只会买入、卖出这种简单操作，是很难立足的，因此还需懂得投资策略。

本书为投资者总结了ETF投资的七大策略，供投资者在投资过程中参考。

第一节 "买入、持有、再平衡"（BHR）策略

"买入、持有、再平衡"（BHR）策略是指创建一个跟踪不同指数的ETF基金组合，并且长期持有。这种策略并不需要频繁交易，也不用去预测市场及通过转变投资风格来追求短期内大于市场平均水平的超额收益，它看重的是长期收益。

在使用BHR策略时，要注意以下三点。

一 买入宽基指数

投资者要尽量选择购买一些市场主流的宽基指数，这类指数覆盖面较广，具有相当广的代表性，同时包含较多行业种类。随着经济的发展，其保持着长期上涨的趋势，如沪深300、中证500、恒生指数等。

二 保持长期持有

这一步比较简单，长期持有一般指3年、5年、10年甚至更长时间，可以跨越一个牛熊周期或者经济周期。此外，ETF费用相对比较低廉，是投资者长期投资的理想选择。

三 再平衡

简单来说，再平衡就是寻找相关性低的资产进行投资。一般来说，在投资组合中加入低相关性的资产，能够在不影响组合预期收益的前提下降低波动性，从而提高风险调整后的收益。

在同一市场内，可以选择不同风格的 ETF 基金；在不同的市场内，可以选择全球各个市场的 ETF 基金进行组合。

例如，A 股中有以跟踪沪深 300、中证 100 为代表的大盘风格的 ETF 基金，它们的长期业绩更为稳定；也有以跟踪中证 500、创业板指为代表的中小盘风格的 ETF 基金，它们的潜在收益和风险特征更高一些。投资者可以选择这两种风格搭配组合。

如果在全球市场，选择会更多，投资者可在配置 A 股 ETF 基金的基础上，选择美股等海外市场的股票型 ETF，以此来实现再平衡。

第二节　定期投资策略

定期投资策略，就是人们常说的定投，即一种淡化择时的长期投资策略。它含蓄内敛，可能短期内看不到效果，但能以柔克刚，最后露出一抹靓丽的“微笑曲线”（如图 4－1 所示）。

图 4-1　定投“微笑曲线”

注：图片来源于上海证券交易所。

所谓定投“微笑曲线”，就是指在市场下跌低迷的过程中，以较低的成本定投买入，获取更多的基金份额，一旦市场开始反弹，就可以坐等获利了。

为了方便投资者理解，介绍下面一个例子。

在 2015 年牛市的时候，沪深 300 有一个历史高点——5380.43 点。如果从最高点那天（2015 年 6 月 9 日）投资 1000 元的华泰柏瑞沪深 300ETF，之后每个月 9 号定投 1000 元，选择红利再投，持续到 2020 年 11 月底，扣除管理费和托管费，持有的收益率一共是多少呢？

答案是 40.25%（数据来源于 U8 定投计算器），而同期沪深 300 指数却下跌 2.66%，比定投的收益率低 37.59%。这就是“微笑曲线”产生的威力！

再来看一个例子：除了沪深 300，我们将其他主流指数（如沪深 300ETF、中证 500ETF、创业板指 ETF）一起加入，从 2016 年开始定投，看看到 2020 年底的投资效果如何（见表 4-1）。

表 4-1 定投与一次性投资的累计收益对比

年份	定投累计收益		
	华泰柏瑞沪深300ETF	南方中证500ETF	易方达创业板ETF
2016年	2.00%	0.44%	-10.46%
2017年	16.59%	-0.75%	-13.67%
2018年	-13.89%	-29.12%	-32.74%
2019年	13.22%	-5.21%	1.74%
2020年	41.15%	15.70%	60.56%

年份	一次性投资累计收益		
	华泰柏瑞沪深300ETF	南方中证500ETF	易方达创业板ETF
2016年	-9.63%	-16.52%	-26.07%
2017年	11.28%	-16.10%	-33.95%
2018年	-15.33%	-43.17%	-52.87%
2019年	16.86%	-27.32%	-32.00%
2020年	50.86%	-10.16%	12.63%

注：数据来源于Wind，数据区间为2016-01-01至2020-12-31。

从表4-1中的数据可以发现，在长期投资的情况下，定投并不比一次性投资弱。通过南方中证500ETF和易方达创业板ETF的收益可以发现，在震荡下跌的市场，定投更抗跌，能累积更多的份额；待市场回暖，定投反而比一次性投资的表现更优异。

从上面的两个例子可以一目了然地发现定投具有以下两点优势。

（1）无须考虑择时问题。不过需要注意的是，尽量不要在估值太高的时候开始投资，这样整体的成本太高，无形中拉长了定投获得正收益所需的时间。

（2）无须市场出现牛市行情。从2015年高点到现在，市场上虽然有少许的反弹，投资者期待的牛市行情并没有如期出现，但是坚持定投仍然实现了正收益。

其他关于定投的小知识，投资者可以关注同系列的另一本书——《从零开始学定投》。

第三节 核心卫星策略

能攻能守，正是 ETF 投资策略中“核心卫星策略”的要义。

核心卫星策略是当前全球投资市场主流的资产配置策略之一，全球著名的资产管理机构（如先锋、瑞银、巴克莱等）都在应用这一策略。该策略将资产分为两大类：核心资产和卫星资产。一个主攻获得超额收益，另一个主守降低风险。

核心卫星策略的理论核心是通过资产组合设计和“卫星”部分的主动管理，减少被动资产所构成的“核心”的持有成本。

“核心”的目的在于控制基金组合的风险，获取相对较稳健的收益。因此，这一部分在整体投资组合中的占比权重大一些，对整个投资组合的安全和收益起到保驾护航的决定性作用。投资者可以选择一些追踪宽基指数的指数基金、ETF 基金等被动投资的基金。

“卫星”部分在整个投资组合中所占的权重略小，它们有更加广阔的投资空间，投资更加主动、积极、灵活，往往能获得令人惊喜的收获。投资者可以选择一些行业主题 ETF、商品指数基金等，目的是获得超额收益。

下面以 ETF 跟踪的指数为例，回测一下核心卫星策略的收益。

如表 4－2 所列，以沪深 300 作为“核心”，占比 50%；以中国主要消费指数、券商指数、中证科技指数、医药指数、中证银行指数作为“卫星”，分别占比 10%，来进行回测。因为中证科技指数基日是 2012 年 12 月 31 日，所以数据区间是从 2013 年开始至 2020 年底。

表 4－2　回测核心卫星策略的收益

年份	100%买沪深300收益	核心卫星策略收益	50%买沪深300收益	10%买消费指数收益	10%买券商指数收益	10%买科技指数收益	10%买医药指数收益	10%买银行指数收益
2013年	9234.06	10646.01	4617.03	1097.79	1006.62	1728.95	1288.78	906.84
2014年	14004.40	15429.97	7002.20	901.83	2541.89	2090.05	1418.09	1475.92
2015年	14776.72	17578.32	7388.36	828.58	1976.26	3897.81	2023.04	1464.26
2016年	13104.12	15362.95	6552.06	777.53	1659.99	3194.36	1778.32	1400.69
2017年	15970.99	17749.83	7985.50	847.33	1483.95	3807.96	2022.85	1602.24
2018年	11930.55	13730.06	5965.28	1083.93	1148.15	2669.00	1497.11	1366.58
2019年	16244.51	18796.89	8122.26	1136.74	1703.73	4210.75	1947.64	1675.78
2020年	20663.11	24142.81	10331.55	1355.90	2048.93	5865.40	2936.69	1604.34

注：数据来源于 Wind，数据区间为 2013－01－01 至 2020－12－31。

从表 4－2 中的数据可知，如果用 1 万元本金全部买入沪深 300，持有到 2020 年底的收益为 106.63%。而使用核心卫星策略的收益为 141.43%，超额收益明显。

以上只是其中一种搭配方式，具体用哪些指数作为“核心”和“卫星”，投资者可以根据自己的需求举一反三。

第四节　波段操作策略

波段操作策略可以通过积极交易 ETF，迅速进出，捕捉短期机会，进而获取收益。

因为 ETF 和股票一样拥有较快的交易制度，能够以极快的速度买入、卖出，对市场的波动及时做出反应，而且交易费率也比较低（ETF 场内交易无须申赎费，也没有印花税），所以特别适合做短期的波段操作。

需要注意的是，进行波段操作的基金一定要是优质的 ETF 基金且交易活跃，拥有较高的流动性。如果一只 ETF 基金的日成交额只有几十万元或一百多万元，是很难进行波段操作的，因为稍微买多一点儿，场内的价格就会立即上涨，让人无从操作；卖出同样是这个道理。

同时，波段操作对投资者的心态考验比较大，买卖时一定要果断，不要因为买进后价格继续下跌而伤心，也不要因为卖出后价格上涨而忧郁。

第五节　自上而下策略

顾名思义，自上而下策略就是首先从全球市场的宏观经济趋势进行分析，按照宏观到微观的顺序，确认哪些国家、行业是未来发展的趋势，可以使投资者获取最大的收益，然后挑选相应的 ETF 基金进行投资和交易，获取额外收益。

自上而下策略大致可以分为三步：①考察宏观经济、政府政策与市场大势；②考察行业与板块；③从有潜力的行业板块中筛选出值得投资的 ETF 基金。

该策略所用到的参考数据大多为市场或者行业的宏观经济指标，以国家的分析指标为例，有国内生产总值（GDP）、国民生产总值（GNP）、消费者物价指数（CPI）、生产者物价指数（PPI）、采购经理人指数（PMI）等，这些都是市场上公开、很容易获得的数据。

根据 GDP，CPI，PMI 等相关宏观指标，可以预期到未来经济周期转向。例如，若宏观经济周期从衰退转向复苏，那么小盘股的表现往往会优于大盘股，这时候就可以配置像中证500ETF、创业板 ETF 等与中小盘相关的 ETF。

被投资者熟知的索罗斯，就是熟练运用这种策略的基金经理之一。他管理的对冲基金专注于股票、债券、商品期货、外汇和金融衍生品，其中有不少是利用自上而下策略，对各个国家股指 ETF 来进行投资的。

自上而下策略需要投资者有非常广阔的眼界，不能只局限于一个地区或一个行业，而是要放眼全世界。

第六节 自下而上策略

自下而上策略与自上而下策略正好相反，其是先对行业和国家进行广泛深入的调研，致力于发现优质的、被低估的行业或国际的 ETF 基金。它不对宏观经济整体走势进行预测，主要关注点为经济的基本面，如销售额、收益、账面价值、资产负债表等。

采取这种策略，不需要对短期市场进行预测，只需要选对标的，以便宜的价格买入并耐心等待，遵守投资纪律即可。

著有《安全边际》一书的塞斯·卡拉曼曾强调采取自下而上策略需要注意的几点事项，虽然他指的是选股方面，但也可以供投资者参考。

（1）正确判断企业的内在价值，强调安全边际的重要性。

（2）相比于自上而下地选股，自下而上的选股策略更加注重深入、彻底地研究公司的基本面，对其进行合理估值并择机买入，克服一定的从众心理，追求长期的投资机会。

（3）科学评估企业。塞斯·卡拉曼提出了三种评估企业价值的方式，即净现值 NPV 法、清算价值法和股市价值法。

第七节　轮动投资策略

面对不同的经济环境、市场环境，应选择不同的 ETF 产品来应对。有一种投资策略，无论是熊市还是牛市、繁荣还是衰退，都能沉着应对，它既不局限于某个市场，也不局限于某类资产，这就是轮动投资策略。

因为市场上存在各种不同类型的 ETF（如股票型 ETF、债券 ETF、商品 ETF、货币 ETF 等），所以利用轮动投资策略，可以根据经济周期的变化，积极地调整 ETF 组合，通过更新 ETF 组合中的仓位、权重及买入、卖出代表不同风格、不同板块的 ETF，构建各种市场敞口来实现各种投资策略。

例如，在经济扩张时期，可以配置小盘价值型股票和短期公司债券的 ETF；在经济繁荣期，可以配置大盘价值型股票和短期国债；在经济收缩期，可以配置大盘成长型股票和长期国债；在经济衰退期，可以配置小盘成长型和长期公司债券；等等。

除了大类资产，还可以进行行业轮动。由于 A 股市场受热点、主题等多种因素的驱动，同一时间段内不同行业之间的收益率差异可能非常大，并且行情热点的切换也非常迅速。为了捕捉个别行业带来的结构性机会，跟上行情切换的速度，采用轮动投资策略进行投资是一种较为有效的方式。

需要注意的是，轮动投资策略是一个主观性比较强的策略，对投资的要求比较高，比较适合那些具有一定投资经验和知识的投资者，并不适合新手投资者。

第五章　ETF 套利进阶攻略

一项好的投资攻略，自然有它的独到之处。

本书前文中已经多次提到，ETF 有一个最鲜明的特点，即能够场内交易、场外申赎。既然是不同市场，自然会存在不同的价格，ETF 套利便因此自然地产生了，这也可以视为 ETF 的进阶攻略。

不过，建议一般投资者先熟悉 ETF 的交易方式，再来钻研攻略，因为该攻略不仅耗费资金量大，而且要求投资者对市场的把控能力也较高。

第一节　ETF 套利

ETF 套利主要是利用 ETF 在一、二级市场的价差及“申赎规则”进行交易，以获取风险较低的收益，如果操作得当，可以说是“稳赚不赔”。

ETF 在一级市场中通过申购、赎回，交易的价格是单日净值，且每天只有一个净值价格，一般会在晚间公布；在二级市场通过买卖，由于场内受到交易者情绪、各种市场消息等影响，会有不同的盘中实时价格，这点和股票相似。

正是因为 ETF 的场内价格和净值不相等，出现了溢价（场内价格高于净值）或折价（场内价格低于净值）的情况，这才给投资者提供了套利的机会。另外，根据相关规定，目前 ETF 在一、二级市场之间可以变相实现“T+0”交易，而且没有次数限制，这种交易机制也为 ETF 套利提供了保证。

第二节 利用 ETF 进行“T+0”折溢价套利

以 A 股为例，投资者资质分化较大，导致二级市场波动性也非常大。尤其是散户投资者对市场中的不同预期，会使其出现极度乐观或者极度悲观等情绪化操作，折溢价也由此而来。

一般来说，在 ETF 的分时图中，可以找到一个围绕股价的 IOPV 值，这是 ETF 的参考单位基金净值，以便投资者来观察 ETF 是否具有折溢价。

IOPV 值高于现价就是折价，低于现价就是溢价。图 5－1 中这只 ETF 上午就处于折价中，到了下午又处于溢价中。

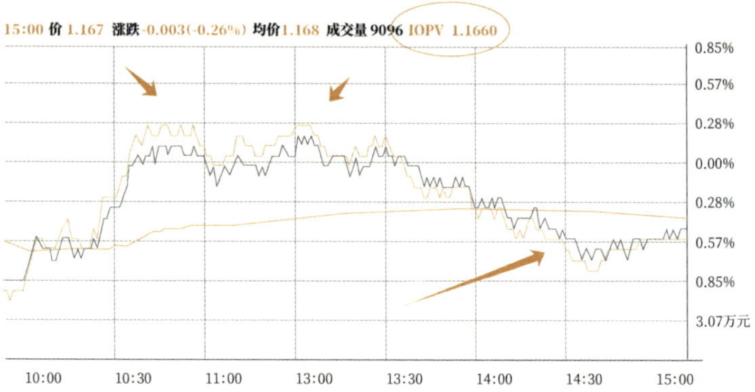

图 5－1 ETF 的 IOPV 折溢价示意图

利用折溢价可以有以下两种套利方法。

（1）折价套利。当 IOPV 值高于现价时，在场内买入 ETF，在场内赎回 ETF，得到一揽子股票，然后卖出股票，完成套利。

（2）溢价套利。当 IOPV 值低于现价时，买入 ETF 所需要的一揽子股票，申购 ETF，然后在场内卖出，完成套利。

值得注意的是，折溢价套利涉及一揽子股票的买卖、ETF 买卖、申赎等大量操作，中间也会产生一定的费用，而且套利的时间也会变化，还可能发生延时交易或者其他意外，实际操作的时候一定要慎重。

此外，再为投资者介绍一种货币型 ETF 的套利方法。货币型 ETF 的资金门槛较低，一般 1 万元左右就可以参与。但是货币型 ETF 没有 IOPV 值，所以投资者要根据前一交易日的净值来预估当天的净值。

下面以银华日利为例来进行实际操作。

银华日利是一款场内的货币型 ETF，可以实现场内“T+0”买卖，而且不限次数，满足套利的条件。有个问题要注意，每个货币型 ETF 的券商的收费都不一样，进行套利之前，要先和券商确认其是否具备申购功能，并免手续费。

假设投资者在 2021 年 10 月 13 日准备投资，应先去基金官网查询银华日利的历史净值记录（如表 5－1 所列），并对其进行预估。

表 5－1　银华日利的历史净值记录

截止日期	单位净值/元	累计净值/元
2021-10-12	101.785	121.703
2021-10-11	101.779	126.697
2021-10-8	101.773	126.691
2021-9-30	101.755	126.673
2021-9-29	101.706	126.624
2021-9-28	101.700	126.618
2021-9-27	101.695	126.613
2021-9-24	101.689	126.607

注：数据来源于银华基金官网。

根据表 5－1 所列数据，银华日利每天的净值约增长 0.005

元或 0.006 元，那么预估 10 月 13 日净值约为 101.790 元或者 101.791 元。

假设当时场内的价格为 101.785 元，为折价状态，可以通过场内买入的方式参与；假设当时场内的价格为 101.799 元，为溢价状态，就要通过场内申购的方式参与。

折价买入的份额直接进入证券账户，即刻就可以赎回进行套利，资金会在“T+2”到账。

溢价申购的份额也需“T+2”才能到账使用，一般手里有份额才会进行溢价套利，即先场内卖出份额，再进行申购。如果手里没有份额，申购之后就要再次等待溢价机会，此过程有一定的时间风险。

值得注意的是，货币型 ETF 的折溢价有一定的规律。一般来说，接近长假前的时间或者股市下跌的时候容易出现溢价的情况；在隔夜逆回购较高或者股市上涨的时候，比较容易出现折价的情况。投资者可以在这些时间点多关注折溢价的情况。

第三节　利用 ETF 进行日内波段套利

日内波段套利更为复杂，它由一般的折溢价套利演变而来，是在 ETF 具备“T+0”折溢价套利的空间中衍生出来的。

日内波段套利的诀窍是投资者对于日内行情的正确判断（如图 5－2 所示），相对风险非常大。另外，只有具备融券标的的 ETF 才可以进行日内看跌行情的套利操作，门槛也非常高。所以，只有具有丰富经验及大量可流动资金的投资者才可以尝试使用该方式。

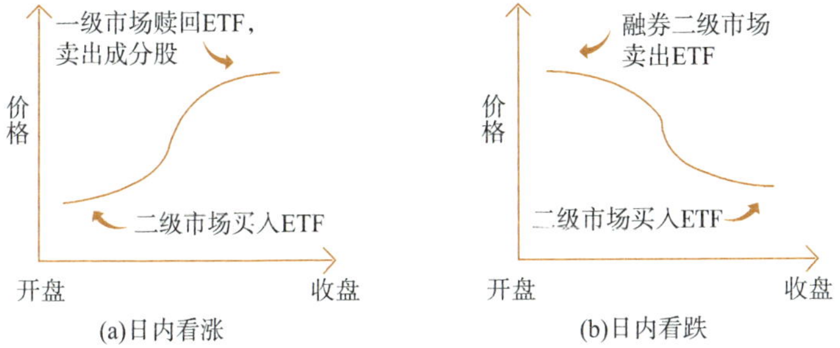

图5-2 银华日利净值示意图

通过图5-2可知，理论上，无论市场上涨或下跌，都可以做日内波段套利，大致可以分为以下两种方式。

（1）日内看涨。即投资者在低点买入ETF（最小赎回单位的整数倍），在高点通过一级市场赎回份额，获得一揽子股票再卖出；反过来，可在低点买入一揽子股票，通过二级市场申购ETF，待到高点再卖出。

（2）日内看跌。即在高点通过融券卖出ETF份额，在低点再买入ETF进行还券，其实就是做空。现阶段来说，融券标的并不多，而且融券成本也较高，做融券多是为了和期货做对冲，因此，日内看跌行情的套利参与者并不多。

如果投资者要选择日内套利，建议选择成分股及流通性较强的ETF作为目标，以防在实际交易中出现意外。

第四节 利用ETF进行事件套利

由于ETF的标的指数跟踪的是一揽子股票的走势，因此这些成分股发生的一些事件就带来了一些套利的机会。

利用 ETF 进行事件套利主要针对一些停牌股，如成分股要进行配股、定增、并购等重大事宜导致的停牌。投资者在停牌期间看涨或看跌该股，即可通过 ETF 特殊的交易方式进行套利。

事件套利主要与停牌个股的基本面有关，和大盘涨跌并无直接关系。不过在实际操作中，仍需多方面考虑，如停牌时间是否会延长、重大事项是否存在变化风险等，此方法依然需要丰富的投资经验。

事件套利主要分为以下两种。

（1）看涨成分股。即买入 ETF，一级市场申请赎回，得到一揽子股票之后，留下看涨的股票，其余卖出，等待复盘之后再卖出获取收益。

（2）看跌成分股。如果投资者手中持有某只 ETF 的成分股出现停牌，并且投资者看跌它，可以准备该 ETF 其余的成分股，进行 ETF 申购，然后通过二级市场进行平价或者溢价卖出，成功实现减持。

第五节　利用 ETF 跟踪市场风格轮动

近年来，A 股的行业轮动愈演愈烈，结构性行情成为主旋律，通过选择个股来投资往往耗时耗力，还容易“踩雷”，行业 ETF 拨云望月，可以帮大家更好地跟上市场轮动。

从表 5－2 中可以看到，不同行业在每个月的收益都会有差别，这就产生了行业轮动的盈利空间。交易的标的可以选择跟踪以上行业指数的 ETF。

表 5－2　热门行业 ETF 业绩轮动示意表

日期	热门行业ETF业绩轮动										
	基础化工	钢铁	有色金属	电子	食品饮料	医药生物	房地产	电力设备	国防军工	非银金融	煤炭
2020年9月	-6.02%	-3.52%	-9.65%	-6.09%	-9.18%	-8.44%	-4.63%	2.16%	-4.82%	-2.84%	-3.02%
2020年10月	2.75%	1.71%	1.90%	1.39%	4.16%	2.34%	-4.40%	6.50%	-4.20%	-2.25%	0.20%
2020年11月	7.64%	10.91%	20.51%	4.02%	2.30%	-6.63%	6.13%	1.57%	8.05%	9.14%	15.42%
2020年12月	2.60%	-0.61%	6.11%	0.94%	17.99%	9.52%	-7.14%	19.94%	10.89%	-1.65%	0.00%
2021年1月	6.65%	0.10%	3.91%	1.38%	1.43%	0.53%	-6.83%	5.75%	-10.20%	-7.00%	-6.42%
2021年2月	4.29%	8.36%	6.68%	-3.41%	-5.05%	-1.61%	10.33%	-6.03%	-1.57%	0.61%	4.43%
2021年3月	-6.49%	6.63%	-10.21%	-5.80%	-4.35%	-3.01%	-3.91%	-4.65%	-8.65%	-6.48%	6.51%
2021年4月	3.65%	8.85%	9.01%	6.18%	5.98%	10.97%	-1.54%	6.87%	-4.08%	-3.50%	5.93%
2021年5月	6.93%	-0.88%	8.42%	2.10%	9.22%	2.96%	1.77%	7.70%	13.07%	6.89%	3.88%
2021年6月	5.37%	-0.93%	-4.39%	11.82%	-5.66%	-0.26%	-8.06%	13.55%	1.06%	-5.51%	2.53%
2021年7月	5.13%	17.59%	27.40%	4.01%	-19.21%	-9.99%	-11.82%	10.72%	3.34%	-10.58%	1.66%
2021年8月	12.46%	17.56%	18.00%	-6.97%	-4.28%	-8.63%	5.03%	5.37%	16.40%	4.28%	27.57%
2021年9月	-3.83%	-13.40%	-18.11%	-3.93%	12.49%	4.96%	5.27%	-3.01%	-10.27%	1.01%	4.88%

注：数据来源于 Wind，数据区间为 2020－09 至 2021－09。

行业轮动策略一般分为以下三步。

第一步，如表 5－2 所列，以每两周（即 10 个交易日）作为一次观察窗口，从申万一级行业 ETF 中挑选出累计净值涨幅最高的行业 ETF 并买入，连续持有 10 个交易日，直到下次观察窗口。

第二步，下一次观察窗口到来时，再进行观察，如果持仓的行业 ETF 仍然是涨幅最高的，那么继续持有；否则，就要卖出现有持仓，买入近 10 个交易日内涨幅最高的行业 ETF。换仓逻辑如图 5－3 所示。

第三步，延续图 5－3 的逻辑，按照每 10 个交易日一次的周期，循环轮动操作即可。

观察近10个交易日涨幅最高的行业ETF
和持仓行业ETF相同
和持仓行业ETF不同
继续持有
卖出持仓，买入涨幅最高的行业ETF

图 5－3　换仓逻辑示意图

第六章　主流（知名）ETF 介绍

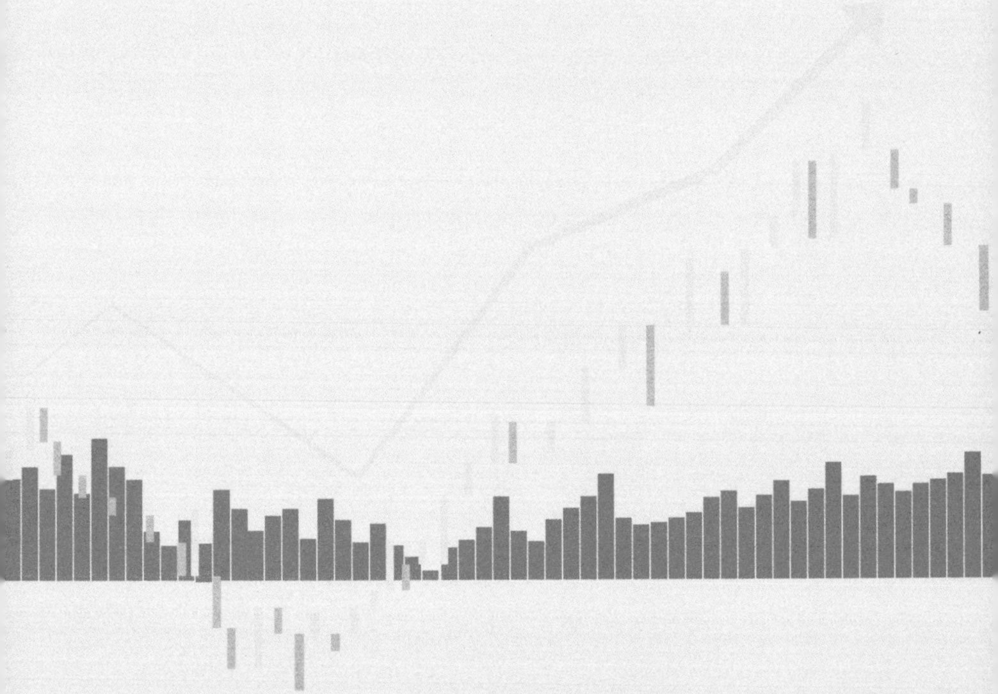

在本书第二章曾经提到，不同类型的ETF各具特色。因此，ETF市场经过多年的发展之后，也出现了一批主流（知名）的ETF。

第一节　宽基ETF

一　华夏上证50ETF（交易代码：510050）

在ETF基金中有一款声名显赫的基金——华夏上证50ETF。它不仅是华夏基金旗下的一只ETF基金，而且是国内第一只ETF基金，至今已经有近20个年头，见证了A股市场发展的诸多重大事件。

华夏上证50ETF采取完全复制法，紧密跟踪上证50指数，追求跟踪偏离度和跟踪误差最小化。该指数精选沪指中规模大、流动性好的50只股票，可以说是代表上交所内最具影响力的一批龙头企业，拥有高市值、高盈利、低波动、低换手的特点。

该基金的管理费率为0.50%，托管费率为0.10%，如表6－1所列。

表6－1　华夏上证50ETF日常费率示意表

费率类型	费率
管理费率	0.50%
托管费率	0.10%

注：数据来源于华夏基金官网。

流动性是ETF的生命，华夏上证50ETF拥有规模大、流动性高的优势。

根据基金四季报，截至 2020 年底，华夏上证 50ETF 规模达到 565.74 亿元，在所有股票型 ETF 中排名第一。并且该基金从上市以来交投就非常活跃，Wind 数据显示，截至 2020 年底，华夏上证 50ETF 自上市以来日均成交额为 11.17 亿元，2020 年的日均成交额为 15.69 亿元。

投资最重要的是看收益情况，尤其是 ETF 基金，长期收益是投资者重点关注的。截至 2020 年底，华夏上证 50ETF 的总回报率为 471.03%，远高于业绩比较基准。图 6-1 为华夏上证 50ETF 收益率曲线图。

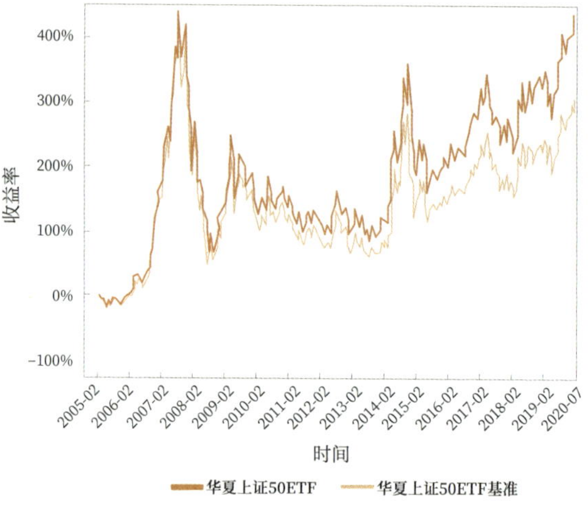

图 6-1　华夏上证 50ETF 收益率曲线图

注：数据来源于华夏基金官网。

分红方面，华夏上证 50ETF 累计分红 13 次，分红金额总体呈上升趋势。

二 华夏恒生 ETF（交易代码：159920）

华夏恒生 ETF 是 ETF 中最出名的跨境 ETF，也是国内首批跨境 ETF 之一。值得一提的是，该 ETF 可以进行日内的“T+0”交易。

华夏恒生 ETF 的标的指数（恒生指数）见证了过去 50 多年香港经济的兴衰和变迁，其成分股大多为业绩稳定且有不错分红收益的蓝筹股及互联网巨头股，既涵盖了传统的金融、地产等周期类板块，也包括科技资讯等新经济板块（如图 6－2 所示），对经济周期的适应性更强。所以，投资华夏恒生 ETF 就等于拥有了诸多如腾讯控股、阿里巴巴、美团等“火力”超强的公司的股份。

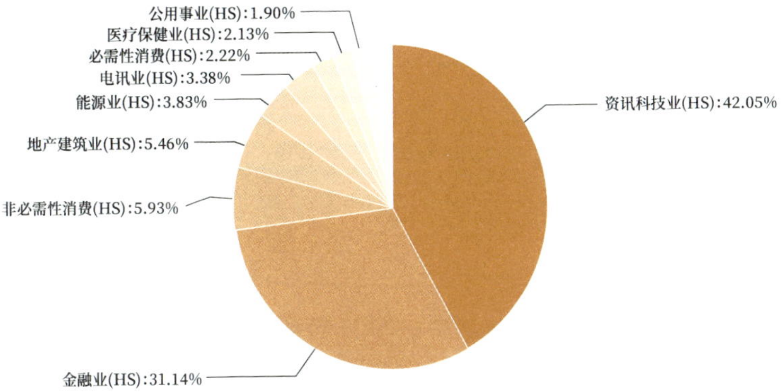

图 6－2 华夏恒生指数行业分布

注：数据来源于 Wind。

与其他跟踪恒生指数的被动型产品相比，华夏恒生 ETF 拥有更低的费率，管理费率仅为 0.6%，托管费率仅为 0.15%。另外，它以港股通为核心交易通道，不受 QDII 额度限制，非常灵活。

从规模上来看，截至 2020 年底，华夏恒生 ETF 的总规模达 88.25 亿元，在所有 QDII ETF 中排名第二。此外，其流动性也在同类基金中排名位居前列。自上市以来，华夏恒生 ETF 的日均成交额为 3.37 亿元。

三 华泰柏瑞沪深 300ETF（交易代码：510300）

虽然来自不同的基金公司，但在“ETF 工具库”里有这样一对最佳“搭档”——沪深 300ETF 和中证 500ETF。

在所有追踪沪深 300 指数的 ETF 中，最著名的非华泰柏瑞沪深 300ETF 莫属。

作为国内首批跨市场 ETF 之一，华泰柏瑞沪深 300ETF 在 2012 年以近 330 亿元的首募规模创下了当时的发行纪录，而且其独创的“T+0”股票实时现金替代模式也成为后来跨市场 ETF 运作的范本，并且自成立以来六次获得基金界的“奥斯卡”——中国基金业金牛奖。其管理费率为 0.5%，托管费率为 0.1%，处于市场平均水平。

自成立以来，华泰柏瑞沪深 300ETF 在规模、流动性、跟踪误差等几大核心指标方面一直保持着龙头地位。在规模方面，截至 2020 年底，该基金规模达 457.48 亿元，在所有股票型 ETF 基金中排名第二。在流动性方面，上市以来，该基金日均成交额为 13.31 亿元，在所有股票型 ETF 中排名第三。

在分红方面，截至 2020 年底，基金累计分红 8 次，分红金额总体呈上升趋势。

四　南方中证 500ETF（交易代码：510500）

作为国内首批跟踪中证 500 指数的 ETF 之一，南方中证 500ETF 无疑是其中的佼佼者，其在 2016—2019 年连续四年获得具有基金业“奥斯卡”之称的中国基金业金牛奖。

南方中证 500ETF 经历了中国证券市场多次牛熊交替，是目前市场上规模和活跃度位居前列的中证 500ETF 产品，是投资者参与“成长新经济”的便捷配置工具之一。其跟踪的标的指数更偏重于医药生物（9.3%）、电子（8.6%）、电力设备（7.9%）和军工（6.4%）等成长性行业，且分布较为均匀，覆盖了众多新兴经济领域的行业（如图 6－3 所示）。

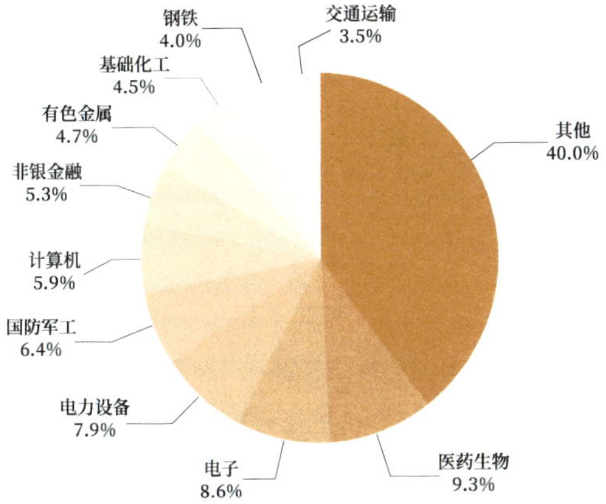

图 6－3　成分股行业分布

注：数据来源于 Wind。

根据基金四季报和 Wind 数据，截至 2020 年底，该基金规模达 382.37 亿元。在流动性方面，上市以来，该基金日均成交额为 5.15 亿元。其业绩统计如表 6－2 所列。

表 6-2 南方中证 500ETF 业绩统计

阶段	份额净值增长率①	份额净值增长率标准差②	业绩比较基准收益率③	业绩比较基准收益率标准差④	①-③	②-④
过去三个月	3.47%	1.15%	2.82%	1.16%	0.65%	-0.01%
过去六个月	10.05%	1.45%	8.57%	1.45%	1.48%	0.00%
过去一年	23.60%	1.62%	20.87%	1.62%	2.73%	0.00%
过去三年	7.09%	1.54%	1.86%	1.54%	5.23%	0.00%
过去五年	-10.16%	1.52%	-16.42%	1.52%	6.26%	0.00%
自基金合同生效起至今	97.77%	1.70%	79.64%	1.70%	18.13%	0.00%

注：数据来源于南方基金官网。

在业绩方面，截至 2020 年 12 月 31 日，南方中证 500ETF 的总回报率为 97.77%，高出业绩比较基准 18.13%，超额收益明显。

其他的 ETF，如创业板 ETF、上证 180ETF、创业板 50ETF 等都是非常好操作、受益稳的 ETF 类型。

第二节　行业 ETF

一　华夏国证半导体芯片 ETF（交易代码：159995）

半导体芯片行业是高科技领域的重要行业之一，制造工艺流程相当复杂。有这样一句话："芯片强则产业强，芯片兴则经济兴，没有芯片就没有安全。"可见，发展半导体芯片行业已上升到国家战略层面。

华夏国证半导体芯片 ETF 跟踪的是国证半导体芯片指数，该指数一共有 30 只成分股，但成分股市值分散性较高。截至 2020 年底，有 70%的成分股市值位于 500 亿元以内，其中市值最大的韦尔股份的市值超过 2000 亿元，而市值最小的飞凯材料的市值仅为 91.62 亿元。

从成分股在半导体产业链中所处环节角度进行比较，国证半导体芯片指数成分股相关行业上市公司的公司经营范围涵盖芯片材料、设备、设计、制造、封装和测试等多个环节，覆盖面广，发展潜力高。

华夏国证半导体芯片 ETF 业绩统计如表 6－3 所列。

表 6－3　华夏国证半导体芯片 ETF 业绩统计

阶段	份额净值增长率①	份额净值增长率标准差②	业绩比较基准收益率③	业绩比较基准收益率标准差④	①-③	②-④
过去三个月	7.00%	1.99%	6.43%	2.00%	0.57%	-0.01%
过去六个月	3.60%	2.40%	3.04%	2.42%	0.56%	-0.02%
自基金合同生效起至今	21.97%	2.77%	28.43%	2.94%	-6.46%	-0.17%

注：数据来源于华夏基金官网。

在成立不到一年的时间，华夏国证半导体芯片 ETF 规模就超过了 200.00 亿元，达到 238.72 亿元，收益率达 21.97%。(数据区间为 2020－01－20 至 2020－12－31)

二　华夏中证新能源车 ETF（交易代码：515030）

新能源汽车产业是发展潜力巨大的朝阳产业。近年来，国内新能源汽车产销量快速增长，所占全球市场份额位居前列。中国汽车工业协会数据显示，我国新能源汽车的销量在 2015 年仅为 37.9 万辆，而到了 2020 年，新能源汽车的销量已经达到 136.6 万辆，是 2015 年全年销量的 3.6 倍。进入 2021 年，中国新能源汽车 1—7 月的渗透率也突破了 10%的大关。

2020 年 11 月 2 日，国务院办公厅发布了《新能源汽车产业发展规划（2021—2035 年）》，从网联化、智能化发展方向及新能源汽车渗透率、公共领域电动化等主要维度为未来 15 年行业发展指引方向，其将 2025 年销量占比目标定位为 20%。

华夏中证新能源车 ETF 是新能源汽车基金中的“赤兔马”，其追踪的是中证新能源汽车指数，多方位覆盖新能源汽车产业链。该指数以中证全指为样本空间，选取涉及锂电池、充电桩、新能源整车等业务的上市公司股票作为成分股，以反映新能源汽车相关上市公司的整体表现。

华夏中证新能源车 ETF 一共有 33 个成分股，实现全产业链布局，覆盖了新能源汽车产业链的上、中、下游的龙头企业，如宁德时代、比亚迪、先导智能等。表 6-4 所列为华夏中证新能源车 ETF 在本报告期基金份额净值增长率及其与同期业绩比较基准收益率的对比。

表 6-4 本报告期基金份额净值增长率及其与同期业绩比较基准收益率的对比（华夏中证新能源车 ETF）

阶段	份额净值增长率①	份额净值增长率标准差②	业绩比较基准收益率③	业绩比较基准收益率标准差④	①-③	②-④
过去三个月	51.20%	2.32%	51.33%	2.35%	-0.13%	-0.03%
过去六个月	67.33%	2.26%	67.36%	2.29%	-0.03%	-0.03%
自基金合同生效起至今	66.23%	2.26%	63.95%	2.37%	2.28%	-0.11%

注：数据来源于华夏基金官网。

华夏中证新能源车 ETF 是市场上唯一规模近百亿的新能源汽车主题 ETF，截至 2020 年底，在成立不到一年的时间里，其规模即达到 82.57 亿元，收益率达 66.23%。

三 汇添富中证主要消费 ETF（交易代码：159928）

在 A 股市场上，大消费板块一直是经久不衰的“顶流”，是市场关注的焦点。最近几年涨幅居前的行业/主题，如食品饮料、白酒、医药、休闲服务等，都属于大消费板块。

Wind 数据显示，截至 2020 年底，在所有消费主题 ETF 中，汇添富中证主要消费 ETF 是其中规模最大的一只，其规模达 84.08 亿元。该基金跟踪的是中证主要消费指数，成分股由白酒、饮料乳品、养殖业、调味发酵品、一般零售等必需消费板块（如图 6－4 所示）构成，是消费中的“刚需”，更是“刚需”中的龙头，具有较高的业绩增长潜力。

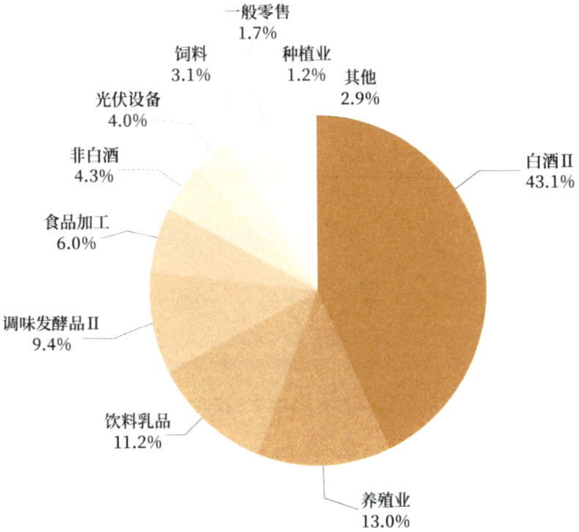

图 6－4　中证主要消费指数行业分布

注：数据来源于 Wind，截至 2020－12－31。

在业绩方面，截至 2020 年底，根据基金四季报，该基金自成立以来，总回报率高达 421.55%，近三年回报率达 123.27%，远超业绩比较基准，超额收益明显。

消费贴近百姓的日常生活，因此消费主题 ETF 的潜力是非常巨大的。我国十几亿人从贫穷到小康、从小康到富裕，每个阶段的跃升都离不开消费，消费可以说是我国未来十几年甚至几十年的主旋律。

在消费升级、消费内循环的浪潮下，随着居民可支配收入水平的提升，消费品龙头企业的优势将愈发显著，消费主题 ETF 更具投资价值。汇添富中证主要消费 ETF 就是把握这一机遇的绝佳投资工具。

四 华宝中证银行 ETF（交易代码：512800）

银行板块是人们公认的防御性较强的板块，它虽然没有科技、医药、消费等板块那么“锋利”，但却能在一些比较惨烈的市场环境中给投资者信心，并且从长期来看，仍然有不错的收益。

自 2013 年 7 月 15 日指数发布至 2020 年底，中证银行指数年化波动率和最大回撤接近或低于其他金融地产类指数和主要宽基指数，具有较强的防御属性。表 6－5 所列为主流宽基指数和银行指数的风险收益分析。

表 6－5　主流宽基指数和银行指数的风险收益分析

证券代码	证券简称	年化波动率	最大回撤
399986.SZ	中证银行	23.05%	-37.08%
000934.SH	中证800金融地产	24.72%	-43.67%
000300.SH	沪深300	21.91%	-46.70%
000905.SH	中证500	26.43%	-65.20%
000914.SH	300金融	25.02%	-44.19%

注：数据来源于 Wind，数据区间为 2013－07－15 至 2020－12－31。

中证银行指数成分股为中证银行分类下的全部 36 只银行股（截至 2020 年 12 月 31 日）。与其他金融地产类指数相比，中证银行指数仅覆盖银行业，属性纯粹且以大市值股票居多，市值在1000亿元以上的公司数量占比44%，权重占比高达83%。

在ETF产品中，华宝中证银行ETF是国内首只银行ETF，规模上大幅超过其余跟踪中证银行指数的ETF基金，流动性也大幅优于其余产品。根据基金四季报和Wind数据，截至2020年底，该基金规模为92.31亿元，成立以来日均成交额为1.28亿元。

五 华安中证细分医药ETF（交易代码：512120）

随着2014年医改的深入推进，我国医药行业得到迅速发展，目前已成为仅次于美国的全球第二大医药市场，截至2020年底依然保持近2倍GDP增速（2.2%）的收入增速水平。国家统计局数据显示，2020年我国医药制造业规模以上企业总营收同比增长4.51%，总利润同比增长12.81%，在人口老龄化、医保收支增速、政策等因素的影响下，医药行业仍具备突出的成长优势。

医药行业作为A股牛股的诞生地，曾孕育出多只10倍股。该行业包括创新药产业链、创新器械、疫苗、医疗服务等多个“黄金赛道”。

于2013年成立的华安中证细分医药ETF是市场上知名的医药行业ETF，它跟踪的是中证细分医药产业指数。该指数从制药、生物科技与生命科学等细分产业中选取50只规模较大、流动性较好的股票，能够较好地反映A股医药产业公司股票的整体走势。

在业绩方面，截至2020年底，根据基金四季报，该基金自成立以来，总回报率高达 137.20%，近三年回报率达 48.34%。表 6-6 所列为华安中证细分医药 ETF 业绩统计。

表 6-6 华安中证细分医药 ETF 业绩统计

阶段	份额净值增长率①	份额净值增长率标准差②	业绩比较基准收益率③	业绩比较基准收益率标准差④	①-③	②-④
过去三个月	4.63%	1.49%	4.98%	1.52%	-0.35%	-0.03%
过去六个月	8.41%	1.85%	8.81%	1.89%	-0.40%	-0.04%
过去一年	51.18%	1.74%	52.67%	1.77%	-1.49%	-0.03%
过去三年	48.34%	1.64%	49.13%	1.66%	-0.79%	-0.02%
过去五年	59.73%	1.49%	63.20%	1.51%	-3.47%	-0.02%
自基金合同生效起至今	137.20%	1.62%	152.63%	1.66%	-15.43%	-0.04%

注：数据来源于该基金 2020 年四季报。

六 富国中证军工龙头 ETF（交易代码：512710）

军工板块一直颇具神秘感，以高弹性著称，容易受到相关事件驱动，走势往往跌宕起伏，颇有“赵子龙七进七出”的劲头。

军工行业目前具有较高的配置价值，原因在于：一是国家军事战略带来的装备采购需求行业发展空间大；二是行业诸多改革带来的实质性利好；三是行业估值处于历史较低水平。

从长期角度来看，军工行业的投资主要受益于军费占 GDP 比重的增长。随着国际形势愈发复杂多变，世界主要国家都将国防放在极其重要的位置，国防开支的投入一定程度上代表了国家发展兴盛程度及国家发展方针。

首创证券做过一个统计，美国 2021 年国防开支为 7405 亿美元（同比增长 0.30%），占 GDP 比重的 3.59%。而我国国防开支仅占 GDP 比重的 1.52%，占比低于沙特阿拉伯的 9.94%，绝对值也低于美国的 3.59%，在全球仅排名第八。

这与我国经济体量、国土面积、国防发展需求都十分不匹配，因此大力发展国防建设刻不容缓。图 6－5 所示为 2021 年全球部分国家国防预算开支。

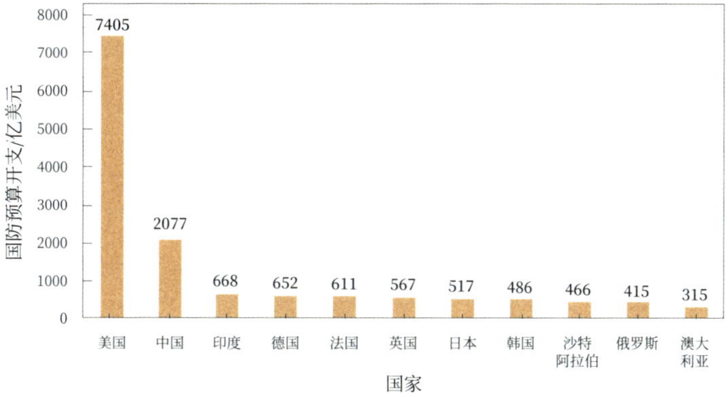

图 6－5　2021 年全球部分国家国防预算开支

注：数据来源于 Wind、首创证券。

在这样的情况下，富国中证军工龙头 ETF 是把握军工行业机会的最佳投资工具之一。

根据基金季报显示，该基金于 2019 年中旬成立，截至 2020 年底，规模已达 60.22 亿元，并且成立以来基金净值增长达 81.21%。表 6－7 所列为富国中证军工龙头 ETF 业绩统计。

表 6－7　富国中证军工龙头 ETF 业绩统计

阶段	份额净值增长率①	份额净值增长率标准差②	业绩比较基准收益率③	业绩比较基准收益率标准差④	①-③	②-④
过去三个月	24.38%	1.90%	24.74%	1.92%	-0.36%	-0.02%
过去六个月	62.58%	2.36%	63.04%	2.39%	-0.46%	-0.03%
过去一年	73.66%	2.20%	80.30%	2.23%	-6.64%	-0.03%
自基金合同生效起至今	81.21%	1.95%	97.95%	1.98%	-16.74%	-0.03%

注：数据来源于该基金 2020 年年报。

七 华泰柏瑞中证光伏产业 ETF（交易代码：515790）

光伏板块可以说是 2021 年以来市场上最亮眼的板块之一。2020 年 12 月 12 日，国家主席习近平在气候雄心峰会上指出，到 2030 年，中国单位国内生产总值二氧化碳排放将比 2005 年下降 65%以上，非化石能源占一次能源消费比重将达到 25%左右，森林蓄积量将比 2005 年增加 60 亿立方米，风电、太阳能发电总装机容量将达到 12 亿千瓦以上。这表明了我国发展可再生能源的坚定决心，可再生能源发展提速在即。

在国内“2030 年碳达峰”、“2060 年碳中和”和“十四五”期间国内装机高速增长信号愈发明确的大背景下，光伏作为清洁能源之一，有着非常巨大的成长空间。

华泰柏瑞中证光伏产业 ETF 可谓 ETF 界的“虎头湛金枪”，其以 50 只光伏板块龙头股为成分股，来代表整个光伏板块的表现。

华泰柏瑞中证光伏产业 ETF 于 2020 年 12 月成立，是 ETF 界冉冉升起的“新星”。其上市前 7 个交易日累计成交 99 亿元，单日成交额近 20 亿元，流动性十足。